区域村镇建设与资源环境耦合协调评价研究

刘晓辉 等 著

中国科学技术大学出版社

内 容 简 介

本书针对实施新型城镇化及乡村振兴战略过程中资源环境承载力面临的新形势,紧扣乡村振兴需求与村镇资源环境承载力之间的统一目标,按照全国—省级—县级典型村镇的不同尺度,聚焦村镇建设与资源环境之间的耦合协调,构建了不同尺度村镇建设与水土资源、环境要素的耦合协调评价指标体系,揭示了不同区域村镇建设与资源环境的耦合协调关系及其空间格局特征。研究内容具有一定的理论价值,对指导当前的乡村发展具有现实意义。

图书在版编目(CIP)数据

区域村镇建设与资源环境耦合协调评价研究 / 刘晓辉等著. -- 合肥:中国科学技术大学出版社,2025.3. -- ISBN 978-7-312-04199-0

Ⅰ. F299.21

中国国家版本馆 CIP 数据核字第 2024MF7311 号

审图号:GS(2024)3075 号

区域村镇建设与资源环境耦合协调评价研究
QUYU CUNZHEN JIANSHE YU ZIYUAN HUANJING OUHE XIETIAO PINGJIA YANJIU

出版	中国科学技术大学出版社 安徽省合肥市金寨路96号,230026 http://press.ustc.edu.cn https://zgkxjsdxcbs.tmall.com
印刷	安徽省瑞隆印务有限公司
发行	中国科学技术大学出版社
开本	710 mm×1000 mm 1/16
印张	15.5
字数	319 千
版次	2025 年 3 月第 1 版
印次	2025 年 3 月第 1 次印刷
定价	59.00 元

作 者 简 介

刘晓辉 中国科学院东北地理与农业生态研究所研究员，中国科学院大学资源与环境学院研究生导师。主要研究方向为自然地理学、湿地学、自然资源与环境保护、湿地演变及恢复机制、生态系统过程及服务功能评价、区域发展与空间格局等。

刘文新 中国科学院东北地理与农业生态研究所副研究员，中国科学院大学资源与环境学院研究生导师。主要研究方向为资源环境与区域可持续发展、经济地理与乡村发展、国土空间规划与治理等。

姜　明 中国科学院东北地理与农业生态研究所研究员，中国科学院大学资源与环境学院研究生导师。主要研究方向为湿地生态、湿地监测及功能评价、土壤地理、湿地生物地球化学循环、湿地生态恢复及资源可持续利用等。

郑兴明 中国科学院东北地理与农业生态研究所研究员，中国科学院大学资源与环境学院研究生导师。主要研究方向为微波遥感散射机理、高分辨率土壤水分多源遥感估算方法、土壤与植被参数多源遥感融合反演技术等。

魏　冶 东北师范大学地理科学学院教授、研究生导师。主要研究方向为城市与区域规划及GIS应用、城市网络、城市与区域韧性、夜间灯光遥感等。

王传胜 中国科学院地理科学与资源研究所副研究员，中国科学院大学资源与环境学院研究生导师。主要研究方向为人文经济地理和区域规划、资源环境保护与利用评价、地域功能演化与国土空间规划等。

前　言

针对实施新型城镇化及乡村振兴战略过程中资源环境承载力面临的新形势，紧扣乡村振兴需求与村镇资源环境承载力之间的统一目标，本书构建了不同尺度村镇建设与水土资源、环境要素的耦合协调评价指标体系，揭示不同区域村镇建设与资源环境的耦合协调关系及其空间格局特征。

本书共分九章，分别为绪论、中国村镇建设与资源环境耦合协调评价、吉林省村镇建设与资源环境耦合协调评价、内蒙古自治区村镇建设与资源环境耦合协调评价、扶余市典型村镇建设与资源环境耦合协调分析、鄂温克族自治旗典型村镇建设与资源环境耦合协调分析、大连市长海县典型村镇建设与资源环境耦合协调分析、盘锦市大洼区典型村镇建设与资源环境耦合协调分析、乡镇发展类型划分与优化发展，区域涵盖全国，具体以东北地区为案例区，研究尺度总体上呈现为全国—省级—县级—乡镇—村。

研究成果得到科学技术部国家重点研发计划"绿色宜居村镇技术创新"重点专项"村镇建设资源环境承载力测算系统开发"项目课题"中国村镇建设与资源环境协调度评估及其类型和模式研究"（编号：2018YFD1100101）的子课题"中国村镇建设与资源环境协调评价"的支持。该项目于2019年4月1日在南京启动，由中国科学院南京地理与湖泊研究所牵头，参与单位20家，包括中国科学院地理科学与资源研究所、中国科学院东北地理与农业生态研究所、清华大学等。

目前，我国区域村镇建设与资源环境耦合协调评价研究仍较为薄弱，也缺乏相关的实践经验，本书团队原创性地揭示了中国村镇建设与资源环境耦合协调度的高等级区域，绝大部分分布在"北京—北海"一线（简称"北北线"）以东的平坦地区。本书基于我国资源、环境差异下的地理区域划分,综合评价我国不同分区村镇建设与资源环境耦合协调度空间格局及影响机制。针对不同功能类型的区域,揭示其村镇建设与资源环境耦合协调水平并提出发展对策建议。

期望本书的出版,能够丰富区域可持续发展与绿色宜居村镇建设理论方法,为乡村振兴战略实施背景下国家村镇产业发展战略提供科学支撑。

编　者

2024年1月

目 录

前言 ·· (i)

第一章　绪论 ·· (1)
　　第一节　村镇的形成、发展演变 ·· (1)
　　第二节　村镇建设与资源环境耦合协调研究现状 ··· (2)
　　第三节　村镇发展类型划分研究现状 ·· (3)
　　参考文献 ··· (4)

第二章　中国村镇建设与资源环境耦合协调评价 ··· (10)
　　第一节　中国村镇建设与资源环境耦合协调评价方法 ·· (10)
　　第二节　中国四大地理区域 ·· (13)
　　第三节　中国村镇建设空间格局 ··· (13)
　　第四节　中国资源环境空间格局 ··· (25)
　　第五节　中国村镇建设与资源环境耦合协调评价 ·· (32)
　　参考文献 ··· (37)

第三章　吉林省村镇建设与资源环境耦合协调评价 ····································· (39)
　　第一节　吉林省村镇建设与资源环境耦合协调评价指标体系构建 ·········· (39)
　　第二节　吉林省村镇建设与发展现状 ··· (41)
　　第三节　吉林省村镇建设的资源环境条件分析 ··· (53)
　　第四节　吉林省村镇建设与资源环境耦合协调评价 ··· (61)
　　参考文献 ··· (68)

第四章　内蒙古自治区村镇建设与资源环境耦合协调评价 ·························· (70)
　　第一节　内蒙古自治区村镇建设与资源环境耦合协调评价指标体系构建
　　　　　　·· (70)
　　第二节　内蒙古自治区村镇建设与发展现状 ·· (71)
　　第三节　内蒙古自治区村镇建设的资源环境条件分析 ·· (75)
　　第四节　内蒙古自治区村镇建设与资源环境耦合协调评价 ···································· (78)
　　参考文献 ··· (84)

第五章　扶余市典型村镇建设与资源环境耦合协调分析 ······························ (85)
　　第一节　扶余市概况 ··· (85)

第二节　扶余市村镇建设与发展现状 ……………………………………（87）
　　第三节　扶余市村镇建设的资源环境条件分析 …………………………（95）
　　第四节　扶余市村镇建设与资源环境耦合协调分析 ……………………（100）
　　第五节　协调发展对策建议 ………………………………………………（101）
　参考文献 …………………………………………………………………………（102）

第六章　鄂温克族自治旗典型村镇建设与资源环境耦合协调分析 …………（103）
　　第一节　鄂温克族自治旗村镇建设与发展现状 …………………………（103）
　　第二节　鄂温克族自治旗村镇建设的资源环境条件分析 ………………（105）
　　第三节　鄂温克族自治旗村镇建设与资源环境耦合协调分析 …………（109）
　　第四节　协调发展对策建议 ………………………………………………（120）
　参考文献 …………………………………………………………………………（121）

第七章　大连市长海县典型村镇建设与资源环境耦合协调分析 ……………（122）
　　第一节　大连市长海县概况 ………………………………………………（122）
　　第二节　长海县村镇建设与发展现状 ……………………………………（124）
　　第三节　长海县村镇建设的资源环境条件分析 …………………………（137）
　　第四节　长海县村镇建设与资源环境耦合协调分析 ……………………（138）
　参考文献 …………………………………………………………………………（139）

第八章　盘锦市大洼区典型村镇建设与资源环境耦合协调分析 ……………（141）
　　第一节　大洼区村镇建设与发展现状 ……………………………………（141）
　　第二节　大洼区村镇建设的资源环境条件分析 …………………………（145）
　　第三节　大洼区村镇建设与资源环境耦合协调分析 ……………………（147）
　　第四节　协调发展对策建议 ………………………………………………（153）
　参考文献 …………………………………………………………………………（154）

第九章　乡镇发展类型划分与优化发展 …………………………………………（157）
　　第一节　乡镇发展类型判定方法 …………………………………………（157）
　　第二节　乡镇发展指标体系构建 …………………………………………（158）
　　第三节　辽宁省乡镇发展类型划分与优化发展 …………………………（160）
　参考文献 …………………………………………………………………………（164）

附表一　中国村镇建设与资源环境耦合协调评价总表 …………………………（165）

附表二　吉林省典型村镇村集体访谈表 …………………………………………（234）

附表三　吉林省典型村镇农户访谈表 ……………………………………………（235）

附表四　辽宁省典型村镇村集体访谈表 …………………………………………（237）

附表五　辽宁省典型村镇居民生活与环境访谈表 ………………………………（239）

第一章 绪 论

村镇作为与城镇对应的概念,有别于城市和乡村二元地域空间,梳理村镇的形成及发展演变有助于更好地了解其形成过程。"人与自然是生命共同体,人类必须尊重自然、顺应自然、保护自然",村镇发展与其所依托的资源密不可分,但资源既是优势同样也是制约,因而村镇建设与资源环境耦合协调是推进村镇可持续发展的客观要求。本章介绍村镇的形成、发展演变,对村镇建设与资源环境耦合协调研究现状和村镇发展类型划分研究现状进行梳理。

第一节 村镇的形成、发展演变

沃尔特·克里斯塔勒(Walter Christaller)提出了"中心地理论",在其著作《德国南部中心地原理》中证明了城市等级制度的存在,从地理分布上展示了具有一定规模的城市发挥的特定功能,为地理学的理论研究和计量分析奠定了基础。该原理推动了乡村聚落的理论研究,对乡村中心建设和乡镇空间体系规划有重要的理论指导作用。

20世纪80年代,中国开始实施"严格控制大城市规模、合理发展中等城市和小城市"的城市发展方针,经过几十年的发展,城市群作为城市化重点地区发育显现,取得了巨大的成果。相关研究方面,顾朝林等对长江三角洲都市连绵区做了研究(顾朝林等,2007)。针对新形势下中国城市发展新格局,方创琳将之总结为:引导发展城市群,严格控制大城市和特大城市,合理发展大城市,鼓励发展中等城市,积极发展小城市和小城镇,形成城市群与大、中、小城市以及小城镇的协调发展(方创琳,2014)。伴随着京津冀协同发展战略的提出,这一空间范围内城镇等级体系的研究受到关注,研究范围沿纵深拓展至县级中心地,以探索其城镇体系结构优化的路径(周霞等,2017);结合空间规划改革,科学制定城镇开发边界,提高建设用地效率,改善空间结构(张凤等,2020)。

可持续发展既关乎环境可持续性,也关乎生活质量。生活质量既体现在社会、经济和文化方面,又与人们的幸福感有关,聚落结构只是影响人类行为的众多变量之一(Mcgrath,1998),将心理因素引入具体研究之中,研究人与环境的平衡与反馈原理,强调人类决策行为对改变聚落分布、形态和结构的作用,为村镇研究注入了新的血液。有别于城市和乡村二元地域空间划分,村镇不但包括广大农村地区,同时也包含了部分城乡之间的过渡地带(高文杰,连志巧,2000)。以城乡结合部为研究对象,学者们分析了城市和农村的土地利用格局随时间的变化与扩张发展模式的发生程度,并揭示出随着时间的推移,商业和工业发展变得更加集中,住宅开发的边界变得越来越分散(Carrión-Flores,Irwin,2004)。

"城市外围日益增长的舒适社区"的特征具有吸引力,社区中的企业组合反映出后工业化社会中居民点职能的转变(Dahms,1998)。王磊等分析了二战后西欧(德国和英国)与东亚(日本和韩国)主要国家村镇建设的主要类型与村镇功能演变特征,梳理了针对村镇区域居住、产业与生态环境等方面发展的主要政策、规划与法律等,探讨了村镇建设过程中的资源环境响应及其对政府村镇发展政策与规划实践的影响(王磊等,2020)。

在面向村镇研究的进程中,国内外都经历了一个较为复杂的过程,开展了中心城市、城市群或都市圈、城镇、乡镇、聚落及村镇等方面的研究,从简单的物质空间分析转向地理空间、经济社会与生态环境综合的方向。

第二节 村镇建设与资源环境耦合协调研究现状

在我国,自改革开放以来,随着城镇化进程加快,乡村建设中也出现了一系列问题,集中体现为"非农化、老弱化、空废化、污损化和贫困化"五化问题(刘彦随,2018),其实质是村镇建设与资源环境承载力不协调的结果(张龙江等,2021)。2014年3月,《国家新型城镇化规划(2014—2020年)》提出,推动城乡发展一体化,加大统筹城乡发展力度,增强农村发展活力,逐步缩小城乡差距,促进城镇化和新农村建设协调推进。2018年9月,《乡村振兴战略规划(2018—2022年)》提出,构建乡村振兴新格局,坚持乡村振兴和新型城镇化双轮驱动,统筹城乡国土空间开发格局,优化乡村生产生活生态空间。随着乡村振兴战略的不断推进,村镇建设资源环境承载力成为地理学、社会学、经济学等学科关注的焦点。

从研究内容来看,有对城镇化与生态文明建设耦合协调性及机理的研究(Qv et al.,2021;邓宗兵等,2019);有从不同角度对产业结构与生态文明建设协调发展进行评价并提出建议的研究(程慧等,2019;王敏晰等,2021);有对社会-经济发展与生态环境耦合协调的研究(Shi et al.,2020;Cui et al.,2019);有对区域开发强度与资源环境及区域开发强度与生态环境耦合关系的研究(刘艳军等,2013;孙永胜,佟连军,2021),等等。

从研究尺度来看,省域尺度上,有对我国经济增长、新型城镇化发展与生态环境的耦合协调程度进行的定量研究(吴玉鸣,张燕,2008;盖美,王秀琪,2021;Cai et al.,2021)以及我国城镇化发展与资源环境承载力协调分析研究(Liao et al.,2020)。区域尺度上,有深入探究资源环境与经济增长耦合协调性关系的研究(张进,2020),有城镇化与生态环境耦合协调分析的研究(王少剑等,2015;Ariken et al.,2021;Ren,Yu,2021),还有以城市群为案例的城镇化与生态环境耦合协调分析(Tang et al.,2021;Li et al.,2022)。局域尺度上,有中国若干城市及某省县域尺度低碳发展与大气质量耦合协调评价以及某省地级市新型城镇化与美丽乡村建设耦合协调发展度研究(Liu et al.,2021;Fan et al.,2020;居婕,2017)。在市辖区和街道尺度,有城市"生产-生活-生态空间"耦合协调度及村镇建设用地扩展与生态环境效应的耦合协同规律及类型研究(赵宏波等,2021;王成等,2022)。而全国县域尺度只关注了城市化与乡村空心化的关系(Zhang et al.,2019)。本书作者已有研究揭示了中国村镇建设与资源环境耦合协调度空间格局整体上呈现"东高西低",原创性地提出了耦合协调度在(0.70,0.80]等级的区域绝大部分分布在"北京—北海"一线以东的平坦地区;耦合协调度在(0.60,0.70]等级的区域多数位于胡焕庸线以东,少部分位于天山周边;耦合协调度在(0.40,0.50]和(0.50,0.60]等级的区域主要分布在东北北部—西北—青藏高原的广大地区(刘晓辉等,2023)。总体而言,我国县域尺度村镇建设与资源环境耦合协调研究相对薄弱,国内外鲜见报道。

长期以来,城镇化进程研究主要着眼于城市区域,但随着城镇化进程的加快,其对农村的发展也产生了复杂的影响(Feng et al.,2019;Wang et al.,2021),农村地区建设用地空心化和农业人口流失(Long et al.,2012;Hedlund,Lundholm,2015)、农村贫困化(Liu,Xu,2016)、资源消耗和环境问题(Deng et al.,2015;Hu,2020;Yu,2021)日益突出。为促进我国村镇建设与资源环境之间的良性互动,亟待开展村镇建设与资源环境协调评价,从村镇建设与资源环境两个方向入手,推动村镇建设和资源环境两系统耦合协调发展,为我国村镇可持续发展提供动力。

第三节 村镇发展类型划分研究现状

随着社会经济的发展(社会分工、工业化和城市化),村镇功能和空间格局发生了变化。2018年9月,《乡村振兴战略规划(2018—2022年)》提出,加强以乡镇政府驻地为中心的农民生活圈建设,以镇带村、以村促镇,推动镇村联动发展。

城乡结构的研究较多。单一功能类型方面,主要有人口聚居区空间识别(Serrano Giné et al.,2016;赵美风等,2018),居住环境类型划分及城市绿地可达性

（罗庆等，2018；Mansour et al.，2022），农产品主产区识别及农业政策影响（纪胜男，2014；Zolin et al.，2020），中国自下而上的生态村建设评估（Liu et al.，2020）等研究。多功能类型方面，主要有城市多功能区划及土地利用功能、乡村景观多功能性及其相互作用（杨振山等，2021；Liang et al.，2020；Willemen et al.，2010），国土空间分区及功能优化、基于"双评价"的功能优化分区、农村地区与城市中心功能关系强弱的空间分异研究（李雨彤，2020；王向东，龚健，2016；王亚飞等，2019；Bański，Mazur，2016），实现多规合一（刘彦随，王介勇，2016；欧名豪等，2020）等研究。

不同尺度功能性类型研究方面，有从全国多功能乡村发展到区域尺度乡村功能分区研究（Long et al.，2022；王光耀等，2019）；以县级尺度识别乡村地域功能的空间格局和地域类型（乔伟峰等，2019；徐凯，房艳刚，2019；Iancu et al.，2022；龙花楼等，2012）；乡镇主导功能定位及地方感服务偏好的功能转变（原野等，2017；Shi et al.，2020）和理想的镇村建设模式（Jia et al.，2020）；行政村尺度村庄功能分类及其影响因素（史秋洁等，2017；Yang et al.，2022）。关于空间集聚类型研究，有农村聚落类型组合特征与重构（曲衍波等，2019；孙建伟等，2017；Tian et al.，2018）、农村聚落多功能性及其空间梯度分布（Qu et al.，2017）等研究，也有较少的涉及基于优势的乡镇发展类型划分的研究（段学军等，2022）。目前，局限性问题主要在于尺度上围绕省域乡镇研究薄弱，由于数据获取难度大，乡镇一级的同类研究不足，仅有关于辽宁省各地级市内高速公路可达性水平和经济联系强度及辽宁省各乡镇农产品主产区识别（罗智霞，2017；纪胜男，2014）等少量研究。

乡镇发展类型划分对城乡空间网络体系的均衡发展具有重要意义。揭示区域乡镇发展类型划分与优化发展，有助于掌握乡镇发展类型及其空间格局，有的放矢地制定相应的优化调控方向与振兴路径。

参 考 文 献

ARIKEN M，ZHANG F，WENG C，et al.，2021. Coupling coordination analysis and spatio-temporal heterogeneity between urbanization and eco-environment along the Silk Road Economic Belt in China[J]. Ecological Indicators，121：107014.

BAŃSKI J，MAZUR M，2016. Classification of rural areas in Poland as an instrument of territorial policy[J]. Land Use Policy，54：1-17.

CAI J，LI X P，LIU L J，et al.，2021. Coupling and coordinated development of new urbanization and agro-ecological environment in China[J]. Science of the Total Environment，776：145837.

CARRIÓN-FLORES C，IRWIN E G，2004. Determinants of residential land-use conversion and sprawl at the rural-urban fringe[J]. American Journal of Agricultural Economics，86（4）：889-904.

CUI D, CHEN X, XUE Y L, et al., 2019. An integrated approach to investigate the relationship of coupling coordination between social economy and water environment on urban scale:a case study of Kunming[J]. Journal of Environmental Management, 234: 189-199.

DAHMS F, 1998. Settlement evolution in the arena society in the urban field[J]. Journal of Rural Studies, 14(3): 299-320.

DENG X Z, HUANG J K, ROZELLE S, et al.,2015. Impact of urbanization on cultivated land changes in China[J]. Land Use Policy, 45: 1-7.

FAN W P, WANG H K, LIU Y, et al., 2020. Spatio-temporal variation of the coupling relationship between urbanization and air quality: a case study of Shandong Province[J]. Journal of Cleaner Production, 272: 122812.

FENG W L, LIU Y S, QU L L, 2019. Effect of land-centered urbanization on rural development: a regional analysis in China[J]. Land Use Policy, 87: 104072.

HEDLUND M, LUNDHOLM E, 2015. Restructuring of rural Sweden-Employment transition and outmigration of three cohorts born 1945-1980[J]. Journal of Rural Studies, 42: 123-132.

HU R, 2020. Pollution control and remediation of rural water resource based on urbanization perspective[J]. Environmental Technology & Innovation, 20: 101136.

IANCU T, PETRE I L, TUDOR V C,et al., 2022. A difficult pattern to change in Romania, the perspective of socio-economic development[J]. Sustainability, 14: 2350.

JIA K Y, QIAO W F, CHAI Y B,et al., 2020. Spatial distribution characteristics of rural settlements under diversified rural production functions: a case of Taizhou, China[J]. Habitat International, 102: 102201.

LI X Y, LU Z H, HOU Y D, et al., 2022. The coupling coordination degree between urbanization and air environment in the Beijing(Jing)-Tianjin(Jin)-Hebei(Ji) urban agglomeration[J]. Ecological Indicators, 137: 108787.

LIANG X Y, JIN X B, REN J,et al., 2020. A research framework of land use transition in Suzhou City coupled with land use structure and landscape multifunctionality[J]. Science of the Total Environment, 737: 139932.

LIAO S J, WU Y, WONG S-W, et al., 2020. Provincial perspective analysis on the coordination between urbanization growth and resource environment carrying capacity (RECC) in China[J]. Science of the Total Environment, 730: 138964.

LIU C X, WANG F, MACKILLOP F, 2020. A critical discussion of the BREEAM communities method as applied to Chinese eco-village assessment[J]. Sustainable Cities and Socity, 59: 102172.

LIU T L, SONG Q J, LU J Q, et al., 2021. An integrated approach to evaluating the coupling coordination degree between low-carbon development and air quality in Chinese cities[J]. Advances in Climate Change Research, 12: 710-722.

LIU Y H, XU Y, 2016. A geographic identification of multidimensional poverty in rural China under the framework of sustainable livelihoods analysis[J]. Applied Geography, 73: 62-76.

LONG H L, LI Y R, LIU Y S, et al., 2012. Accelerated restructuring in rural China fueled by "increasing vs. decreasing balance" land-use policy for dealing with hollowed villages [J]. Land Use Policy, 29: 11-22.

LONG H L, MA L, ZHANG Y N, et al., 2022. Multifunctional rural development in China: pattern, process and mechanism[J]. Habitat International, 121: 102530.

MANSOUR S, ALNASIRI N, ABULIBDEH A, et al., 2022. Spatial disparity patterns of green spaces and buildings in arid urban areas [J]. Building and Environment, 208: 108588.

MCGRATH B, 1998. The sustainability of a car dependent settlement pattern: an evaluation of new rural settlement in Ireland[J]. The Environmentalist, 19: 99-107.

QU Y B, JIANG G H, ZHAO Q L, et al., 2017. Geographic identification, spatial differentiation, and formation mechanism of multifunction of rural settlements: a case study of 804 typical villages in Shandong Province, China[J]. Journal of Cleaner Production, 166(10): 1202-1215.

QV M Y, CHAI H Q, LI Z G, 2021. Coupling research on the two-way development of marine ecological civilization and urbanization in coastal cities[J]. Arabian Journal of Geosciences, 14: 679.

REN F, YU X, 2021. Coupling analysis of urbanization and ecological total factor energy efficiency: a case study from Hebei province in China[J]. Sustainable Cites and Society, 74: 103183.

SERRANO G D S, RUSSO A, BRANDAJS F, et al., 2016. Characterizing European urban settlements from population data: a cartographic approach[J]. Cartography and Geographic Information Science, 43(5): 442-453.

SHI Q Q, CHEN H, LIANG X Y, et al., 2020. Cultural ecosystem services valuation and its multilevel drivers: a case study of Gaoqu Township in Shanxi Province, China[J]. Ecosystem Services, 41: 101052.

SHI T, YANG S Y, ZHANG W, et al., 2020. Coupling coordination degree measurement and spatiotemporal heterogeneity between economic development and ecological environment-empirical evidence from tropical and subtropical regions of China[J]. Journal of Cleaner Production, 244: 118739.

TANG P L, HUANG J J, ZHOU H, et al., 2021. Local and telecoupling coordination degree model of urbanization and the eco-environment based on RS and GIS: a case study in the Wuhan urban agglomeration[J]. Sustainable Cites and Society, 75: 103405.

TIAN Y S, KONG X S, LIU Y L, 2018. Combining weighted daily life circles and land suitability for rural settlement reconstruction[J]. Habitat International, 76: 1-9.

WANG Y, CHEN X H, SUN P J, et al., 2021. Spatial-temporal evolution of the urban-rural coordination relationship in Northeast China in 1990-2018[J]. Chinese Geographical Science, 31(3): 429-443.

WILLEMEN L, HEIN L, VAN MENSVOORT M E F, et al., 2010. Quantifying interactions among multiple landscape functions in a Dutch rural region[J]. Ecological Indicators,

10(1):62-73.

YANG X C, WANG M J, 2022. Diversification and spatial differentiation of villages functional types in the new periods of China: Results from hierarchical urban-rural spatial relations and townships size[J]. Land, 11:171.

YU B B, 2021. Ecological effects of new-type urbanization in China[J]. Renewable and Sustainable Energy Reviews, 135:110239.

ZHANG R J, JIANG G H, ZHANG Q, 2019. Does urbanization always lead to rural hollowing? Assessing the spatio-temporal variations in this relationship at the county level in China 2000-2015[J]. Journal of Cleaner Production, 220:9-22.

ZOLIN M B, PASTORE A, MAZZAROLO M, 2020. Common agricultural policy and sustainable management of areas with natural handicaps: The Veneto Region case study[J]. Environment, Development and Sustainability, 22:7587-7605.

程慧,徐琼,郭尧琦,2019.我国旅游资源开发与生态环境耦合协调发展的时空演变[J].经济地理,39(7):233-240.

邓宗兵,宗树伟,苏聪文,等,2019.长江经济带生态文明建设与新型城镇化耦合协调发展及动力因素研究[J].经济地理,39(10):78-86.

段学军,王磊,康珈瑜,等,2022.村镇建设类型划分的理论与方法研究:以江苏省为例[J].地理科学,42(2):323-332.

方创琳,2014.中国城市发展方针的演变调整与城市规模新格局[J].地理研究,27(4):674-686.

盖美,王秀琪,2021.美丽中国建设时空演变及耦合研究[J].Acta Ecologica Sinica,41(8):2931-2943.

高文杰,连志巧,2000.村镇体系规划[J].城市规划,24(2):30-32.

顾朝林,张敏,张成,等,2007.长江三角洲城市群发展展望[J].地理科学,27(1):1-8.

纪胜男,2014.辽宁省农产品主产区识别研究[D].大连:辽宁师范大学.

居婕,2017.新型城镇与美丽乡村建设耦合协调发展度研究:以江苏省为例[D].南京:南京农业大学.

克里斯塔勒,2010.德国南部中心地原理[M].常正文,王兴中,译.北京:商务印书馆.

李雨彤,2020.县域国土空间"三生"功能评价与格局优化研究[D].重庆:西南大学.

刘晓辉,郑兴明,刘文新,2023.中国村镇建设与资源环境耦合协调空间特征分析[J].农业现代化研究,44(1):153-160.

刘彦随,王介勇,2016.转型发展期"多规合一"理论认知与技术方法[J].地理科学进展,35(5):529-536.

刘彦随,2018.中国新时代城乡融合与乡村振兴[J].地理学报,73(4):637-650.

刘艳军,刘静,何翠,等,2013.中国区域开发强度与资源环境水平的耦合关系演化[J].地理研究,32(3):508-517.

龙花楼,邹健,李婷婷,等,2012.乡村转型发展特征评价及地域类型划分:以"苏南—陕北"样带为例[J].地理研究,31(3):495-506.

罗庆,李双金,刘荣增,等,2018.居住环境多维剥夺的地理识别及类型划分:以郑州主城区为例[J].地理研究,37(10):1971-1981.

罗智霞,2017.辽宁省高速铁路可达性与经济联系强度关系分析[D].大连:辽宁师范大学.

欧名豪,丁冠乔,郭杰,等,2020.国土空间规划的多目标协同治理机制[J].中国土地科学,34(5):8-17.

乔伟峰,戈大专,高金龙,等,2019.江苏省乡村地域功能与振兴路径选择研究[J].地理研究,38(3):522-534.

曲衍波,魏淑文,商冉,等,2019.基于"点—面"特征的农村居民点空间形态识别[J].资源科学,41(6):1035-1047.

史秋洁,刘涛,曹广忠,2017.面向规划建设的村庄分类指标体系研究[J].人文地理,32(6):121-128.

孙建伟,孔雪松,田雅丝,等,2017.基于空间组合特征的农村居民点重构方向识别[J].地理科学,37(5):748-755.

孙永胜,佟连军,2021.东北限制开发区域开发强度与生态环境的时空耦合关系研究[J].地理科学,41(4):684-694.

王成,冀萌竹,代蕊莲,等,2022.村镇建设用地扩展与生态环境效应的耦合协同规律及类型甄别:以重庆市荣昌区为例[J].地理科学进展,41(3):409-422.

王光耀,赵中秋,祝培甜,等,2019.长江经济带乡村功能区域差异及类型划分[J].地理科学进展,38(12):1854-1864.

王磊,刘圆圆,任宗悦,等,2020.村镇建设与资源环境协调的国外经验及其对中国村镇发展的启示[J].资源科学,42(7):1223-1235.

王敏晰,马宇,刘威,等,2021.生态文明建设与资源循环利用耦合关系[J].资源科学,43(3):577-587.

王少剑,方创琳,王洋,2015.京津冀地区城市化与生态环境交互耦合关系定量测度[J].生态学报,35(7):2244-2254.

王向东,龚健,2016.土地集约化利用评价及其实证研究[J].经济地理,36(5):17-25.

王亚飞,樊杰,周侃,2019.基于"双评价"集成的国土空间地域功能优化分区[J].地理研究,38(10):2415-2429.

吴玉鸣,张燕,2008.中国区域经济增长与环境的耦合协调发展研究[J].资源科学,30(1):25-30.

新华社,2014.国家新型城镇化规划(2014—2020年)[EB/OL].(2014-03-16)[2019-08-20].http://www.gov.cn/zhengce/2014-03/16/content_2640075.htm.

新华社,2018.乡村振兴战略规划(2018—2022年)[EB/OL].(2018-09-26)[2019-08-20].http://www.gov.cn/zhengce/2018-09/26/content_5325534.htm.

徐凯,房艳刚,2019.乡村地域多功能空间分异特征及类型识别:以辽宁省78个区县为例[J].地理研究,38(3):483-495.

杨振山,苏锦华,杨航,等,2021.基于多源数据的城市功能区精细化研究:以北京为例[J].地理研究,40(2):477-494.

原野,赵中秋,师学义,等,2017.基于乡镇地域主导功能定位的农村居民点整理策略研究[J].自然资源学报,32(12):2089-2099.

张凤,陈彦光,刘鹏,2020.京津冀城镇体系与水系结构的时空关系研究[J].地理科学进展,39(3):377-388.

张进,2020.华北地区农业资源环境与经济增长协调性分析[J].中国农业资源与区划,41(4):27-33.

张龙江,纪荣婷,李辉,等,2021.基于主导生态功能保护的美丽宜居村镇生态建设模式研究[J].生态与农村环境学报,37(7):827-833.

赵宏波,魏甲晨,孙东琪,等,2021.大城市内部"生产生活—生态空间"多尺度耦合协调度:以郑州市为例[J].资源科学,43(5):944-953.

赵美风,刘盛和,戚伟,2018.社区尺度下流动人口聚居区空间识别与尺度效应:以北京市为例[J].地理研究,37(6):1208-1222.

周霞,王德起,刘海楠,等,2017.城市群城镇等级体系:理想金字塔与演变趋势:以京津冀为例[J].区域与城市,24(6):23-29.

第二章　中国村镇建设与资源环境耦合协调评价

本章从村镇建设和资源环境两个维度构建中国村镇建设与资源环境耦合协调评价体系,结合我国资源、环境差异下的地理区域划分,综合评价中国县域村镇建设水平、资源环境水平及两者的耦合协调度,并深入分析了我国村镇建设与资源环境耦合协调度的影响机制,指明了基于分区的不同情景下的发展方向。

第一节　中国村镇建设与资源环境耦合协调评价方法

一、指标体系构建

指标的选取遵循科学性、代表性、系统性和可操作性原则,参考中国县域乡村振兴综合评价指标体系(郭远智,刘彦随,2021);经济发展、社会文化和生态环境3个子系统耦合组成的"美丽中国"人-地关系地域系统指标体系(谢炳庚等,2016);基于社会发展、绿色环境、经济增长、文化传承和制度体系"五位一体"总布局的内涵,融入生态理念构建的"美丽中国"建设评价指标体系(盖美,王秀琪,2021);从经济发展美、人居生活美、支撑保障美、乡风文化美和生态环境美5个维度构建的"美丽乡村"建设评价指标体系(居婕,2017);以及中国省区城市化和生态环境耦合协调度指标体系(刘耀彬等,2005),这些指标具有自然的普遍关联性,依据该关联性进行拓展延伸,对反映中国村镇建设与资源环境方面的各级指标层进行筛选。

围绕不同村镇建设与资源环境特点,建立反映中国县域村镇建设与资源环境耦合协调评价指标体系。反映全国村镇建设的指标体系包括村镇建设规模(人口密度、建设用地占比)、村镇经济发展(人均GDP、地均GDP)和村镇社会发展(万人拥有中小学生数)3个方面,反映全国资源环境的指标体系包括水资源(降水量)、生态用地(生态用地占比)、土地资源(耕地占比)和水环境胁迫(人均日生活污水排放量)4个方面,如表2-1所示。

表 2-1　中国村镇建设与资源环境耦合协调评价指标的选择和计算

目标层	准则层	指　标　层	计　算　方　法	熵值法权重	指标性质
村镇建设	村镇建设规模	人口密度(人/km²)	户籍人口数/行政区面积	0.1105	正向
		建设用地占比(%)	建设用地面积/行政区面积×100%	0.1102	正向
	村镇经济发展	人均GDP(万元/人)	GDP/户籍人口数	0.1203	正向
		地均GDP(万元/km²)	GDP/行政区面积	0.1164	正向
	村镇社会发展	万人拥有中小学生数(人)	中小学生数/(户籍人口数÷10000)	0.1081	正向
资源环境	水资源	降水量(mm)	年降水量	0.1142	正向
	生态用地	生态用地占比(%)	林地、草地、水域面积之和/行政区面积×100%	0.1137	正向
	土地资源	耕地占比(%)	耕地面积/行政区面积×100%	0.1073	正向
	水环境胁迫	人均日生活污水排放量(L/(人·天))	依据 GB/T 51347—2019 及相关数据计算	0.0993	负向

本书中以上指标的数据来源为：人口、GDP、中小学生数来自《中国城市统计年鉴2018》《中国人口和就业统计年鉴2018》《中国县域统计年鉴(县市卷)2018》，以及2018年各地区年鉴；行政区边界数据来自国家地球系统科学数据中心(http://www.geodata.cn)；2017年降水量数据来自中国气象局(http://data.cma.cn)；2017年土地利用数据来自于 Yang 和 Huang(2021)根据 Landsat 系列卫星影像的分类结果(数据下载自 https://zenodo.org/record/4417810)，土地利用类型具体包括建设用地、林地、草地、水域和耕地，空间分辨率为 30 m；人均日生活污水排放量数据的获取，参考了《农村生活污水处理工程技术规范》(GB/T 51347—2019)的农村居民人均日生活用水量和污水排放系数，并根据人均 GDP 均值的倍数和年降水量等值线进行逐级分类。

二、综合得分测算方法

根据构建的指标体系，收集评价区域的村镇建设与资源环境相关数据。将收集的数据进行 min-max 标准化处理，对原始数据进行线性变换，降低不同数据的类别和量纲导致的不一致性，得到指标的标准化数值。再运用熵值法进行每个指标的贡献度赋值(权重,见表 2-1)。

将指标数据标准化以及确定权重之后,通过线性加权法计算村镇建设与资源环境得分,计算公式为

$$\mathrm{TD}_i = \sum_{j=1}^{m} \lambda_j \times Q_{ij} \tag{1}$$

$$\mathrm{RE}_i = \sum_{k=1}^{n} \lambda_k \times P_{ik} \tag{2}$$

式中,TD_i 为第 i 个县的村镇建设得分;Q_{ij} 为第 i 个县第 j 个村镇建设指标的标准化值;λ_j 为第 j 个村镇建设指标的权重值;RE_i 为第 i 个县的资源环境得分;P_{ik} 为第 i 个县第 k 个资源环境指标的标准化值;λ_k 为第 k 个资源环境指标的权重值;m 为村镇建设指标的数量;n 为资源环境指标的数量。

采用自然断点法识别数据分异特征。为更好地体现村镇建设与资源环境差异,本研究选择 7 作为村镇建设、资源环境得分的自然断点数量。自然断点数量一般根据经验决定,类别太少,无法体现数据的空间分异规律;类别太多,不利于分析空间变化规律。

三、耦合协调度测算方法

1. 耦合度

本研究只涉及村镇建设与资源环境两者,可通过这两个目标层的耦合程度来判别耦合度(刘耀彬等,2005),计算公式为

$$C_i = \frac{2\sqrt{\mathrm{TD}_i \times \mathrm{RE}_i}}{\mathrm{TD}_i + \mathrm{RE}_i} \tag{3}$$

式中,C_i 为村镇建设与资源环境综合指数的耦合度。

2. 耦合协调度

既考虑各分类指标之间的协调状况,又体现各分类指标之间的协同效应,测算耦合协调度(刘耀彬等,2005),计算公式为

$$D_i = \sqrt{C_i \times T_i} \tag{4}$$

$$T_i = \alpha \times \mathrm{TD}_i + \beta \times \mathrm{RE}_i \tag{5}$$

式中,D_i 为第 i 个县的村镇建设与资源环境耦合协调度;T_i 为第 i 个县的村镇建设与资源环境水平的综合评价指数;α、β 为待定参数,分别代表村镇建设水平与资源环境水平的重要性,并有 $\alpha + \beta = 1$,结合村镇建设与资源环境的相互关系及在耦合系统中的作用,在此认为村镇建设水平与资源环境水平同等重要,故将 α 和 β 各取值为 0.5。

为了捕捉不同区域的耦合协调度特征,参考已有耦合协调度的分级(Shi et al.,2020;仇娟东等,2012),划分了本研究的耦合协调度等级,如表 2-2 所示,等级越高,耦合协调度越大。

第二章　中国村镇建设与资源环境耦合协调评价　13

表 2-2　耦合协调度等级

耦合协调度等级	D 值
Ⅰ	$0 < D \leqslant 0.40$
Ⅱ	$0.40 < D \leqslant 0.50$
Ⅲ	$0.50 < D \leqslant 0.60$
Ⅳ	$0.60 < D \leqslant 0.70$
Ⅴ	$0.70 < D \leqslant 0.80$
Ⅵ	$0.80 < D \leqslant 0.90$
Ⅶ	$0.90 < D \leqslant 1$

第三章和第四章省域村镇建设与资源环境耦合协调评价中,关于"综合得分测算""耦合协调度测算"的方法同上。

第二节　中国四大地理区域

自1978年改革开放以来,中国经济快速发展,城市人口大规模增长;受自然条件和区域发展政策的影响,绝大多数城市主要分布在胡焕庸线的东南地区(Guan et al.,2018),从水资源的自然分布来看,水资源禀赋对我国区域经济发展具有限制性(Bian et al.,2022)。

从中国自然资源分布、地貌特征、气候特征和人文-社会-经济出发,基于全国层面降水分布、人口分布、经济发展水平、村镇建设和生态环境的差异性,参考中国地理区划,南方、北方以秦岭、淮河一线为界,两个区域的气候条件不同,经济发展也迥然有异。考虑到以上因素,严格按照中国县域行政边界,将中国地理区域划分为北方地区、南方地区、青藏地区和西北地区4个大区,如图2-1所示。

第三节　中国村镇建设空间格局

根据研究目标,由于全国市辖区更多地关注于城市建设与经济发展,农村管理职能较少,因此972个市辖区不予考虑。研究区以全国范围内1935个县(旗、县级市)为基础,除去数据暂缺的74个县(旗、县级市),实际研究区为1861个有效县(旗、县级市)。

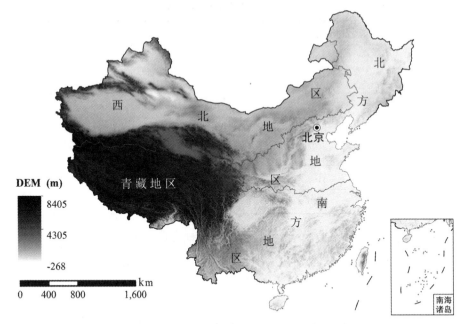

图 2-1 中国地理区域分区示意图

一、中国村镇建设指标分析

反映中国村镇建设的指标包括人口密度、建设用地占比、人均 GDP、地均 GDP 和万人拥有中小学生数,下面对各指标的空间格局逐一进行分析。

1. 人口密度

人口是村镇建设的主体,伴随着城镇化进程的加快和乡村人口向城镇的迁移,乡村人口在村镇建设中的重要性日益增加。与高密度集聚分布的城市人口不同,乡村人口分布有其低密度、相对散居的特点,人口密度的差异直接反映出这一特点。

早在 1935 年,我国著名的人口地理学家胡焕庸就提出了我国人口分布的一条重要地理分界线——黑龙江瑷珲(今黑河市)—云南腾冲线(即胡焕庸线,简称"胡线"),长期以来这一分界线基本保持稳定,尽管近年来"胡线"西部少数民族人口有所增加(Chen et al.,2016)。2000—2020 年中国人口分布的空间格局显示人口变动的区域分化明显:沿海城市群的空间连绵化逐渐形成了强吸引力、高承载力的沿海人口增长带,东北地区几乎转向全面的人口收缩,中部各省份依托省会展开的人口竞争依然激烈,川渝黔地区普遍实现了人口的止降回增,西北地区则面临人口收缩风险(刘涛等,2022)。青藏高原受地形等自然条件影响,人口稀少。

我国不同分区人口密度空间分布格局如图 2-2 所示。

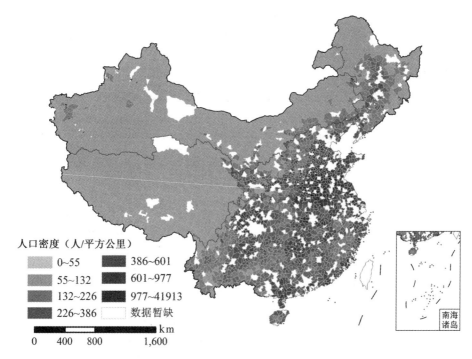

图 2-2 我国分区人口密度分布格局

(1) 北方地区

人口主要集中在华北平原、渭河平原、汾河平原(谷地),北方地区内南、北方人口分布差异较大,东北三省为主的北方人口密度普遍偏低,并且在过去 10 年(2010—2020 年)人口净减千万,快速转向区域人口老龄化。

(2) 南方地区

南方地区相对北方地区人口发展较为均衡,人口多居于平原地区,受地理因素影响山区人口少于平原地区,但整体上平原山地错落分布,人口总体分布均衡,便于各省区均衡发展。总体上属于劳动力流入区,人口保持稳定且合理增长,为经济长期向好发展提供了人力资源保障。

(3) 青藏地区

青藏地区人口密度低,但在过去 10 年仍保持了正增长态势。高原区自古以来地广人稀,也符合自然分布格局。青藏高原的生态学意义对全国乃至亚洲都十分重要,如若受损其修复难度极大。科技支撑基础上,在其合理资源承载力范围内,利用后发优势,满足人们对美好生活的向往,促进边疆稳固和生态安全,推进人口合理增长是必要的。

(4) 西北地区

西北地区地广人稀,东西跨度大,分布不均匀,为我国少数民族主要聚集区,虽然 2010—2020 年新疆维吾尔自治区和宁夏回族自治区两区人口增长,但甘肃省和内蒙古自治区人口在减少,而人口增加主要是在城市,对村镇人口影响不显著。人口主要分布于交通干线沿线区域。西北地区包含我国大多数的沙漠和沙地类型,气候干燥、生态脆弱,迁入人口少,需要政府扶持。

2. 建设用地占比

建设用地是把土地作为生产基地和生活场所。建设用地占比与村镇发展具有正相关性,是城镇规划和城镇土地利用规划中重要的参考指标之一。

我国不同分区建设用地占比的空间分布格局如图2-3所示。

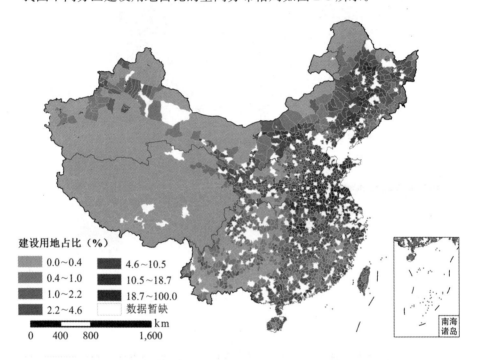

图2-3 我国分区建设用地占比分布格局

(1) 北方地区

北方地区中,华北平原和东北平原建设强度有着显著的差异。

华北平原是高密度地区,由于地处平原,人口众多,工业、交通发达,民营经济活跃,村镇工业化程度较其他地区村镇占比优势明显。山东省、河北省、河南省、皖北地区、苏北地区是人口稠密地区,在村镇建设用地中除了村镇工业用地,农村住宅建设用地、社会公共服务用地占比被提高。另外,由于人口密集,带来了交通建设如公路、普铁、高铁、机场等的发展,且我国公路、普铁、高铁等国家重大建设工程设计以北京市为起点向全国辐射,距离北京市越近路网越密集,呈环状辐射圈外扩,而各个省份的省会城市是全省之中心,投资建设强度大,省会城市成为所在省份的交通、政治、经济和文化中心,形成中心枢纽层叠分布。华北平原是我国路网村村通和户户通最发达、最密集地区。

东北地区人口相对少于华北地区,经济相对落后,民营经济薄弱,国资比重大,加上计划生育政策的严格落实,东北36市正逐步进入老龄化和超老化状态,就业岗位少,人才流失严重,而建设用地、交通、工业发展都受国家计划投资的部署,所以东北地区建设用地大多处于中下等水平。

（2）南方地区

南方地区受地形的影响,与北方集中连片的格局不同,其分布呈现平原、河口海岸带集中高密度区,山区普遍偏低。长江中下游各平原,长三角、珠三角、四川盆地都形成了集中的高占比趋势。

南方地区东部省份平原、山地纵横交错的地貌下,建设用地也形成了交错分布的格局,即三横三纵的田字格形中等占比水平。

南方地区西部省份以云贵川渝山区为主,四川盆地平坦,其余地区均为山区半山区,建设难度和成本高于平原地区。川、渝两地由于历史原因和水利的水上交通优势,建设密度高于云、贵两省,处于中等水平。而云、贵两省山地类型占比较大,海拔高,交通相对落后,建设用地整体处于中等和下等水平,多集中在处于相对平坦的山区的省会等大中城市,故而建设用地形成了以城市为中心,从近郊向远郊递减的分布格局。

（3）青藏地区

由于气候和历史原因,青藏地区人口少,农业不发达,绝大部分地区处于野生原始状态,还有大量无人区,农业发展很受限。相对于平原地区,其建设成本极高,施工难度极大,维护成本也不可忽视。交通上以新—藏、青—藏、川—藏、滇—藏方向为主。目前除青—藏方向开通铁路外,其余方向上只有公路投入使用。而青藏高原的城市和人口基本都聚集在这几个方向的交通线上,呈现明显的岛链状分布,是我国建设用地最不发达的地区,绝大部分地区都处于低和极低的建设用地占比水平。

（4）西北地区

西北地区建设用地占比较高的区域呈"V"形分布,东西跨越我国三千多公里,基本处于中温带向暖温带的过渡区。

兰州市以东地区,沿黄河、贺兰山、阴山山脉河套地区,年降水量在200～400 mm之间,为半干旱地区,农牧业较发达,矿产丰富,交通便利,与北方地区接壤,人口较为集中,交通网络较为发达,由此向北向西,到国境方向建设用地占比逐渐减弱。

兰州市以西地区,沿河西走廊进入新疆,公路、铁路网络沿天山南、北两簏分开,分别向南疆、北疆腹地延伸扩展,直到中亚和巴基斯坦,是中国"一带一路"倡议的重要陆路通道。新疆维吾尔自治区目前是我国多项重要交通建设区,其南环、北环工程加快了该区的基础建设,提升了周边城市的发展速度,建设用地占比也相应分布,形成了中低占比分布区,再由这些中低占比区向国境和沙漠逐渐减弱为低占比区和极低占比区的分布格局。

3. 人均GDP

区域经济发展水平直接影响甚至决定了村镇建设的水平和发展质量。一般而言，较高的经济发展水平，可以为村镇建设提供较为雄厚的财政资金支持，也有较为发达的非农产业带动乡村地区的发展，形成"高经济发展水平—高资金支持—高村镇建设水平"的良性循环。

人均GDP并不反映人均财富，不能作为共同富裕的直接参考，更多地体现为生产力和投资与人口的关系。对于人口低密度区，人口对该指标的影响显著，而生产力水平和投资强度对该指标响应并不显著。在直觉上总量与均量往往形成显著逆向特征。南方试验田、华北中流砥柱、东北压舱石，形成了由南向北、由东向西依序改革开放的格局。

我国不同分区人均GDP空间分布格局如图2-4所示。

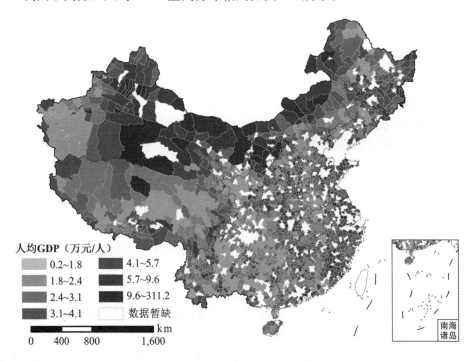

图2-4 我国分区人均GDP分布格局

我们采用人均GDP作为衡量区域经济发展水平的综合指标。从区域分布上来看，人均GDP极高的等级县域除了在西部的一些资源型区域有部分分布外，主要集中在整体经济较为发达的江苏省南部、福建省和浙江省沿海地区，在华北的山东半岛、东北的哈尔滨市—大连市沿线等区域也有所分布。西南的四川省、重庆市、贵州省、云南省等省市的大多数县，人均GDP多在30000元以下，处于较低水平。经济发展水平较低的区域有青藏高原、新疆维吾尔自治区南部，这些区域人均GDP在2000～24000元之间，较为落后的区域经济发展水平严重影响了村镇建设发展的总体质量。

(1) 北方地区

北方地区发展比较均衡,受人口和行政区划的影响,东北地区形成了较大区块特征,华北地区人口密度大,村镇区划面积较东北地区小很多,区块相应呈现出细碎化的特征。在地图上不难找出东北某一个乡镇的面积超越了华北某一个县的面积,而东北某一个县的面积超过了华北某一个地级市面积的例子。

北方地区高人均 GDP 的密集区分布在京津唐和鲁东地区,这是我国农业、工业、村镇企业发达地区,也是以渤海、黄海多个良港为依托的制造业、贸易、航运发达地区,为地区经济提供了先天优势。

(2) 南方地区

江浙沪闽粤以及沿江经济带是高人均 GDP 的密集区块集中区,我国人口集中、劳动力流入区,较早落实经济改革开放政策,借助政策先发优势和政策头部优势,经济发展强劲。相对于北方地区,南方地区山地较多,发展低价值主粮农业的成本收益比高,不划算,因此高价值经济农业成为南方地区的特色。工业以制造业、加工业为主,由城区向村镇延伸。而大城市如上海市、广州市、深圳市依靠其各自地缘优势和政策倾斜,形成了服务贸易业发达、利用境外资金规模庞大的龙头城市。南方地区村镇经济由小到大,由弱到强,由个体向集团快速迭代升级,与国际接轨,成为我国和世界经济发展新的动力来源。

(3) 青藏地区

青藏地区高人均 GDP 区主要分布在滇藏公路、川藏公路、青藏公路铁路、新藏公路等交通沿线村镇。这里地处高原,地域广阔,而人口稀少,导致在 GDP 总量不高的背景下,人均 GDP 被拉升明显。除牧业外,国家基础投资、交通驿站经济明显。典型的如青海省格尔木市唐古拉山镇(俗称沱沱河镇,全国最大行政飞地建制镇、长江第一镇),除牧业以外,以交通运输服务业如加油站、住宿、餐饮收入为主,全镇不足 2000 人,却拥有 3 倍于北京 16 区的区划面积,导致轻微的基础建设投入和生产流通、服务等产值发生,人均 GDP 就会极速上升,达到超级发达区域水平,但当地人生活并未随该指标有飞跃式的提升。

(4) 西北地区

西北地区与青藏地区有相似之处,偏远落后地区反而人均 GDP 居于全国高位,主要是人口极度稀疏所致。一半以上的面积处于中高等人均 GDP 水平,而真正的农牧区人口稍多一些的村镇人均 GDP 显著下降,呈现两极化区块毗邻、中等水平占比少的分布特征。国家基础建设投资(交通),能源(煤、石油、天然气)带动提升,加之人口稀少又促进了人均 GDP 提升,导致人均 GDP 在该区指示特征与通常的直观感受相悖。

4. 地均 GDP

我国不同分区地均 GDP 空间分布格局如图 2-5 所示。

华北平原地区、沿海开放城市、长江经济带为高地均 GDP 集中区,领先全国,交通优势转化为生产优势明显。

第二、三台阶丘陵半山区,近江(长江)近海区,京哈经济带和晋陕川处于中等水平。

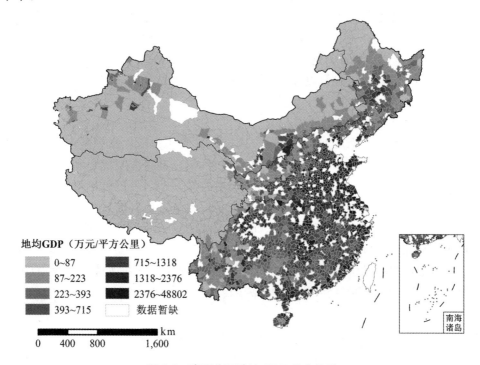

图 2-5　我国分区地均 GDP 分布格局

(1) 北方地区

总体来看,北方地区地理地貌、区位优势明显,具有平原优势,陆地交通、海运、空运发达。地均 GDP 呈现南高北低、东高西低的空间格局。

华北平原地区、北方沿海开放城市地均 GDP 领先。高地均 GDP 乡镇集中连片分布,工业、服务贸易发达,对区域 GDP 拉升明显。是我国经济发达地区,也是我国北方地区陆、海、空重要交通枢纽及农业生产基地。

东北平原受气候影响一年一熟,村镇的农业产业单一化,尽管人均耕地面积高于全国平均水平,但单位面积年产值在全国仅能达到中等水平。渭河平原、汾河平原、忻州盆地由于地理优势和气候条件,村镇地均 GDP 与东北平原接近,形成了中等地均 GDP 过渡带。从东北至西南走向的中等地均 GDP 过渡带,长度约为 2000 km。

东北大小兴安岭、长白山、太行山、吕梁山、秦岭等山脉的山区、半山区和丘陵坡地,由于地理条件限制,虽然也有农业分布,但其农业生产效率和成本高于平原地区,单位面积 GDP 水平低于全国平均水平,形成低地均 GDP 区域。

(2) 南方地区

南方地区高地均 GDP 片区交错分布,以长江经济带、沿海开放城市为主体,各省区发展均衡,整体呈现东高西低、北高南低的空间格局。

南方地区平原、山地交错分布,长江两岸、长江三角洲、珠江三角洲、沿海开放城市带组成高地均 GDP 片区。高地均 GDP 片区也随着地理地貌特征交错分布。四川盆地、洞庭湖平原、江汉平原、鄱阳湖平原、长江三角洲,由西向东沿长江干支流分布于长江两岸,形成长江经济带主干。这些地区是传统水路、陆路交通发达地区。沿海城市是改革开放的窗口,由于政策性促进、带动作用明显,村镇经济得以提高。

低地均 GDP 地区主要集中在西南部的云贵高原山区和大巴山、巫山、武陵山等交通不发达的山区。与平原相比,这里农业成本高、效率低,导致了地均 GDP 偏低。

与低地均 GDP 的云贵山区不同,武夷山、黄山、南岭山区受周边沿海、沿江等发达地区辐射,交通相对便捷,村镇经济提升到中等地均 GDP 水平。

(3) 青藏地区

青藏地区主要包括青海省、西藏自治区、甘肃省甘南地区和川西高原区,其主要分布在我国地势第一级阶梯,高原气候为主,海拔高、日照多、气温低、积温少。村镇主要以从事种植业、牧业为主。地均 GDP 普遍偏低,除河湟谷地和甘南藏区稍微高一些,绝大部分地区均为低地均 GDP 区域。

(4) 西北地区

西北地区主要包括新疆维吾尔自治区、内蒙古自治区、甘肃省大部、宁夏回族自治区、陕西省和河北省北部地区,其主要分布在我国地势第二级阶梯,地处我国中高纬度地区,主要处于暖温带和中温带,大部分区域为干旱半干旱地区,多属于温带大陆性气候。自然带为温带草原带和温带荒漠带。土地类型主要有沙漠、草地、戈壁、高寒荒漠、石山以及以旱地为主的耕地。年降水量在 400 mm 以下,超半数面积的年降水量在 200 mm 以下。我国年降水量低于 50 mm 地区绝大多数集中于此,分布在该区西侧的沙漠荒漠区。该区村镇地均 GDP 主要与降水相关,内蒙古自治区南部、河西走廊、天山北麓半干旱区,以及伊犁河谷半湿润区的地均 GDP 略高于其他干旱地区。个别城市村镇、郊区村镇能达到中等地均 GDP 水平。其他大部分区域为低地均 GDP 水平,特别是塔克拉玛干沙漠和古尔班通古特沙漠等沙漠沙地区域,地均 GDP 处于全国最低水平。

5. 万人拥有中小学生数

教育是支撑村镇建设持续发展的重要动力,特别是中小学生数量对村镇发展尤为重要,反映了县域村镇经济发展的潜力。

我国不同分区万人拥有中小学生数空间分布格局如图 2-6 所示。

我们采用万人拥有中小学生数表征县域教育事业发展的水平。从区域分布来

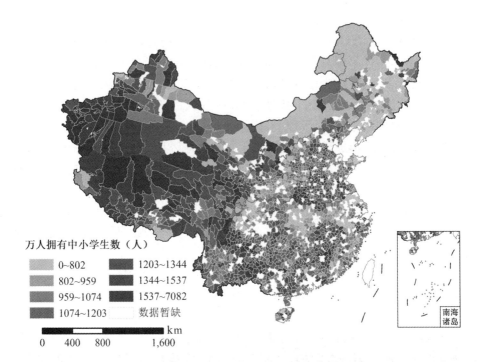

图 2-6 我国分区万人拥有中小学生数分布格局

看,西部地区、青藏高原等区域受人口基数较小、外出人口流动量大等因素影响,具有较高水平的万人拥有中小学生数量。珠三角地区、江西省和湖南省部分地区等南方区域县域,以及华北的山东省中部、河南省中东部等区域县域也具有较高的数量。相比之下,东北的黑龙江省、吉林省、辽宁省以及内蒙古自治区中东部县域的万人拥有中小学生数较低,反映了近年来东北地区人口流失的同时,也使得县域村镇教育水平发展滞后。

(1) 北方地区

北方地区的东北和华北差异较大,黑、吉、辽三省,人口总数少,第七次全国人口普查公报(简称"七普")数据显示,东北地区人口所占比重下降 1.20 个百分点,而且 36 个城市全部进入老龄化社会,其中抚顺市和丹东市进入超老化。东北地区"三省一区"(黑、吉、辽和内蒙古自治区东部地区的部分地区),绝大部分地区万人拥有中小学生数不足千人。这与"七普"数据相呼应,总体情况不乐观,且不可持续发展。如此继续,东北发展关键动力不足。东北地区自然条件差,生活成本高,改革开放后,在全国省市排名中逐渐落后,国家经济决策势必需要关注东北人口问题的严峻性和紧迫性。

华北地区相对人口密集,万人拥有中小学生数空间上分布均衡,高、中、低数量错落分布,受地理和人口分布影响,总体健康可持续。

(2) 南方地区

南方地区是我国人口稠密地区,四川盆地、经济发达的长江经济带较发达地区,万人拥有中小学生数偏低,处于低位;而云贵高原、南岭腹地等经济相对落后地区,万人拥有中小学生数处于中高位。原因可能有:① 南方地区的山区地方政府把握发展方向;② 南方地区少数民族生育政策与汉族不同;③ 南方山区是留守儿童聚集地,在统计时有一部分外出务工人员没有计算在人口基数当中;④ 南方地区的平原发达地区,与东北类似,充分落实了一胎化计划生育政策;⑤ 南方地区的平原发达地区,由于房地产价格和养育成本较高,迫于压力,很多适龄人口放弃了生育机会;⑥ 南方地区平原发达地区的高密度城市群居生活方式。

(3) 青藏地区

青藏地区虽然属于人口稀少地区,但总体保证了准自然生育政策。随着对青藏地区建设和移民的推进,人口总数和人口结构都表现出强势上升趋势,万人拥有中小学生数在全国居于中高和高位水平。

(4) 西北地区

西北地区的河套地区以东,多数为村镇人口稀疏的边境地区。由于人口稀少,相应的万人拥有中小学生数也低,个别交通要道乡镇相应的比例较高,但多数地区处于低位和极低位水平。

河套地区以西,由于西北地区人口基数小,实行少数民族生育政策,加之建设项目带来移民的后代子女,因此西北地区西部在人口数量上焕发出勃勃生机,该区万人拥有中小学生数大部分处于中高位水平。

二、中国村镇建设空间格局分析

村镇建设综合评价考虑了人口密度、建设用地占比、人均 GDP、地均 GDP 和万人拥有中小学生数 5 个反映县域村镇建设规模、经济和社会发展水平的指标,采用四大分区的方式进行测算,以避免区域内部及区域之间由于自然地理条件差异造成的村镇建设本底差异。中国不同分区村镇建设得分的空间格局如图 2-7 所示,具体数据见附表 1。

从区域分布来看,村镇建设得分在 0.63 以上的极高发展水平的县域主要集中在北方地区的山东省、河南省、河北省南部、江苏省北部和南方地区的江苏省中部,在青藏地区的青海省也有少量县域分布。这总体上反映了以上县域经济社会发展的综合水平,即这些区域长期以来人口密集,县域村镇经济和社会发展水平较高(见图 2-2 至图 2-6)。

南方地区的广东省、福建省、浙江省沿海县域村镇建设得分也较高,总体上在

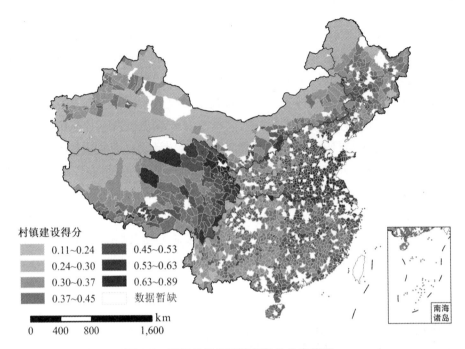

图 2-7 我国分区村镇建设得分分布格局

0.45～0.63范围。这些区域有较高的人口密度、人均GDP和地均GDP(见图2-2、图2-4、图2-5),这得益于东南沿海城市是我国改革开放的窗口,同时,沿海城市也是传统水路、陆路交通发达地区。

北方地区的东北地区中部沿哈尔滨—大连一线及周边县域总体处于0.37～0.45范围,处于全国中等发展水平;北方地区的东北地区的东部山区和西部生态脆弱区域处于较低水平,总体得分在0.30～0.37之间。该区建设用地占比也呈现了一致的趋势(见图2-3)。

西北地区绝大部分得分较低,特别是内蒙古、新疆等地的大多县域村镇建设得分在0.30以下,只有新疆的个别绿洲区域的县域得分在0.45以上。与此相应,大多县域具有较低建设用地占比和较低地均GDP水平(见图2-3、图2-5)。

青藏地区得分较高(0.45以上)的几个县主要集中分布在第一阶梯与第二阶梯交界处,包括青海省的西宁地区;西藏自治区拉萨市周边区域也具有较高的得分。这些县主要是受到了大城市经济社会发展辐射的影响(见图2-4)。

第四节 中国资源环境空间格局

一、中国资源环境指标分析

反映中国资源环境的指标包括年降水量、耕地占比、生态用地占比和人均日生活污水排放量,下面对各指标的空间格局逐一进行分析。

1. 年降水量

水资源是村镇建设的基础要素之一,特别是对以农业生产为主的广大乡村地区尤为重要,即便在非农产业相对发达的地区,也是支撑村镇二、三产业发展的重要自然资源要素。受分县水资源量难以获取的限制,以年降水量来反映全国县域水资源量。总体而言,年降水量大的地区,水资源也较为丰富。

中国年降水量呈南方多、北方少,沿海多、内陆少的分布格局。降雨带由东南沿海向西北内陆地区逐渐递减,主要受西太平洋暖湿气流和西伯利亚冷干气流交替影响。

我国不同分区年降水量空间分布格局如图2-8所示。

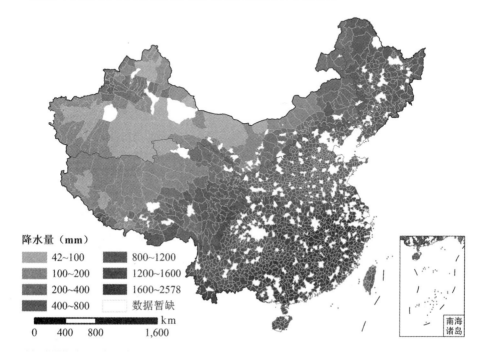

图 2-8 我国分区年降水量分布格局

受大陆季风气候和三级阶梯地势的影响,我国年降水量总体上呈现从东南沿海向西北内陆逐步减少的趋势。年降水量在1600 mm以上的极高区域,主要分布在东南沿海的浙江省、福建省、广东省等省份所辖的地域,年降水量最高的县达到2578 mm。与此区域紧邻的江西省、湖北省、湖南省等省份县域年降水量大多在1200~1600 mm之间。降水量在800~1200 mm的县域主要包括淮河以南的江苏省、湖北省、四川省、重庆市、云南省等的大部分县。800 mm以上相对丰富的年降水量为村镇建设发展提供了良好的水资源支撑能力。年降水量在400~800 mm之间的区域包括东北、华北以及沿青藏高原边缘的青海省等省区,特别是沿胡焕庸线两侧区域分布的农牧交错带地区。胡焕庸线以西的广大地区绝大部分年降水量在200~400 mm之间,包括内蒙古自治区、甘肃省等半干旱地区;与此相邻的西部年降水量在200 mm以下的地区,主要包括新疆维吾尔自治区等广大干旱区,匮乏的水资源使得大多数村镇分布在一些绿洲地区,在一定程度上制约了村镇的建设发展。

(1) 北方地区

北方地区绝大部分位于400~800 mm年降水量区域内,400 mm是农业所需雨量下限,低于该年降水量线,对于作物生长就很不利,但草类仍可生长,村镇产业由农业转向牧业。我国北方地区属于农业区。

(2) 南方地区

南方地区年降水量几乎都在800 mm以上,由西北向东南沿海逐渐递增,年降水量由800 mm逐渐增加至超过2500 mm,是我国湿润地区。

(3) 青藏地区

青藏地区东南部降雨多;西北部降雨少,普遍在200 mm以下。东南部是东南季风和南太平洋迎风面,年降水量在400 mm以上,特别是川西高原与四川盆地过渡区,还有藏南地区,年降水量在800 mm以上,是亚洲的重要水源地。青藏地区也是我国著名的三江源国家公园所在。

(4) 西北地区

西北地区普遍年降水量在400 mm以下,主要是半干旱和干旱地区。内蒙古自治区东部和中南部,以及和内蒙古自治区中南部交界的冀北、陕北、宁夏回族自治区中部和北部、河西走廊与新疆维吾尔自治区伊犁地区等地为年降水量200 mm以上的半干旱地区,其余地区均为200 mm以下的干旱地区,特别是几大沙漠地区的年降水量极少。

2. 生态用地占比

村镇建设必须坚持开发与保护并重,保护景观生态,充分发挥其生态功能,发展特色农林业,以功能性农林产业、农村旅游业等业态带动村镇经济发展,贯彻和践行"绿水青山就是金山银山"的理念,基于区域资源禀赋和严格的耕地占补平衡、生态保护政策,促进村镇的社会经济转型与生态环境可持续发展。

生态用地在某种程度上与人口密度成反比。人口少,生态保持原始,生态用地占比高;而人类活动密集地,更多的人工干预,致使生态脱离原始状态、更人工化。我国不同分区生态用地占比空间分布格局如图2-9所示。

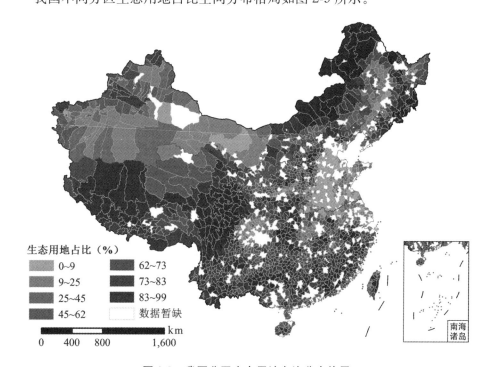

图2-9 我国分区生态用地占比分布格局

我们将林地、草地和水域土地利用类型所占比例作为衡量生态用地占比的综合指标。从空间分布上来看,生态用地占比呈现出相同等级区连片分布的特点,生态用地占比83%~99%的高等级区集中分布在西藏自治区、四川省的绝大部分地区、内蒙古自治区东北部与黑龙江省的大兴安岭相邻地区以及东北地区的东南部;生态用地占比62%~83%的较高及高等级区则集中分布在云南省、贵州省、湖南省、江西省、福建省、广东省、广西壮族自治区;生态用地占比相对较低的三个等级区集中分布在新疆维吾尔自治区、甘肃省、内蒙古自治区相接区域,中部的河北省、山东省、江苏省、河南省地区,以及黑龙江省、吉林省、辽宁省的西部地区。

(1) 北方地区

北方地区的东北平原、华北平原随着农业开发、城市扩张,呈现集中连片的低生态用地占比区。而在大小兴安岭、长白山、太行山、吕梁山、燕山和秦岭等山区,由于地形不适于农业和城市发展,呈现出中高水平的生态用地占比。

(2) 南方地区

南方地区的山区生态用地占比超过北方地区,除了四川盆地、长江中下游平原,以及沿海城市群处于中低水平生态用地占比,其余地区均处于中高水平的生态用地占比。

(3) 青藏地区

青藏地区是我国高生态用地占比集中区,由于青藏高原地广人稀,以及交通问题和高海拔等因素,不适合开发,大部分地区保留了原始自然风貌,更有大片无人区的存在,是我国重要的生态功能区,其生态用地占比处于较高水平,除交通沿线生态用地占比居于中等水平外,其他绝大部分区域生态用地占比处于高水平状态。

(4) 西北地区

西北地区的河套地区以东区域,生态用地占比处于中高水平,而河套地区以西,是我国沙漠主要分布地区,生态用地很少,我国八大沙漠有七个分布于此,还有沙漠之间的大片戈壁,该区域是我国生态条件恶劣、最荒凉、生态用地最稀缺的地区。除伊犁地区、阿勒泰地区、新疆维吾尔自治区西北部的边境城市地区和主要交通沿线城市的生态用地占比处于中高水平外,其余地区生态用地占比极低。

3. 耕地占比

人们自古以来开荒屯垦,就懂得因地制宜。作为农业文明古国,我国先民自古就懂得挑选自然条件优越之地开垦种植,繁衍生息,孕育人类文明。对于耕地,无论是旱田还是水田,地势平坦、充足的水源、适宜的温度都是人们开垦土地要考虑的主要自然因素,这也和生产成本息息相关。

我国不同分区耕地占比空间分布格局如图2-10所示。

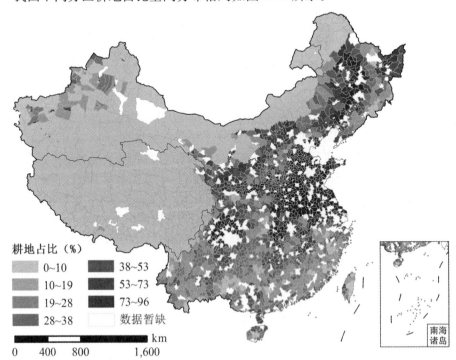

图2-10 我国分区耕地占比分布格局

(1) 北方地区

华北平原开垦历史悠久,自然条件优越,从古至今一直是农业文明、农业生产的重要地区,耕地占比大,农田密集。

另外,东北平原地区,松嫩平原、辽河平原、三江平原自然条件较好,在清朝末年逐渐有移民出山海关,开荒种地以谋生计,史称"闯关东",但由于生产力主要以人力、畜力为主,开发速度缓慢,受交通限制,主要在东北中部、南部开垦,形成岛链状分布。二战后,实施屯垦戍边、插队落户等移民政策,大批移民和军队逐渐向北方深度开拓,加之机械化的普及,开垦能力提升,迅速形成了农垦、军垦、农民三大生产力对东北的深度开垦,东北地区不但自足,还成为全国粮食安全的"压舱石"。东北地区成为北方地区高耕地占比的新生区块。北方地区是我国粮食安全的绝对首重保障力量。

渭河平原、汾河平原也属于高耕地占比地区。

大小兴安岭、长白山、太行山、吕梁山、秦岭等山脉向平原过渡的山坡岗地,陕北丘陵沟壑地区形成了中度耕地占比区。

大小兴安岭的森林山地地区是北方地区耕地占比极低的区域。

(2) 南方地区

南方地区高耕地占比区域分布在四川盆地、江汉平原、洞庭湖平原、鄱阳湖平原,沿长江两岸分布。

南方地区中等水平的耕地占比区域有大巴山、巫山、武陵山、雪峰山、大别山、南岭、武夷山等山脉向平原过渡的半山区、丘陵地区。这些区域形成了分布广泛、环绕平原的中等水平耕地占比区。

南方地区低耕地占比区域包括云贵高原、巫山、南岭和武夷山这些高海拔地区和森林山地地区。

(3) 青藏地区

由于温度和地势原因,高原山地不利于作物生长,因此青藏高原区耕地占比普遍很低,处于全国低水平。河湟谷地占比稍高,但也只达到北方地区中下等水平,且面积极小。

(4) 西北地区

从全国范围来看,西北地区仅好于青藏地区,多数耕地占比仅为中等及以下水平,分为东、西两个集中分布区。东部地区呈东北—西南走向的狭长带状分布,多数属于我国的干旱半干旱地区,年降水量在 400 mm 以下,主要包括内蒙古自治区东部和南部地区、河套平原、河西走廊;西部地区主要分布于乌鲁木齐市以西、天山山脉平缓坡地谷地以及伊犁河谷等地域,这些地方也是我国生态较脆弱地区。其余地方受山脉、沙漠沙地等自然因素影响耕地占比极小。

4. 生活污水排放

生活污水中的污染物包括有机物和病原微生物。生活污水治理是村镇综合环境整治工程的重要组成部分,解决生活污水问题关系到村镇居民的生产、生活等切身利益。经济发展水平中等偏上的地区其生活污水排放量相对偏高,提高东、中、西部城市近郊区等有基础、有条件地区的村镇生活污水治理率应成为当务之急。

我国不同分区人均日生活污水排放量空间分布格局如图 2-11 所示。

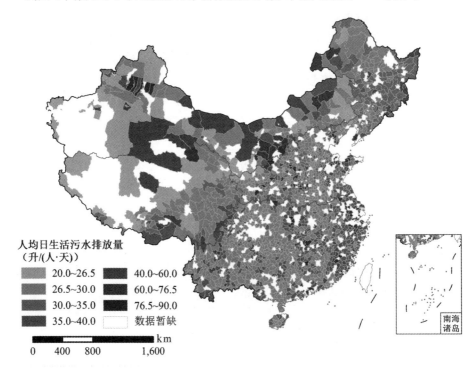

图 2-11　我国分区人均日生活污水排放量分布格局

我们采用人均日生活污水排放量作为衡量生活污水排放的综合指标。参考《农村生活污水处理工程技术规范》(GB/T 51347—2019),农村生活污水量应结合卫生设施水平、排水系统完善程度等因素确定。人均日生活污水排放与人均 GDP 的空间格局较为接近,40.0 L/(人·天)以上排放量的地区包括部分西部资源型区域以及内蒙古自治区、江苏省、福建省、山东省、河南省等省市的部分县。整体而言,西部的新疆维吾尔自治区、西藏自治区和东北地区人均日生活污水排放量的差异化分布较为显著,除部分地区人均日生活污水排放量>35.0 L/(人·天)外,绝大部分地区人均日生活污水排放量相对较低;中东部地区人均日生活污水排放量多呈高低交错分布,高排放量地区相对较多且沿海地区污水排放量更高一些。

(1) 北方地区

总体分布较为均衡,除大小兴安岭北部森林地区外,整体南、北方差异不大。人均日生活污水排放量主要集中在 30.0~60.0 L/(人·天)范围。

(2) 南方地区

南方地区大部分区域也和北方地区排放量差不多,人均日生活污水排放量处于30.0~60.0 L/(人·天)范围,但在人口密集地区和经济发达地区则出现了76.5~90.0 L/(人·天)的排放量级,如长三角地区、江汉平原、湖南省和湖北省交错区域、福建省武夷山地区、粤港澳大湾区。分析原因可能有:① 这些地区旅游业发达、商旅活动频繁,流入人口占比大,消耗了资源但计算均量时只能计算为常住人口数的消耗基数;② 受南方气候因素的影响,其气温和蒸发量多高于北方地区。

(3) 青藏地区

青藏地区主要是交通网络,即公路运输服务业提升了当地的人均日生活污水排放量,主要在青藏、川藏、滇藏三条公路沿线的餐饮食宿对当地人均日生活污水排放量贡献突出,甚至将该排放量推上了高位;而在主要城市如拉萨市、日喀则市、山南市、林芝市等人口相对密集点,人均日生活污水排放量与全国均值接近。另外,公路沿线当地人口数较少,流动人口的日生活污水排放量稍有增加,就会在其人均水平上体现明显。而远离交通沿线的地区,则处于无人区状态,人均日生活污水排放量极低。

(4) 西北地区

西北地区人口基数小,流动人口对日生活污水排放量影响更加明显,加之行政区面积广阔和必要的国防人口并不计入当地常住人口数量,国家基础建设的交通运输服务,包括加油站、餐饮住宿、车辆维修等相关物流运输业相应发展,外来人口带来的相应排放增量活动更加显著,这就导致了西北地区特别在边境地区和交通沿线地区大面积、大区域的人均日生活污水排放量居于中高位水平,但实际总量并没有其他区域那么高。而在沙漠等无人区人均日生活污水排放量则极低,甚至为零。

二、中国资源环境空间格局分析

资源环境要素是村镇建设与发展的基础,本研究综合考虑水资源、生态用地、土地资源和水环境胁迫等自然要素,结合中国四大分区进行了综合测算。中国不同分区资源环境得分的空间格局如图2-12所示,具体数据见附表1。

基于分区,全国资源环境得分的高值县域集中在南方地区的浙江、福建、江西、广东和广西,这主要是受到了自然资源禀赋的影响,如降水量、林地资源,它们为县域村镇建设提供了较好的资源环境基础(见图2-8和图2-9)。

另一高值区集中在内蒙古自治区中东部区域(不包括呼伦贝尔盟),就西北地区的内部差异而言,该区草地、林地等生态用地占比较高(见图2-9),并且作为我国内陆区域而言,这里有相对多些的降水量(见图2-8)。

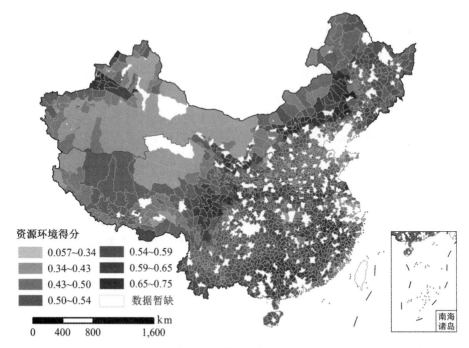

图 2-12　我国分区资源环境得分分布格局

除此之外,资源环境得分总体上呈现出从东南沿海向西北内陆逐渐降低的态势。

北方地区除淮河一线、齐齐哈尔市和大庆市的部分县域资源环境得分在 0.54~0.59 之间外,总体上得分在 0.50~0.54 之间,处于中等水平。北方地区是我国粮食安全的重要保障(图 2-10)。

青藏地区和西北地区大部分县域村镇资源环境得分总体上在 0.34 以下,甚至得分在 0.1 之下。较为恶劣的资源环境条件总体上限制了村镇发展水平的提高(见图 2-8 和图 2-10)。人均日生活污水排放量对资源环境的影响呈负效应,西北地区特别在边境地区和交通沿线地区人均日生活污水排放量居于中高位,主要源自交通运输业的从业人口带来的排放增量(见图 2-11)。

第五节　中国村镇建设与资源环境耦合协调评价

一、中国村镇建设与资源环境耦合协调度

我们运用耦合协调度模型,综合测算了中国四大分区村镇建设与资源环境的

耦合协调度,如图2-13所示。从全国来看,基于分区总体上形成了三大耦合协调度较高(Ⅳ级以上)且较为集中分布的区域,包括北方地区的河北省—山东省—河南省的华北平原集中分布区,南方地区的广东珠三角—江西中部—浙江西部的平原山地丘陵集中分布区,青藏地区东部边缘的高山山地集中分布区。具体数据见附表1。

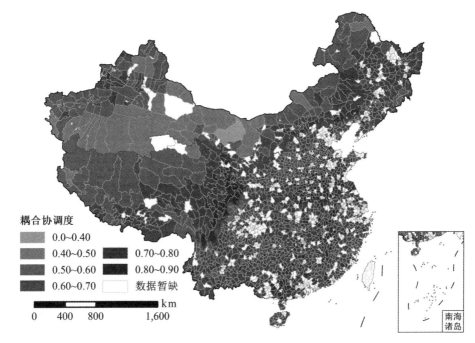

图2-13 我国分区村镇建设与资源环境耦合协调度分布格局

不同分区不同村镇建设与资源环境耦合协调度等级的县域数量占比如表2-3所示。

表2-3 不同分区不同村镇建设与资源环境耦合协调度等级的县域数量占比(%)

等级	耦合协调度	南方地区占比 (853个县域)	北方地区占比 (672个县域)	青藏地区占比 (139个县域)	西北地区占比 (197个县域)
Ⅰ	(0.0, 0.40]	0	0	0	0.51
Ⅱ	(0.40, 0.50]	0	0.15	1.44	12.18
Ⅲ	(0.50, 0.60]	4.22	3.87	19.42	33.50
Ⅳ	(0.60, 0.70]	76.32	52.68	54.68	42.64
Ⅴ	(0.70, 0.80]	19.46	43.30	23.02	11.17
Ⅵ	(0.80, 0.90]	0	0	1.44	0

南方地区全体县域均分布于村镇建设与资源环境耦合协调度等级Ⅲ、Ⅳ、Ⅴ，其中Ⅳ和Ⅴ级县的数量占比共计 95.78%；Ⅳ级数量最多，占比 76.32%。北方地区绝大多数处于耦合协调度等级Ⅲ、Ⅳ、Ⅴ，其中Ⅳ和Ⅴ级数量占比共计 95.98%；Ⅳ级数量最多，占比 52.68%。青藏地区Ⅱ至Ⅵ级都有，Ⅱ级数量占比 1.44%，Ⅲ级数量占比 19.42%，Ⅳ、Ⅴ和Ⅵ级数量占比共计 79.14%；Ⅳ级数量最多，占比 54.68%。西北地区县域分布于Ⅰ至Ⅴ级，Ⅰ级数量占比 0.51%，Ⅱ级数量占比 12.18%，Ⅲ级数量占比 33.50%，Ⅳ和Ⅴ级数量占比共计 53.81%；Ⅳ级数量最多，占比 42.64%。

从分区来看，我国东部地区，无论是南方地区还是北方地区，总体上耦合协调程度均较高，得分在 0.70 以上（Ⅳ级及以上）。青藏地区受人口稀少、经济发展水平较低等因素影响，村镇建设与资源环境之间形成了一个低水平的耦合协调发展类型，多数得分在 0.60 以上，处于Ⅲ级及以上。西北地区除内蒙古中东部地区和新疆部分绿洲地区外得分均较低，少数县域村镇建设与资源环境耦合协调度得分在 0.50 以下，处于Ⅱ级及以下（见图 2-13）。

二、中国村镇建设与资源环境耦合协调的影响机制

"胡线"双边人口分布长期以来基本保持稳定，尽管西部少数民族人口有所增加（Chen et al.，2016）。在我们的研究中，"胡线"以东绝大部分县域的耦合协调度处于中高到高水平（Ⅳ级及以上），上面提到的基于分区的三大耦合协调度较高且较为集中分布的区域，村镇建设和资源环境得分均处于中高偏高水平（见图 2-7 和图 2-12）。我国东部发达地区村镇发展的重要特征之一是快速城市化（Ma et al.，2005）。而"胡线"以西大部分县域的耦合协调度处于中低及低水平（Ⅳ级以下）。值得注意的处于耦合协调度等级Ⅲ级及以下的区域，主要包括西北地区的中西部、西北地区的内蒙古中东部、青藏地区西北部和北方地区的东北地区西北部。

"胡线"双边自然条件差异明显。生态用地向未利用地的退化主要发生在"胡线"西北边（Kong et al.，2022）。西北地区的中西部是我国沙漠、戈壁主要分布区，降水稀少，生态用地和耕地极为匮乏，自然资源禀赋能力极差，土地资源可利用程度极低。

西北地区的内蒙古中东部是我国游牧民族居住区。我国游牧民族居住在胡焕庸线西北，由于降水较少，受自然条件极大的限制，当地人主要以从事畜牧业为主。

青藏地区西北部为我国青藏高原复合侵蚀生态脆弱区，高原湖泊众多，但降水稀少并且几乎是无人区。

北方地区的东北地区西北部为我国东北林草交错生态脆弱区，山区林地资源丰富，地处寒温带，但人口相对稀少。

加强"胡线"西北的生态脆弱区保护与管理，对保障我国生态安全非常重要。

三、不同情景下的区域发展方向

以各分区村镇建设得分和资源环境得分的均值作为依据,划分村镇建设与资源环境均低于平均水平、村镇建设高于平均水平-资源环境低于平均水平、村镇建设低于平均水平-资源环境高于平均水平、村镇建设与资源环境均高于平均水平四种情景,综合计算结果见图2-14。本书研究的目的是对区域当前发展提供方向和侧重之参考,以提升区域发展质量、达到人与自然和谐"美美与共"为愿景,"两高"地区目前可用国土面积有限且需更高层次战略,非本研究能力之所及;"两低"地区虽可规划地域面积广阔但人口稀疏,根据目前发展层次的需求和能力,也非本书主旨之所在,故此处不对"两高""两低"类型展开讨论,只针对不同分区的相反趋势的情景,结合耦合协调度,建议该情景下区域的适宜发展方向。

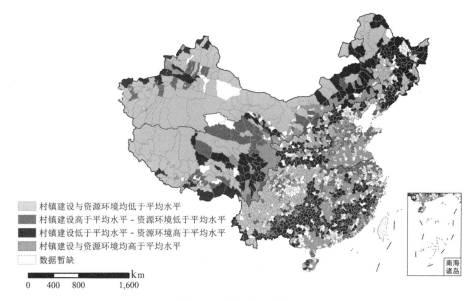

图 2-14 综合计算结果

1. 村镇建设高于平均水平-资源环境低于平均水平的情景

村镇建设高于平均水平-资源环境低于平均水平的情景下,村镇建设占优势,主要集中在北方地区的山东省、河南省、河北省南部、江苏省北部和南方地区的江苏省中部,以村镇建设与资源环境耦合协调度等级Ⅴ级为主,少部分为Ⅳ级县域(见图2-13)。村镇产业结构成熟,人口城镇化比较高,适合服务业和制造业。

另一片是以村镇建设与资源环境耦合协调度等级Ⅲ级为主,少部分Ⅳ级的县域(见图2-13),位于青藏地区的东北部,依赖于交通运输维护和外界物资运输,是运输服务的交通要道。

2. 村镇建设低于平均水平-资源环境高于平均水平的情景

村镇建设低于平均水平-资源环境高于平均水平的情景下，资源环境优势明显。

（1）北方地区

以村镇建设与资源环境耦合协调度等级Ⅳ级为主，极少部分为Ⅲ级县域（见图2-13），集中在北方地区的东北地区中部沿哈尔滨市—大连市一线及周边县域和东部山区，矿产资源丰富。松嫩平原、三江平原、辽河平原的耕地资源，以及辽河油田和大庆油田的石油资源，均居我国前列。

另一片是北方地区的甘肃省南部、陕西省南部，多为Ⅳ级县域（见图2-13）。地形及深厚的秦巴文化底蕴使得城市群集中。黄土高原生态脆弱。秦巴山脉为渭河平原提供了充足的水源和生态资源。以西安为中心的城市群建设，为周边城镇缓解了人口承载压力，使得黄土高原及周边生态恢复得到重要支撑。

（2）南方地区

集中在南方地区的浙江、福建、江西、广东、广西和湖南省南部，村镇建设与资源环境耦合协调度等级以Ⅳ级为主，少部分为Ⅴ级县域（见图2-13）。应科学地进行可持续开发，将生态资源视为压舱石，长江经济带"共抓大保护、不搞大开发"，生态优先。

（3）青藏地区

青藏地区东南部，村镇建设与资源环境耦合协调度等级以Ⅳ级为主，Ⅴ、Ⅲ级各有少部分的县域（见图2-13）。四川省西部的高原和山地，是我国地势第一级阶梯向第二级阶梯的过渡地带，峰谷众多。生物、旅游资源丰富，水源充沛，少数民族文化底蕴深厚，适合发展生态旅游。

（4）西北地区

西北地区的新疆个别绿洲区域的县域，村镇建设与资源环境耦合协调度等级以Ⅲ级为主，少部分为Ⅳ级县域（见图2-13），位于以天山山脉为屏障的伊犁河谷地区。伊犁河谷的资源不仅仅是重要生态屏障，而且是巩固我国西域边防的重要载体。

另一片是西北地区的内蒙古东部区域，村镇建设与资源环境耦合协调度等级Ⅳ级、Ⅲ级县域约各占半数（见图2-13），可加大生态旅游发展活力。

总体而言，建议从"多功能"视角进行村镇建设（Râmniceanu，Ackrill，2007），将农民的生产生活与生物多样性保护相结合（刘晓辉等，2021），从区域层面关注农村发展的有关内容，实现"城市与农村生活不同类但等值"的目的（Schopphoven，1991；Böcher，2008；王磊等，2020）。农村可能被界定为一个利益区域，但不应被视为一个封闭的社会系统（Hoggart，1988）。我们目前的研究是原创的，基于分区的中国村镇建设与资源环境耦合协调评价和发展，可为政策制定者提供科学参考。

参 考 文 献

BIAN D H, YANG X H, WU F F, et al., 2022. A three-stage hybrid model investigating regional evaluation, pattern analysis and obstruction factor analysis for water resource spatial equilibrium in China[J]. Journal of Cleaner Production, 331(6): 129940.

BÖCHER M, 2008. Regional governance and rural development in Germany: the implementation of LEADER+[J]. Sociologia Ruralis, 48(4): 372-388.

CHEN M X, GONG Y H, LI Y, et al., 2016. Population distribution and urbanization on both sides of the Hu Huanyong Line: answering the Premier's question[J]. Journal of Geographical Sciences, 26(11): 1593-1610.

GUAN X L, WEI H K, LU S S, et al., 2018. assessment on the urbanization strategy in China: achievements, challenges and reflections[J]. Habitat International, 71: 97109.

HOGGART K, 1988. Not a definition of rural[J]. Area, 20: 35-40.

KONG X S, FU M X, ZHAO X, et al., 2022. Ecological effects of land-use change on two sides of the Hu Huanyong Line in China[J]. Land Use Policy, 113: 105895.

MA J Z, WANG X S, EDMUNDS W M, 2005. The characteristics of ground-water resources and their changes under the impacts of human activity in the arid northwest China: a case study of Shiyang River basin[J]. Journal of Arid Environments, 13, 477-486.

RÂMNICEANU I, ACKRILL R, 2007. EU rural development policy in the new member states: promoting mulifunctionality?[J]. Journal of Rural Studies, 23: 416-429.

SCHOPPHOVEN I, 1991. Values and consumption patterns: a comparison between rural and urban consumers in western Germany[J]. European Journal of Marketing, 25(12): 20-35.

SHI T, YANG S Y, ZHANG W, et al., 2020. Coupling coordination degree measurement and spatiotemporal heterogeneity between economic development and ecological environment-empirical evidence from tropical and subtropical regions of China[J]. Journal of Cleaner Production, 244: 118739.

YANG J, HUANG X, 2021. The 30 m annual land cover dataset and its dynamics in China from 1990 to 2019[J]. Earth System Science Data, 13: 3907-3925.

盖美,王秀琪,2021.美丽中国建设时空演变及耦合研究[J].生态学报,41(8):2931-2943.

郭远智,刘彦随,2021.中国乡村发展进程与乡村振兴路径[J].地理学报,76(6):1408-1421.

国家统计局城市社会经济调查司,2019.中国城市统计年鉴2018[M].北京:中国统计出版社.

国家统计局农村社会经济调查司,2019.中国县域统计年鉴:县市卷2018[M].北京:中国统计出版社.

国家统计局人口和就业统计司,2019.中国人口和就业统计年鉴2018[M].北京:中国统计出版社.

居婕,2017.新型城镇化与美丽乡村建设耦合协调发展度研究:以江苏省为例[D].南京:南京农业大学.

刘涛,彭荣熙,卓云霞,等,2022.2000—2020年中国人口分布格局演变及影响因素[J].地理学报,77(2):381-394.

刘晓辉,姜明,朱庆龙,等,2021.吉林莫莫格国家级自然保护区边界和功能区范围调整初探[J].湿地科学,19(5):527-533.

刘耀彬,李仁东,宋学锋,2005.中国城市化与生态环境耦合度分析[J].自然资源学报,20(1):105-112.

仇娟东,赵景峰,吴建树,2012.基于耦合关系的中国区域土地利用效益水平测度[J].中国人口·资源与环境,22(1):103-110.

王磊,刘圆圆,任宗悦,等,2016.村镇建设与资源环境协调的国外经验及其对中国村镇发展的启示[J].资源科学,42(7):1223-1235.

谢炳庚,陈永林,李晓青,2016.耦合协调模型在"美丽中国"建设评价中的运用[J].经济地理,36(7):38-44.

第三章　吉林省村镇建设与资源环境耦合协调评价

从自然基础条件和主体功能区定位耦合的角度，本章以粮食主产区吉林省为研究对象，遴选该区域村镇建设与资源环境指标，深入分析吉林省村镇建设与发展现状、村镇建设的资源环境条件，获得吉林省村镇建设与资源环境水平类型，进而揭示吉林省村镇建设与资源环境耦合协调水平及其空间格局。

第一节　吉林省村镇建设与资源环境耦合协调评价指标体系构建

构建吉林省县域尺度反映村镇建设与发展、资源环境指标体系，反映村镇建设与发展的指标体系包括村镇建设规模、村镇经济发展、村镇社会发展、村镇公共设施发展4个方面；反映资源环境的指标体系包括土地资源占用、水资源开发强度、水环境胁迫、固废环境胁迫、生态环境条件5个方面，涵盖反映"五化"问题指标，分析县市人口-经济-社会活动空间分布特征。

从县域尺度总人口、农民人均可支配收入、非农业人口比例、路网密度等指标，分析县域尺度村镇建设情况；理清村镇发展进程中存在的"五化"问题，反映在村镇非农业人口比例、生活垃圾产生量、生活污水排放量等指标上。选取县域尺度村镇建设用地占比、人均建设用地面积指标，分析县域尺度村镇建设对土地资源的影响；选取县域尺度村镇人均日生活用水量、水资源开发强度系数、河流湖库断面监测指标超标系数、工业污水排放量、生活污水排放量等指标，分析县域尺度村镇建设对水资源和水环境的影响；选取县域尺度村镇建设人均公园绿地面积、林草覆盖率指标，分析县域尺度村镇建设对生态环境的影响。反映吉林省村镇建设与资源环境方面的各级指标层汇总如表3-1所示。

表 3-1　吉林省村镇建设与资源环境耦合协调评价指标的选择和计算

目标层	准则层	指 标 层	计 算 方 法	熵值法权重	指标性质
村镇建设	村镇建设规模	总人口（人）	直接获取	0.050	正向
		建设用地面积（km^2）	直接获取	0.053	正向
	村镇经济发展	农业总产值比重（%）	农业总产值/农林牧渔总产值×100%	0.073	正向
		人均粮食产量（kg/人）	粮食总产量/总人口	0.131	正向
		农民人均可支配收入（万元/人）	直接获取	0.084	正向
	村镇社会发展	非农业人口比例（%）	（1-乡村人口/总人口）×100%	0.129	正向
		拥有执业（助理）医师的村镇占比（%）	（有执业（助理）医师的村数量+有执业（助理）医师的镇数量）/村、镇总数量×100%	0.057	正向
		住房拥有率（%）	拥有住房户数/（拥有住房户数+无住房户数）×100%	0.092	正向
	村镇公共设施发展	清洁饮用水普及率（%）	直接获取	0.093	正向
		路网密度（km/km^2）	直接获取	0.100	正向
		乡村图书馆普及率（%）	有图书室或文化站的村数量/村总数量×100%	0.055	正向
资源环境	土地资源占用	人均建设用地面积（m^2/人）	建设用地面积/总人口	0.081	正向
		建设用地占比（%）	建设用地面积/行政区面积×100%	0.044	正向
	水资源开发强度	人均生活用水量（t/人）	直接获取	0.089	正向
		水资源开发强度系数（%）	用水总量/水资源可开发利用量×100%	0.121	负向
	水环境胁迫	河流湖库断面监测指标超标系数（无量纲）	直接获取	0.111	负向
		工业污水排放量（t）	直接获取	0.076	负向
		生活污水排放量（t）	直接获取	0.043	负向

续表

目标层	准则层	指标层	计算方法	熵值法权重	指标性质
资源环境	固废环境胁迫	生活垃圾产生量（t）	直接获取	0.047	负向
		工业固体弃物产生量(t)	直接获取	0.037	负向
	生态环境条件	人均公园绿地面积（km^2/人）	直接获取	0.056	正向
		林草覆盖率(%)	直接获取	0.143	正向

本章中以上指标的数据来源为：村镇建设用地面积、清洁饮用水普及率、路网密度、人均生活用水量、人均公园绿地面积，数据来自《吉林建设年鉴2017》；总人口、农民人均可支配收入、农业总产值、农林牧渔总产值、粮食总产量、乡村人口、行政区面积，数据来自《吉林统计年鉴2017》；河流湖库断面监测指标超标系数、林草覆盖率、用水总量、水资源可开发利用量，数据根据《资源环境承载能力监测预警技术方法（试行）》计算而得；工业污水排放量、生活污水排放量、生活垃圾产生量、工业固体弃物产生量，数据来自2016年吉林省相关环境统计年报；有执业（助理）医师的村数量、有执业（助理）医师的镇数量、村总数量、镇总数量、拥有住房户数、无住房户数、有图书室或文化站的村数量，数据来自吉林省各地市第三次全国农业普查主要数据公报。

第二节 吉林省村镇建设与发展现状

一、村镇建设规模

吉林省位于东北地区腹地，地理位置介于121°38′E—131°19′E，40°50′N—46°19′N，北与黑龙江省相连，南邻辽宁省，西接内蒙古自治区，东与俄罗斯联邦接壤，东南部与朝鲜民主主义人民共和国隔江相望。

根据《中国城乡建设统计年鉴2016》和《吉林统计年鉴2017》数据，2016年，吉林省共有395个建制镇、166个乡、9027个行政村和37601个自然村。镇的建成区、乡的建成区和村的(户籍和暂住)人口分别为320.75万人、41.68万人和1360.05万人，合计1722.48万人，占吉林省总人口(2733.03万人)的63.02%。

从吉林省行政村的人口规模来看,500人以下的行政村有1384个,500～1000人的行政村2681个,1000人以上的行政村4962个,占比分别为15.33%、29.70%和54.97%。从吉林省自然村的人口规模来看,200人以下的自然村有9915个,200～600人的自然村17572个,600～1000人的自然村7123个,1000人以上的自然村2991个,占比分别为26.37%、46.73%、18.94%和7.95%。如图3-1所示。

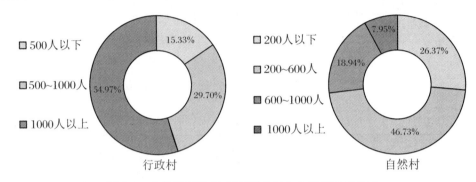

图3-1 吉林省不同人口规模行政村、自然村数量比重

二、村镇经济发展

从农林牧渔业产值(《中国农村统计年鉴2017》)来看,2016年,吉林省农业产值(以下均按当年价格计算)、林业产值、牧业产值和渔业产值分别为1232.0亿元、107.2亿元、1252.8亿元和43亿元。农业的谷物及其他作物产值占全省农业产值的67.16%。牧业的牲畜饲养产值占全省牧业产值的35.32%;猪和家禽饲养产值分别占牲畜饲养产值的36.19%和27.13%。

从城乡居民人均可支配收入(《吉林统计年鉴2017》)来看,2016年,吉林省城镇常住居民人均可支配收入为26530.42元/人,农村常住居民人均可支配收入为12122.94元/人,比上一年分别增加了6.54%和7.03%。

三、村镇社会发展

村镇社会发展主要包括教育、医疗、住建、交通、体育和文化6个方面,其中,住建包括供水情况、燃气情况、道路情况、房屋建设等。以下分项说明,相关数据根据吉林省第三次全国农业普查主要数据公报和《吉林省第三次全国农业普查课题开发资料汇编2016》整理。

1. 教育、医疗和福利机构

2016年末,吉林省乡镇地域范围内,有幼儿园、托儿所的乡镇占97.3%,有小学的乡镇占98.2%。此外,19.3%的村有幼儿园、托儿所。有医疗卫生机构的乡镇占 99.7%，有执业（助理）医师的乡镇占 99.4%。此外，85.9% 的村有卫生室。88.7% 的乡镇有社会福利收养性单位。

2. 住建

（1）供水、燃气和道路情况

2016 年，吉林省建制镇、乡、村的供水情况、燃气情况和道路情况如表 3-2 所示。数据资料主要来自《中国城乡建设统计年鉴 2016》。

表 3-2　吉林省不同级别行政单元供水、燃气和道路情况

	建制镇	乡	村
集中供水行政单元数（个）	354	111	5428
拥有公共供水设施数（个）	705	215	
自备水源单位数（个）	804	183	
年供水总量（万 m^3）	14793.17	1100.75	
用燃气总人口数（万人）	68.7	4.51	48.47
集中供热面积（万 m^2）	2664.37	105.15	316.11
道路长度（km）	5743.70	1105.79	69882.68
道路面积（万 m^2）	3478.27	608.64	45688.34
桥梁座数（座）	1532	374	
道路照明灯盏数（盏）	70424	12826	

① 供水情况

2016 年，吉林省集中供水的建制镇共有 354 个，占吉林省建制镇总数的 89.62%；集中供水的乡共有 111 个，占吉林省乡总数的 66.87%；集中供水的行政村共有 5428 个，占吉林省行政村总数的 60.13%。其中，建制镇拥有公共供水设施 705 个和自备水源单位 804 个，年总供水量 14793.17 万 m^3；乡拥有公共供水设施 215 个和自备水源单位 183 个，年供水总量为 1100.75 万 m^3，远低于建制镇的年总供水量。集中供水的行政村内自建集中供水设施的行政村 1623 个。

② 燃气情况

2016 年，吉林省建制镇、乡和行政村的用气总人口数分别为 68.70 万人、4.51 万人和 48.47 万人；集中供热面积分别为 2664.37 万 m^2、105.15 万 m^2 和 316.11 万 m^2。集中供热面积整体偏小，取暖主要依靠火炕等自取暖方式。

③ 道路情况

2016 年，吉林省建制镇、乡和行政村的道路总长度分别为 5743.70 km、1105.79 km 和 69882.68 km，分别比上一年新增 221.78 km、21.22 km 和 1548.42 km；在上一年基础上，分别更新改造了 260.66 km、37.78 km 和 1370.29 km。建制镇、乡、村的道路面积分别为 3478.27 万 m^2、608.64 万 m^2 和 45688.34 万 m^2，分别比上一年

新增 119.72 万 m^2、12.24 万 m^2 和 1370.85 万 m^2；在上一年基础上，分别更新改造了 131.85 万 m^2、23.25 万 m^2 和 1022.30 万 m^2。此外，建制镇桥梁座数共计 1532 座，与上一年相比新增 43 座，更新改造 30 座，道路照明灯盏数共计 70424 盏；乡桥梁座数共计 374 座，与上一年相比新增 10 座，更新改造 8 座，道路指明灯共计 12826 盏。

（2）房屋建设情况

2016 年，吉林省建制镇建设投入共计 514757 万元，乡的建设投入共计 41686 万元，村的建设投入共计 538167 万元，建制镇与村的建设投入偏高而乡的建设投入偏低。其中，房屋建设投入是建制镇、乡、村建设投入的重点，分别占吉林省建制镇、乡、村建设总体投入的 77.55%、69.94% 和 57.88%。具体来看，房屋建设主要包括住宅、公共建筑和生产性建筑，建制镇的房屋建设总投入为 399210 万元，其中，住宅、公共建筑和生产性建筑投入分别为 291616 万元、36260 万元和 71334 万元；乡的房屋建设总投入为 29156 万元，其中，住宅投入 15534 万元，公共建筑投入 10343 万元，生产性建筑投入 3279 万元；村的房屋建设总投入为 311473 万元，其中，住宅、公共建筑和生产性建筑投入分别为 242076 万元、26646 万元和 42751 万元。

结合建制镇、乡、村的各类房屋建设投入比重来看，建制镇、乡、村的住宅投入比重在 3 类中都最大，分别占房屋建设总投入的 73.05%、53.28% 和 77.72%，如图 3-2 所示。

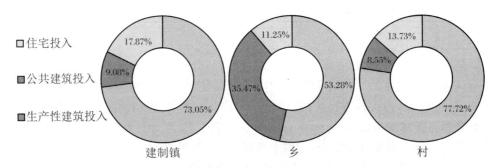

图 3-2　吉林省建制镇、乡、村各类房屋建筑投入比重

（3）其他

2016 年末，吉林省 23.8% 的村完成或部分完成改厕。全省 100.0% 的村通电，2.4% 的村通天然气，32.4% 的村有电子商务配送站点。农户使用天然气的覆盖面仍需扩大。

就农民生活条件而言，2016 年末，吉林省 99.1% 的农户有住房，2.6% 的农户使用水冲式卫生厕所，22.6% 的农户使用经过净化处理的自来水。

3. 交通

2016 年末，吉林省乡镇地域范围内，有火车站、码头、高速公路出入口的乡镇分别占 19.9%、2.4% 和 19.9%；99.6% 的村通公路。

4. 体育、文化

2016 年末，吉林省乡镇地域范围内，有体育场馆的乡镇占 10.5%，有公园及休闲健身广场的乡镇占 78.8%，有图书馆、文化站的乡镇占 96.1%，有剧场、影剧院的乡镇占 7.4%。此外，吉林省 59.2% 的村有体育健身场所。

四、典型县域村镇发展特征

改革开放后，吉林省城市化率有所提升，城市化水平居于全国前列，社会经济得到了快速发展，人民生活水平大大提高。但同时，在城镇飞速发展的同时，乡村发展趋势却较为缓慢，城乡之间的差距日益突出，乡村发展与资源环境之间的矛盾也愈发明显起来。

吉林省在村镇建设发展的同时，生态环境遭到破坏、水污染加剧、森林覆盖率降低、空气质量下降、土地利用效率低等诸多环境问题随之出现，人地矛盾加剧。李京芮和孙旭（2017）提出吉林省必须实施可持续发展战略，并且发展生态文明建设。丁元（2018）提出要全面实施吉林乡村振兴战略，继续优化现代农业产业结构，完善村镇建设及农业基础设施建设，努力建设生态宜居的文明型乡村。于强（2019）提出围绕推进农村现代化，着力在美丽宜居乡村创建上寻求新突破，围绕推进农村改革，着力在农村投融资机制创新上寻求新突破。由此可以看出，吉林省的村镇建设正处于改革阶段，需要收集大量的村镇数据，并进行统一的分析。

针对吉林省村镇的分析，有很多研究提出了多种规划方案。杨逢文（2014）提出要为村镇建设建立规划评价，其研究分为背景梳理、界定研究范围、实地调研选取典型村镇、实例比对验证四个部分。夏岩妍（2014）则从气候方面入手，提出严寒地区镇总体规划方案气候适应性评价、镇控制性详细规划方案气候适应性评价、镇修建性详细规划方案气候适应性评价、村庄总体规划方案气候适应性评价和村庄建设规划方案气候适应性评价五种评价模式。迟姗（2015）选取吉林省东南部山区村镇为研究对象，以空间结构理论、生态学理论和永续发展理论等为支撑，对历年规划的当地四十余个村镇进行分类、梳理、汇总，并走访调研了具有不同特征的典型村镇 10 个，最终确定 16 个村镇为研究对象，以南部山区村镇空间结构的类型、空间形态分布规律、空间演变的影响因素以及动力机制，作为切入点进行分析，以永续发展理论为基础，从用地空间布局、产业结构、绿地景观系统、生态环境、防灾减灾、人居环境和传统文化特色等方面提出空间发展优化策略，最终对不同类型的村镇、不同空间结构类型的村镇做出了全面分析总结，并提出未来空间发展模式的构想。

综合以上分析及研究，从吉林省典型县域村镇发展类型与特征分析入手，结合地形、交通和经济多个因素，分析其对县域农村居民点空间分布的影响，探索吉林省典型县域的乡村发展。吉林省地形整体呈现为西部冲积平原、中部台地平原、东部山地。考虑到吉林省地形和城市发展的区域差异，从吉林省西部、中部以及东部地区各自选取一个典型县（西部的镇赉县、中部的榆树市和东部的抚松县）开展研究。

1. 吉林省典型县域概况

吉林省地形类型多样，且不同地形会造成农村居民点空间分布上的差异。选取吉林省西部、中部和东部地区的镇赉县、榆树市、抚松县3个行政区作为研究对象，典型县域的数据来自《吉林统计年鉴2017》，3个区域经济发展趋势、地形各不相同，农村居民点分布各有特点，因此，3个典型县域具有吉林省农村居民点的代表性。

镇赉县位于吉林省西部，2016年，镇赉县总人口为27.20万，其中，城镇人口11.27万，乡村人口15.93万，乡村人口占比为58.57%。镇赉县耕地面积占行政区面积的41.23%，森林面积占比不高，只占其行政区面积的9.71%；自然保护区面积占其行政区面积的30.53%。

榆树市是吉林省人口第一县市（除长春市辖区和吉林市辖区外），2016年，榆树市总人口为125.46万，其中，城镇人口22.71万，乡村人口102.75万，乡村人口占比较高，达81.90%。榆树市的地形和气候条件有利于农作物生长，耕地面积占行政区面积的82.98%，森林面积仅占行政区面积的6.52%。

抚松县是我国著名人参产地和吉林省重点林区县，2016年，抚松县总人口为28.90万，其中，城镇人口21.31万，乡村人口7.59万，城镇人口占比较高，达73.74%。抚松县森林面积占行政区面积的63.20%，耕地面积仅占行政区面积的2.84%；自然保护区面积占其行政区面积的30.98%。吉林省西部镇赉县和吉林省东部抚松县的自然保护区面积占各自行政区面积的比例较为接近。

2. 数据来源与预处理

农村居民点地形分析相关的数据包括2016年SPOT卫星影像数据（分辨率3.89 m）和SRTM DEM 90 m高程数据。根据SPOT影像，提取农村居民点面状信息，并转化为矢量数据，结合ArcGIS的计算几何模块提取出农村居民点面状要素的质心坐标，并根据质心坐标数据创建点图层。

农村居民点交通分析相关的数据来源于国家基础地理信息数据库的地形要素数据库（DLG），包括2016年抚松县、镇赉县、榆树市的道路数据，结合抚松县、镇赉县、榆树市的道路交通情况，考虑到航运、空运交通差异大和国道数量较少，故而只选取乡级及以上的道路作为提取目标，其中不包括铁路和运输线。同时下载了高德地图影像数据（分辨率1.95 m）作为对照，保证道路数据的准确性。

3. 分析方法

（1）农村居民点密度和农村居民点平均面积

利用ArcGIS的空间统计功能，获取县域各乡镇的农村居民点用地面积，计算

农村居民点密度和农村居民点平均面积,计算公式(刘仙桃等,2009)为

$$P_{Di} = \sum_{j=1}^{m} n_{ij} \Big/ \sum_{j=1}^{m} A_{ij} \tag{1}$$

$$P_{Vi} = \sum_{j=1}^{m} S_{ij} \Big/ \sum_{j=1}^{m} n_{ij} \tag{2}$$

式中,P_{Di}为第i个县的农村居民点密度(个/km²);n_{ij}为第i个县第j个乡镇的农村居民点个数;A_{ij}为第i个县第j个乡镇的面积(km²);P_{Vi}为第i个县的农村居民点平均面积(km²/个);S_{ij}为第i个县第j个乡镇的农村居民点用地面积(km²)。

(2)农村居民点核密度分析方法

运用核密度分析方法定量刻画不同县域农村居民点的空间分布特征,通过核密度方法分析和检验农村居民点的空间分布密度,这是一种统计非参数密度估计的方法。核密度计算公式(李胜坤等,2014;黄聪等,2016)为

$$F_q(x) = \frac{1}{qh} \sum_{r=1}^{q} k\left(\frac{x - x_r}{h}\right) \tag{3}$$

式中,$F_q(x)$为核密度值;k为核函数;$(x - x_i)$为估计点到x_i的距离;h为带宽;q为带宽范围内的点数。

核密度方法可用来分析镇赉县、榆树市、抚松县农村居民点的聚集程度、密集农村居民点的分布情况和最大聚集程度。核密度值的高低能够表示研究对象在空间上集聚程度的大小,可以体现出农村居民点的空间聚集分布情况。

(3)农村居民点空间分布的地形适宜性评价方法

① 海拔高度分级

镇赉县和榆树市海拔在100~300 m之间,海拔变化较小,地势平坦;而抚松县海拔在399~2667 m之间,高程变化较大,为山地地形,因此无法建立统一的海拔分级。为显示3个县域的地形差异,利用自然断点分级法,将镇赉县、榆树市、抚松县的海拔各分为6个级别。镇赉县海拔分为100~132 m、132~140 m、140~154 m、154~175 m、175~199 m、199~241 m;榆树市海拔分为:134~161 m、161~178 m、178~192 m、192~204 m、204~218 m、218~296 m;抚松县海拔分为:399~655 m、655~825 m、825~1013 m、1013~1300 m、1300~1683 m、1683~2667 m。通过海拔高度分级,分别获得不同海拔高度下3个县域农村居民点的数量及占比,建立不同海拔高度下农村居民点空间分布图,通过农村居民点在不同县域分布上所体现的差异性,分析海拔高度对农村居民点分布产生的影响。

② 坡度分级

《城市用地竖向规划规范》(CJJ 83—99)(1999年)明确规定,居住用地最大坡度不超过25%。本研究将坡度分为5个级别:0~5.0°为平地,5.0~15.0°为缓坡,15.0~25.0°为中坡,25.0~30.0°为大坡,>30.0°则为陡坡,获得不同坡度下3个县域农村居民点的数量及占比,建立不同坡度下农村居民点空间分布图,分析农村居民点分布的合理性。

(4) 农村居民点空间分布的交通及经济相关性评价方法

① 道路缓冲区分级

农村居民点的分布往往会考虑出行的方便与否,在多数情况下都会选择更加便于出行的位置作为居住地,因此道路对农村居民点选择有着重要的影响。获取2017年镇赉县、榆树市、抚松县交通路网数据,建立交通路网缓冲区,以500 m为间隔缓冲距离进行缓冲分析,并将结果分为<500 m、500~1000 m、1000~1500 m、1500~2000 m、>2000 m共5类,再与农村居民点质心数据进行叠加分析,获得不同缓冲带内的农村居民点数量,分析农村居民点分布和交通道路的关系。

② 经济相关性分析

农村居民点的扩张与发展往往需要良好的经济发展作为支撑,多数农村居民点会在经济发展快速的地段呈聚集分布,因此区域经济情况会影响当地农村居民点的发展和分布情况。获取2016年镇赉县、榆树市、抚松县的地区生产总值、人均GDP和产业比重(《吉林统计年鉴2017》),通过对比三县经济上的差异,观察其农村居民点在空间分布上是否受到经济的影响,分析农村居民点分布和经济发展间的关系。

4. 典型县域农村居民点空间分布特征

镇赉县、榆树市、抚松县有各自的经济发展趋势,地形各不相同,农村居民点分布也各具特点,能够满足对吉林省农村居民点特征研究的需要。通过对比农村居民点面积与交通条件,结合相应的资源与环境条件,分析2016年吉林省不同地区典型县域农村居民点的发展状况和面临的发展困境。

(1) 农村居民点面积与空间布局分析

① 农村居民点面积及密度

榆树市农村居民点数量最多,是镇赉县的4.23倍、抚松县的6.42倍。通过各县农村居民用地面积的对比分析,榆树市农村居民点总面积最大,达239.874 km²,是镇赉县的2.48倍、抚松县的6.04倍,同时农村居民点密度远高于抚松县和镇赉县,如表3-3所示。从农村居民点平均面积可以看出,榆树市农村居民点平均面积小于镇赉县、抚松县。

表3-3 镇赉县、榆树市、抚松县农村居民点情况

	总数(个)	用地面积(km²)	密度(个/km²)	平均面积(km²/个)
镇赉县	651	96.91	0.129	0.148
榆树市	2754	239.87	0.586	0.087
抚松县	429	39.72	0.070	0.092

从空间分布上看,镇赉县和榆树市在农村居民点平均面积及密度变化上无较大关联性,具体为镇赉县整体农村居民点平均面积较大,整体密度中等偏低;榆树市西部地区农村居民点平均面积较大,整体密度由西向东呈递增趋势;抚松县农村

居民点平均面积及密度变化从西向东呈递减趋势,农村居民点主要集中在西部地区。

② 农村居民点核密度

以 2500 m 为半径的核密度分析显示,镇赉县西部和北部农村居民点聚集程度较高,核密度最大值为 0.91 个/km²;榆树市东南部农村居民点聚集程度较高,核密度最大值为 2.05 个/km²;抚松县西部农村居民点聚集程度较高,核密度最大值为 1.38 个/km²。

结合所辖乡镇来看,镇赉县西部的建平乡和北部的坦途镇、丹岱乡,抚松县西部的西岗乡和抚松镇的农村居民点核密度值较大,但均呈点状分布。榆树市东南部的光明乡、谢家乡、向阳镇的农村居民点核密度值较大,空间分布呈现出斑块状格局。

(2) 农村居民点空间分布的地形影响分析

① 不同海拔高度农村居民点分布特征

镇赉县海拔在 100~241 m 之间,87.86% 的农村居民点(572 个)分布于海拔 132~154 m 之间;10.60% 的农村居民点(69 个)分布于海拔小于 132 m 的区域;大于海拔 154 m 地带仅有 10 个农村居民点,占总个数的 1.54%。镇赉县整体地势平坦,包含湿地等低洼地带,农村居民点的分布主要集中在地势略高处。

榆树市海拔在 134~296 m 之间,89.25% 的农村居民点(2458 个)分布在海拔 161~218 m 之间;4.79% 的农村居民点(132 个)分布在海拔小于 161 m 的地带;5.95% 的农村居民点(164 个)分布在海拔大于 218 m 的地带。榆树市整体地势平坦,西低东高,且坡度较小,海拔略高于镇赉县,农村居民点分布密集。除地势低洼的河流和滩涂外,农村居民点分布与海拔高度没有明显的关联。

抚松县海拔在 399~2667 m 之间,93.24% 的农村居民点(400 个)分布在海拔 399~825 m 之间;6.76% 的农村居民点(29 个)分布在海拔大于 825 m 的地带;海拔 1013~2667 m 之间没有农村居民点分布。抚松县为山地地形,西低东高,且坡度较大。对比另两个区域,抚松县农村居民点相对较少,且主要分布在海拔较低的西部地区。

不同海拔下 3 个县域的农村居民点空间分布对比表明,农村居民点分布差异明显。镇赉县和榆树市地形平坦,农村居民点分布在地形平缓区域,呈点状均匀分布格局。抚松县地形起伏大,高海拔处农村居民点稀少,居民点主要分布在抚松县西部及西北部海拔较低处,且农村居民点数量较少,呈散点状分布格局。具体数据如表 3.4 所示。

表 3-4 不同海拔高度农村居民点数量和占比

镇赉县			榆树市			抚松县		
海拔(m)	数量(个)	占比(%)	海拔(m)	数量(个)	占比(%)	海拔(m)	数量(个)	占比(%)
100~132	69	10.60	134~161	132	4.79	399~655	198	46.15
132~140	519	79.72	161~178	472	17.14	655~825	202	47.09
140~154	53	8.14	178~192	675	24.51	825~1013	29	6.76
154~175	4	0.61	192~204	806	29.27	1013~1300	0	0
175~199	3	0.46	204~218	505	18.34	1300~1683	0	0
199~241	3	0.46	218~296	164	5.95	1683~2667	0	0

② 不同坡度农村居民点分布特征

镇赉县和榆树市地形平缓,分别有 96.62% 和 84.31% 的农村居民点主要分布在坡度 0~5°之间。镇赉县和榆树市在 5~15°缓坡地区的农村居民点较少,占比分别为 3.38% 和 15.50%。榆树市还有极少数的农村居民点分布在 15.0~25.0°中坡区域,占总数的 0.18%。

抚松县农村居民点主要分布在 0~5°平地和 5~15°缓坡地区。0~5°平地农村居民点个数为 231 个,占总个数的 53.85%;5~15°缓坡农村居民点个数为 180 个,占总个数的 41.96%。分布在 15.0~25.0°中坡区域的农村居民点有 16 个,占总数的 3.73%;25.0~30.0°大坡区域农村居民点极少,只有 2 个,占比 0.47%。

一般来说,适宜农耕及人类居住的地区为平地或缓坡地(<15°),不仅便于进行工程建设,且生活交通更方便。坡度大于 25°的地区不便于建房及开垦农田,且水土流失程度增加,易发生滑坡、崩塌、泥石流等灾害,生态环境恶劣,不适宜人类居住。抚松县有少部分农村居民点在不利于居住的坡度下建立,应优先考虑将该地区的这些少数农村居民点迁至坡度较小处,这样既便于工程建设,也有利于保障居民安全。

3 个县域不同坡度农村居民点分布情况如表 3-5 所示。

表 3-5 不同坡度农村居民点数量和占比

坡度(°)	数量(个)			占比(%)		
	镇赉县	榆树市	抚松县	镇赉县	榆树市	抚松县
0~5	629	2322	231	96.62	84.31	53.85
5~15	22	427	180	3.38	15.50	41.96
15~25	0	5	16	0.0	0.18	3.73
25~30	0	0	2	0.0	0.0	0.47
>30	0	0	0	0.0	0.0	0.0

(3) 农村居民点空间分布的交通与经济影响

① 农村居民点分布受道路影响分析

榆树市境内有榆陶铁路、榆舒铁路、黑大公路、榆陶二级快速干道和京哈公路经过。京哈高速公路位于市境西 12 km。没有机场,但距离哈尔滨太平国际机场、长春龙嘉国际机场均在两个小时车程内(交通条件,2022-08-17/2022-08-26)。抚松县有 201 国道和 302 省道纵贯全境,宇松铁路、营松高速、鹤大高速贯穿境内,共有 9 个高速出口,同时抚松县还拥有中国首个森林旅游机场——长白山机场(自然地理,2022-01-21/2022-03-28)。

一个地区的交通会对其贸易和经济产生较大的影响,可以通过农村居民点质心到道路的距离来分析其对乡村发展的影响。研究结果表明:镇赉县、榆树市、抚松县的农村居民点分布和交通有较大的关联,在各级道路缓冲区范围内,榆树市农村居民点的数量均高于镇赉县和抚松县(见图 3-3)。镇赉县在道路 500 m 缓冲区内的农村居民点占其居民点总数的 29.95%,榆树市占 30.36%,抚松县占 53.85%。大部分在 500 m 缓冲区内的农村居民点,其代表的实际农村居民点面积偏大,且道路一般贯通整个村庄。在 2000 m 道路缓冲区以外的农村居民点占比也有所不同,镇赉县占 40.71%,榆树市占 26.43%,抚松县占 15.85%,可以看出抚松县的农村居民点分布稀疏(见图 3-4)。不同区域的道路建设情况也有所不同,榆树市、抚松县乡级及以上的道路数量均在 200 条以上,而镇赉县则低于 200 条,由此可以看出不同县级行政区之间存在着一定的道路建设差异。

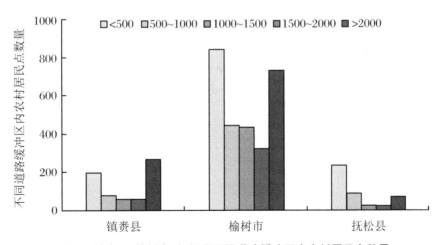

图 3-3 镇赉县、榆树市、抚松县不同道路缓冲区内农村居民点数量

② 经济发展对农村居民点分布的影响

从镇赉县、榆树市和抚松县 GDP 和三产产值(《吉林统计年鉴 2017》)来看,2016 年,镇赉县、榆树市和抚松县 GDP 分别为 133.62 亿元、407.86 亿元和 180.22 亿元,榆树市 GDP 是镇赉县、抚松县的 2 倍以上;以第一产业产值为基数,三县第二、

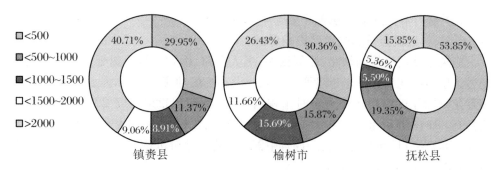

图 3-4 抚松县、榆树市、镇赉县不同道路缓冲区内农村居民点数量占比

三产业产值均高于第一产业产值(见表 3-6)。可以看到榆树市 GDP 较高,但结合三县总人口和农村居民点综合考虑,榆树市人均 GDP 较低,抚松县最高,而榆树市农村居民点个数较多也可能导致榆树市经济发展略显分散。

表 3-6 2016 年镇赉县、榆树县、抚松县经济发展情况

	镇赉县	榆树市	抚松县
GDP(亿元)	133.62	407.86	180.22
人均 GDP(元)	49215	35100	61381
三次产业比值	1∶2.21∶1.87	1∶1.34∶2.51	1∶3.93∶3.31

5. 吉林省乡村发展的特征

吉林省不同类型县域农村居民点空间分布特征差异显著,受海拔、坡度、坡向、交通等因素影响较为明显。榆树市和镇赉县都处于平原地形,农村居民点整体呈扩散状分布,部分地域居民点分布密集,呈聚集状分布;抚松县地处长白山地,农村居民点主要分布于西部海拔较低区域,形成一个个较小的居民点聚集区,居民点总数小,密度较低。

从海拔高度来看,榆树市和镇赉县地形平缓,海拔变化较小,农村居民点主要分布在海拔偏低或中等处;抚松县海拔变化较大,居民点主要分布于海拔较低的地带。从坡度上来看,镇赉县农村居民点全部分布在缓坡地及以下(<15°)的区域,榆树市仅有 0.18% 的农村居民点分布在坡度较大的地带,而抚松县多山地,有 4.20% 的居民点处于坡度较大的地带,其中有 0.47% 的农村居民点所处区域坡度过大,不适宜人类居住,应迁出该地区居民,以防受到滑坡、泥石流等地质灾害的影响。

从交通条件来看,镇赉县的畜牧业早已成为农村经济的主导产业(张松,聂新生,2003)。在国家政策的扶持下,镇赉县稳步发展种植业,早期以玉米为主要粮食作物,随着松嫩平原盐碱地土壤改良,水稻也成为主要粮食作物之一。根据《吉林统计年鉴 2017》,2016 年,镇赉县玉米播种面积为 91949(1 公顷=1 hm^2),是水稻

播种面积的1.18倍,但水稻总产量是玉米总产量的1.79倍。镇赉县地形平缓,农村居民点密度相对不高,呈点状均匀分布格局。但乡级及以上的道路建立较少,交通不便利,多数农村居民点游离在主要交通干道外围,无法和主干道形成通路。农村在发展畜牧业与农业的同时,无法与外界或是市中心形成良好的联结,商业贸易发展水平较低,导致乡村发展滞后。因此,交通业已成为制约其发展的主要因素。

榆树市2016年晋升为全国21个现代农业改革与建设试点示范区、国家级生态示范区,获得全国农产品加工创业基地、全国产业发展能力百强县市、全国生态文明先进市等称号。榆树市气候有利于农作物生长,农业发展水平较高,是吉林省著名的产粮大市,有"松辽平原第一仓"的美称。近几年,榆树市开始建立现代农业产业开发区,农业技术发展加快。榆树市人口基数大,农村居民点总面积远大于其他两个区域。同时,其道路交通网密集,农村居民点数量多、密度大,各农村居民点相距不远,交通便捷,多数农村居民点间能够形成通路,从而方便了贸易往来,农业经济得到快速发展。但同时,密集的农村居民点分布也在一定程度上限制了乡村的扩张发展。榆树市农村居民点平均面积低于镇赉县和抚松县,农村居民点之间距离小,各自拥有的发展空间不够充足,导致乡村规模较小,这些问题是影响榆树市乡村发展的主要因素。为加快现代农业产业模式的发展,尝试连接农村居民点,合村并镇,或能促进乡村振兴和城镇化的协调发展,这是榆树市乡村发展的一大方向。

抚松县的林地资源、矿产资源和水资源丰富,旅游产业发展迅速,虽然受地形影响,道路交通不密集,多呈单线状分布,但公路建设良好,且境内有长白山机场。受地形影响,农村居民点主要分布在海拔较低的县域西部地区,虽然农村居民点个数及用地面积少,但农村居民点分布密集,邻近交通主干道,分散在城镇周边。抚松县位于松花江上游,经济发展受水资源影响较大,沿河流设有多个水力发电站,在抚松县西部河流下游农村居民点分布密集。抚松县林地资源受到国家保护,野生动植物资源丰富,设有长白山自然保护区。林地资源的保护和人参的种植也在一定程度上说明了区域资源与环境状况优良,经济发展同环境资源形成了一种较为协调的状态。

总体而言,镇赉县、榆树市和抚松县三县的自然环境条件差异性较大,地形对居民点的分布有着较大的影响,道路交通和经济发展对农村居民点的扩张具有一定的牵制作用。基于地形因素分析之外,农村居民点的分布特征可进一步结合乡村人口分布和流动等因素。

第三节 吉林省村镇建设的资源环境条件分析

本节从地貌、土地资源、水资源、水环境、地质灾害等方面,概括分析吉林省村镇建设的资源环境条件及其特征。

一、地貌特征

地貌条件是村镇建设和发展最为基础的要素。本节吉林省地貌资料来自李诚固等(2010)。

吉林省地貌形态差异明显，主要由火山地貌、侵蚀剥蚀地貌、冲洪积地貌和冲积平原地貌构成。地势由东南向西北倾斜，呈现出明显的东南高、西北低的特征。以中部大黑山为界，分为东部山地和中西部平原两大地貌区，其中，东部山地分为长白山山地区和低山丘陵区，山脉有大黑山、张广才岭、吉林哈达岭、老岭、牡丹岭等；中西部平原分为中部台地平原区和西部冲积平原区，平原以松辽分水岭为界，以北为松嫩平原，以南为辽河平原。

吉林省山地面积占区域总面积的 36%，丘陵和台地占 34%，平原占 30%。根据区域地貌特征差异，主要分为四个不同类型的地貌区域。

1. 东部长白山山地区

位于张广才岭和龙岗山及其以东区域，地貌以中山低山为主，山间谷地狭窄，火山与熔岩流地貌分布广泛。山顶海拔多在 800～1000 m 以上，相对高度在 500 m 以上。延边盆地及珲春盆地因距海较近，地势较低，海拔在 50～200 m。南部有长白火山、长白熔岩台地和靖宇熔岩台地，以及龙岗山和老岭两列北东向延伸的山脉，其中长白山火山与其周围广阔的熔岩台地连成一体，构成了独立的地貌区域单元。龙岗山与老岭间有狭窄的浑江谷地，老岭以东有狭窄的鸭绿江谷地。北部为延边山地，主要有张广才岭、牡丹岭、南岗山、甄峰岭等山脉，大多短小而走向复杂，山脉间多为小型的中生代断陷盆地，较大的山间盆地有敦化盆地、珲春盆地、延吉盆地等。敦化盆地中被大量玄武岩充填并构成熔岩台地。山地和熔岩台地上森林茂密，蕴藏有丰富的森林资源，局部低山的阳坡已被开垦，山坡与高阶地上的耕地与荒地水土流失明显。山间盆地多为农田，成为长白山山地区中的重要农产品生产区。

2. 东中部低山丘陵区

位于大黑山及其以东，张广才岭和龙岗山西麓以西区域，是一个低山丘陵和河谷盆地交互存在的较复杂的地貌区。地貌以低山丘陵为主，山间谷地宽阔，低山丘陵海拔多在 400～500 m，相对高度 100～300 m。主要山脉有西老爷岭、吉林哈达岭和大黑山。其中，西老爷岭和吉林哈达岭的东北段，山势比较高大；吉林哈达岭南段以丘陵低山为主，山势低缓；吉林哈达岭是辉发河与鳌龙河、饮马河与东辽河的分水岭；大黑山斜贯吉林省中部，以丘陵低山为主，是吉林省自然地理区域分异的重要分界线。吉林哈达岭、西老爷岭与大黑山间有宽阔的伊舒地堑，伊舒地堑及其以西的大黑山，具有东部山地与中西部平原的过渡性；威虎岭与西老爷岭之间有蛟河盆地；龙岗山与吉林哈达岭间有宽阔的辉发河谷地。地堑和盆、谷地中发育有多级冲积洪积台地或河流阶地，也就形成了多个适宜进行农业生产和村落发展的区域。

3. 中部台地平原

中部的冲积、洪积台地平原区由大黑山西麓向西至弓棚子—王府—长岭—怀德镇—榆树台一线，沿哈大铁路两侧延伸。该平原区的东部属于大黑山的西侧丘陵地带，西部则属松辽平原。海拔高度在200 m左右。区内有东辽河、第二松花江、拉林河及其支流经过，河流沿岸平坦宽阔，阶地上则坡地起伏，微地形变化复杂。其中，拉林河与第二松花江之间为榆树台地；第二松花江与东辽河之间为长春台地；东辽河以南为四平台地，向西逐渐过渡为东辽河平原。沿王府—伏龙泉—双城堡一线为近南北向延伸的伏龙泉高台地；沿陶家屯—怀德镇—双城堡一线，为北西向延伸的松辽分水岭，分水高地呈台地状，起伏较大，分水岭逐渐向西低下。台地边缘受沟谷切割，地面起伏较大，但河间高地大多平缓，拥有村落聚集分布的自然条件。

4. 西部冲积平原

西部沙丘覆盖的冲积平原区位于弓棚子—王府—长岭—怀德镇—榆树台镇一线以西，至大兴安岭山前，地貌上以沙化和盐渍化的平原为特征，属于松辽平原，地势平坦。松辽分水岭穿越该平原区，经东部山前台地平原向西延伸，通过长岭、通榆两县入内蒙古自治区。该平原区西北部为低山丘陵区，海拔300～350 m，地势较高；东部及东南部分布有一系列的黄土台地，如东部有大赉和扶余黄土台地，海拔150～160 m，东南部有乾安、长岭松辽分水岭台地，海拔200～236 m；西南为面积较大的沙丘、沙垄区，海拔180～210 m，有多条沙垄平行排列，呈带状分布，风蚀地貌较明显，如风蚀谷、风蚀洼地，乃至风成湖等，谷中洼地泡沼发育，泡沼周围为盐碱地，谷中高地为草场或耕地，主要为风沙土。该平原区的中心区为广阔的冲积、湖积平原，包括长岭波状高平原、洮儿河冲洪积扇微起伏平原、霍林河—洮儿河冲洪积扇波状平原、中部微起伏平原，以及北部湿地泡沼平原等小地貌单元，土壤主要有草甸土、沼泽土、冲积土、风沙土和盐碱土等。松辽分水岭以北，为松嫩平原，平原上地势稍有起伏，洮儿河、嫩江、松花江等汇合于此，各河沿岸有一、二级阶地分布，大部分已开垦为耕地；乾安、长岭、前郭及大安等县市的南部多为盐碱泡，也有大片的草原适于牧业发展。

二、土地资源

吉林省中部、东部、西部土地资源条件差异显著，中部作为主要的粮食主产区，以耕地为主，东部以林地为主，西部草地占有较大比重，土地沙化、盐碱化和草地退化问题突出。土地资源数量、质量及利用类型差异是影响吉林省村镇建设和发展的主要因素。本节 2015 年吉林省各市州耕地和林草地面积数据资料来自李大林等(2018)。

1. 耕地资源

吉林省耕地资源在各市州的分布差异明显,主要集中在吉林省中部和西部地区(见图 3-5)。其中,长春市、松原市和白城市的耕地面积位列吉林省前三位,分别为 14457.07 km²、12586.62 km² 和 11817.66 km²,占全省耕地总面积的比重分别为 20.66%、17.98% 和 16.88%,占比合计为 55.52%,是全省耕地分布的重点集中区。四平市和吉林市的耕地面积分别为 9695.83 km² 和 9247.10 km²,占比分别为 13.85% 和 13.21%,是全省耕地分布的次集中区。其余市州的耕地面积均在 5000 km² 以下,延边朝鲜族自治州(图中简称"延边州")、通化市、辽源市和白山市的耕地面积分别为 4371.18 km²、4070.09 km²、2582.64 km² 和 1164.13 km²,占全省耕地总面积的比重分别为 6.25%、5.82%、3.69% 和 1.66%,占比合计为 17.41%。

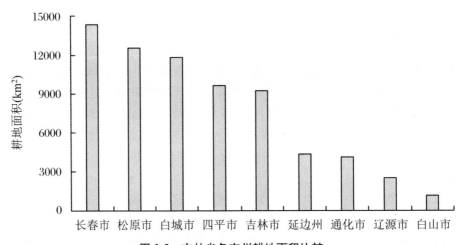

图 3-5 吉林省各市州耕地面积比较

2. 生态用地

(1) 林地资源

吉林省林地资源集中分布在吉林省东部山地,向中西部递减。其中,东部的延边朝鲜族自治州林地面积为 36325.91 km²,居全省林地面积首位,占全省林地总面积的 41.02%;吉林市、白山市和通化市属吉林省东部地区或临近东部地区,林地面积分别为 15617.55 km²、15164.07 km² 和 10166.84 km²,占比合计为 46.24%,是吉林省林地资源分布的次集中区;白城市、松原市、四平市、辽源市和长春市林地面积分别为 3242.71 km²、2283.75 km²、2150.22 km²、1904.29 km² 和 1693.66 km²,占比合计仅为 12.73%,林地面积相对较少。吉林省各市州林地、草地面积情况见图 3-6,各市州林地面积普遍大于草地面积,其中松原市和白城市草地面积接近于林地面积。

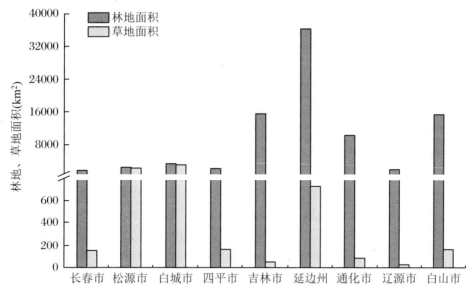

图 3-6 吉林省各市州林地、草地面积比较

(2) 草地资源

吉林省各市州草地面积情况见图 3-6。吉林省草地资源主要分布在吉林省西部的半农半牧区和东部林区。其中,吉林省西部的白城市和松原市草地面积分别为 3178.14 km² 和 2234.80 km²,占全省草地总面积的比重分别为 47.05% 和 33.09%,占比合计为 80.14%,是吉林省草地的集中分布区。延边朝鲜族自治州草地面积为 723.69 km²,占比为 10.71%。四平市、白山市、长春市、通化市、吉林市和辽源市草地分布较少,面积分别为 160.11 km²、160.24 km²、148.31 km²、81.39 km²、45.16 km² 和 22.64 km²,占比合计仅为 9.15%。

(3) 园林绿化

园林绿化数据来自《中国城乡建设统计年鉴 2016》。2016 年,吉林省建制镇和乡的绿化覆盖面积分别为 5666.85 公顷和 771.43 公顷。建制镇和乡的绿地面积分别为 1875.29 公顷和 362.76 公顷,与上一年相比分别新增 84.77 公顷和 14.81 公顷。其中,建制镇和乡的公园绿地面积分别为 180.04 公顷和 14.36 公顷。

三、水资源

水资源是保障村镇建设和发展的重要条件,特别对不少沿河布局的村镇,河流是影响村镇建设的重要因素。本节吉林省水资源数据资料来自李诚固等(2010)。

1. 水资源总量

吉林省人均、耕地亩均水资源量均低于全国平均水平,属于中度缺水省份。吉林省年降水量为 400~1000 mm,自东南向西北递减,山区多于平原,总体呈现出明显的湿润、半湿润、半干旱的气候特点。吉林省多年平均水资源总量为 404.25 亿 m^3,其中多年平均地表水资源量 356.57 亿 m^3,多年平均地下水资源量 113.18 亿 m^3,重复量 65.5 亿 m^3,地下水可开采量为 56.56 亿 m^3。全省人均水资源量 1520 m^3,为全国人均水资源量的 68.5%;耕地亩均水资源量 672 m^3,约为全国的 46.8%,是北方缺水省份。从各地区当地水资源人均占有量分析,白山、延边地区不缺水,吉林、通化中度缺水,辽源、白城重度缺水,长春、四平、松原极度缺水。

吉林省水资源地区分布不均,整体呈现"东多西少"的空间分布格局。从总量来看,东部的地表水水资源大于西部,东部水资源多为地表水;西部地表水贫乏,而以地下水为多。以大黑山为界,东部为足水区,西部为缺水区。东部水资源总量为 316.67 亿 m^3,其中长白山区包括抚松、白山、长白、集安、靖宇、通化、柳河、安图、桦甸、和龙、敦化等地,为水资源丰富的足水区,水资源量 150.12 亿 m^3,人均 7329 m^3;中东部低山丘陵为较足水区,包括吉林市、延边朝鲜族自治州(不含延吉市)及辉南、东丰、梅河口等县市,水资源量 153.4 亿 m^3,人均 2860 m^3;延吉盆地为较少水区,水资源量 13.15 亿 m^3,人均 1770 m^3;大黑山以西台地、丘陵、平原为缺水区,水资源总量为 87.58 亿 m^3,人均不到 500 m^3。

2. 主要河流

吉林省有大小河流 2000 余条,河长在 100 km 以上的有 38 条,30 km 以上的有 221 条,10 km 以上的有近 1000 条,分属于松花江、辽河、鸭绿江、图们江和绥芬河五个水系。其中松花江水系以涵盖河流多、流域面积大、河流长而在众多水系中占有重要位置。以大黑山山脉为界,东、西两部分河流特征截然不同。东部山区水文网密集,河流水量大,水能资源丰富,泥沙含量少。西部河流多源于省外的大兴安岭地区,中下游多为丘陵、平原及沙丘,水资源损失大,从上游到下游水量逐渐减少,季节性流量变化大,旱季多断流,以渗漏的方式补给地下水,对生态环境影响大。

从空间分布上看,吉林省境内河流分布不均,东南部长白山区河流众多,水量丰富,常年有水。松花江、图们江、鸭绿江水系发源于长白山,呈辐射状流出。西部平原区内除发源于大兴安岭的洮儿河外,乾安、通榆、长岭、前郭等县河流甚少,或无河流。

3. 水资源开发利用

吉林省水资源利用程度存在区域差异。吉林省水资源利用率为 29%,其中,地表水利用率为 21%,地下水利用率为 57%。从各流域水资源利用情况看,东部山区的图们江、鸭绿江、绥芬河等流域利用程度较低,均在 20% 以下。中西部的东辽河、西辽河、辽河干流等流域水资源利用程度较高,均在 50% 以上。从各地区水资源利用程度来看,东部的通化、白山、延边地区水资源利用程度占当地水资源的 20% 以下;而中西部的长春、四平、松原、白城水资源利用程度较高,占当地水资源的65%以上。

水资源空间分布不均、水资源短缺和局部水污染等因素一定程度上制约着吉林省社会经济的发展。吉林省东部及东中部地区水资源相对丰富,是吉林省的主要水源地,图们江、鸭绿江、第二松花江和绥芬河流域水资源可利用量大于消耗量,但供水工程设施相对不足,属工程性缺水地区,可通过加强本流域的水资源开发来满足供需缺口。中部地区属资源性缺水与水质性缺水共存区。该区水资源贫乏,尤其是长春、四平、辽源等地区严重缺水,同时,辽河流域水体污染加重了水资源短缺。但此处过境水资源丰富,可通过开发过境水资源来满足供需缺口。西部地区属资源性缺水和工程性缺水共存区。该区水资源贫乏,东辽河、西辽河和辽河干流水资源可利用量小于消耗量,属于严重的资源性短缺,并且地下水污染严重。过度开发本地水资源对生态环境极为不利,可从域外调水解决供需缺口。

四、水环境

村镇建设的环境影响主要表现为对水环境的影响,相比于大中城市,大气污染的问题相对较小。2016年末,吉林省只有4.9%的村实现了生活污水集中处理或部分集中处理(吉林省第三次全国农业普查主要数据公报,2018-01-31/2022-08-26)。

吉林省水环境主要状况如下(吉林省2016年环境状况公报,2017-06-05/2019-06-19):

1. 主要江河水环境质量状况

2016年,吉林省41条江河、85个国控监测断面水环境质量按《地表水环境质量标准》(GB 3838—2002)监测和评价结果为:Ⅱ类、Ⅲ类、Ⅳ类、Ⅴ类和劣Ⅴ类水质监测断面分别有29个、28个、9个、4个和15个,占比分别为34.12%、32.94%、10.59%、4.71%和17.65%。全省85个国控监测断面中,62个达到水质控制目标,占72.94%。

分水系来看,2016年吉林省四大水系的松花江水系共有河流27条,监测断面47个,其中33个达到水质控制目标,占比70.21%,Ⅱ类、Ⅲ类、Ⅳ类、Ⅴ类和劣Ⅴ类水质监测断面分别有14个、18个、5个、1个和9个,占比分别为29.79%、38.30%、10.64%、2.13%和19.15%。松花江干流水质状况良好,支流污染较重。图们江水系共有河流6条,监测断面13个,其中11个达到水质控制目标,占比84.62%,Ⅱ类、Ⅲ类、Ⅳ类、Ⅴ类和劣Ⅴ类水质监测断面分别有1个、7个、3个、1个和1个,占比分别为7.69%、53.85%、23.08%、7.69%和7.69%。图们江干流5个监测断面中,崇善和圈河断面为Ⅲ类水质,水质状况良好;图们和河东断面为Ⅳ类水质,属轻度污染;南坪断面为Ⅴ类水质,属中度污染。鸭绿江水系共有河流4条,监测断面16个,全部达到水质控制目标要求,总体水质状况良好,Ⅱ类和Ⅲ类水质监测断面分别有 13 个和 3 个,占比分别为 81.25% 和 18.75%。鸭绿江干流 11 个监测断面均为 Ⅱ 类水质,水质状况优。辽河水系在吉林省境内共有河流 4 条,监测断面 9 个,其中 2 个断面达到水质控制目标,占比 22.22%,总体水质较差,Ⅱ 类、Ⅳ 类、Ⅴ 类和劣 Ⅴ 类水质断面分别有 1 个、1 个、2 个和 5 个,占比分别为 11.11%、11.11%、22.22% 和 55.56%。东辽河干流 6 个监测断面中,辽河源断面为 Ⅱ 类水质,水质状况优;周家河口和四双大桥断面为 Ⅴ 类水质,属中度污染;拦河闸、河清和城子上断面为劣 Ⅴ 类水质,属重度污染。

跨省界水体中,松花江水系与外省交界共有 4 个监测断面。其中,由吉林省舒兰市入黑龙江省前的细鳞河肖家船口断面为 Ⅱ 类水质,水质为优;由黑龙江入白城市的嫩江白沙滩断面、由松原市入黑龙江省前的松花江干流松林断面、由敦化市入黑龙江省前的牡丹江大山断面为 Ⅲ 类水质,水质状况良好。鸭绿江水系与外省交界共有 1 个监测断面,即由吉林省通化市入辽宁省前的浑江干流民主断面,为 Ⅲ 类水质,水质状况良好。辽河水系与外省交界共有 4 个监测断面。其中,由梨树县入辽宁省前的招苏台河六家子断面为劣 Ⅴ 类水质,属重度污染;由吉林省四平市入辽宁省前的条子河林家断面为劣 Ⅴ 类水质,属重度污染。

2. 湖泊(水库)水质状况

2016 年,吉林省 13 个主要湖泊(水库)水质保持稳定。其中,水质为 Ⅱ 类的水库有 2 个,即梅河口市海龙水库和白山市曲家营水库,水质为优;水质为 Ⅲ 类的水库 10 个,包括吉林市松花湖水库、长春市新立城水库、石头口门水库、桦甸市红石水库、四平市山门水库、下三台水库、二龙山水库、辽源市杨木水库、白城市月亮湖水库和延吉市五道水库,水质状况良好;松原市查干湖水库水质为 Ⅴ 类。

五、固废环境

2016 年末,吉林省 75.8% 的乡镇实现生活垃圾集中或部分集中处理,40.9% 的村实现生活垃圾集中处理或部分集中处理(吉林省第三次全国农业普查主要数据公报,2018-01-31/2022-08-26)。村的生活垃圾处理尚未得到较好解决。

六、地质灾害

吉林省地质灾害种类主要有滑坡、斜坡、地裂缝、泥石流、崩塌和地面塌陷。在收集吉林省 38 个县(市、区)1∶10 万地质灾害调查与区划资料的基础上,截至 2009 年末,统计录入全省地质灾害 3915 处(条)(张以晨,2012)。自东南向西北,吉林省地质灾害点分布呈现出规模由大到小、密度由高到低的规律。

吉林省各市州地质灾害点数量和密度情况如图 3-7 所示。按地质灾害点数量来看,延边朝鲜族自治州、通化市、吉林市、白山市总体处于高层级,地质灾害点数分别为 912 处（条）、815 处（条）、781 处（条）和 652 处（条），占全省总灾点的 23.30%、20.82%、19.95% 和 16.65%，合计占全省总灾点的 80.72%；长春市、四平市、白城市、辽源市、松原市则处于相对低层级，地质灾害点数分别为 306 处（条）、140 处（条）、105 处（条）、103 处（条）和 101 处（条），分别占全省总灾点的 7.82%、3.58%、2.68%、2.63% 和 2.58%，合计占全省总灾点的 19.28%。

按地质灾害点密度来看，通化市、白山市和吉林市总体处于灾害点密度的高层级，灾害点密度分别为 5.19 个/100 km²、3.73 个/100 km² 和 2.82 个/100 km²；延边朝鲜族自治州、辽源市、长春市、四平市、松原市、白城市的地质灾害点密度依次降低，其中四平市、松原市和白城市地质灾害点密度低于 1.0 个/100 km²，分别为 0.93 个/100 km²、0.50 个/100 km² 和 0.23 个/100 km²。

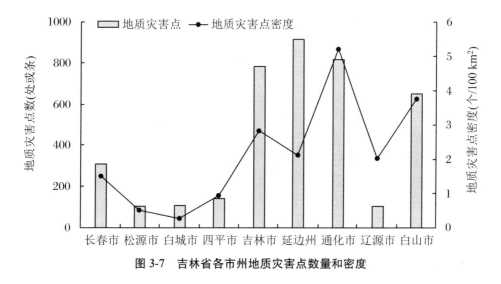

图 3-7 吉林省各市州地质灾害点数量和密度

第四节 吉林省村镇建设与资源环境耦合协调评价

构建村镇建设与资源环境评价指标体系，运用熵值法、耦合协调度评价模型，以县级行政区为评价单元，研究分析吉林省村镇建设水平、资源环境水平及村镇建设与资源环境的耦合协调度，划分村镇建设与资源环境关系类型。

基于 2016 年吉林省行政区划，研究对象包括吉林省 20 个县级市、16 个县、3 个自治县和 8 个市辖区单元，分属 9 个地市州，包括长春市辖区（南关区、宽城区、朝阳区、二道区、绿园区、双阳区、九台区）、榆树市、德惠市、农安县；吉林市辖区（船营区、昌邑区、龙潭区、丰满区）、蛟河市、桦甸市、舒兰市、磐石市、永吉县；四平市辖区(铁西区、铁东区)、双辽市、公主岭市、梨树县、伊通满族自治县;辽源市辖区(龙山区、西安区)、东丰县、东辽县;通化市辖区(东昌区、二道江区)、梅河口市、集安市、通化县、辉南县、柳河县;白山市辖区(浑江区、江源区)、临江市、抚松县、靖宇县、长白朝鲜族自治县;松原市辖区(宁江区)、扶余市、前郭尔罗斯蒙古族自治县、长岭县、乾安县;白城市辖区(洮北区)、洮南市、大安市、镇赉县、通榆县;延边朝鲜族自治州、延吉市、图们市、敦化市、珲春市、龙井市、和龙市、汪清县、安图县。

一、村镇建设空间格局

1. 村镇建设规模指标分析

从村镇数量、建设用地面积和人口数量分析吉林省村镇建设规模情况。2016年,吉林省各县市的村镇数量在37~547个之间,通化市辖区的村镇数量最少,长春市辖区的村镇数量最多,通过加权分析村镇数量对村镇建设的贡献率为7.24%。从各县市的建设用地面积来看,长白朝鲜族自治县建设用地面积最小,长春市辖区建设用地面积最大,建设用地面积对村镇建设的贡献率为4.43%。各县市的人口在8万~437.79万之间,长白朝鲜族自治县人口最少,长春市辖区人口最多,村镇总人口对村镇建设的贡献率为4.23%。

2. 村镇经济发展指标分析

从农业总产值比重、农民人均可支配收入、人均粮食产量分析吉林省各县市村镇建设经济发展情况。2016年,吉林省各县市农业总产值比重在22%~80%之间,伊通县的农业总产值比重最大,敦化市的农业总产值比重最小,通过加权分析农业总产值比重对村镇建设的贡献率为6.17%。各县市农民人均可支配收入在7933~16249元之间,吉林市辖区农民人均可支配收入最多,安图县农民人均可支配收入最少,农民人均可支配收入对村镇建设的贡献率为7.07%。各县市人均粮食产量在41.28~3778.92 kg/人之间,通化市辖区人均粮食产量最大,镇赉县人均粮食产量最小,人均粮食产量对村镇建设的贡献率为11.01%。

3. 村镇社会发展指标分析

从村镇非农业人口比重、拥有执业(助理)医师的村镇占比、乡村卫生所覆盖率、住房拥有率分析吉林省各县市村镇建设社会发展情况。吉林省各县市非农业人口比重在17%~95%之间,通化市辖区非农业人口比重最大,扶余市非农业人口比重最小,通过加权分析非农业人口比重对村镇建设的贡献率为10.88%。各县市拥有执业(助理)医师的村镇占比在7%~100%之间,舒兰市、松原市辖区、扶余市拥有执业(助理)医师的村镇占比均为100%,蛟河市拥有执业(助理)医师的村镇占比最小,拥有执业(助理)医师的村镇占比对村镇建设的贡献率为4.83%。各县市乡村卫生所覆盖率在50%~100%之间,吉林市辖区、舒兰县等7个县市乡村卫生所覆盖率均为100%,汪清县乡村卫生所覆盖率最小,乡村卫生所覆盖率对村镇建设的贡献率为4.47%。各县市住房拥有率在98%～100%之间,辽源市、蛟河市等5个县市住房拥有率均为100%,松原市辖区住房拥有率最小,通过加权分析住房拥有率对村镇建设的贡献率为7.75%。

4. 村镇公共设施发展指标分析

从清洁饮用水普及率、路网密度、路网总长度、乡村图书馆普及率、乡村文化设施活动中心建设率分析吉林省各县市村镇建设公共设施发展情况。吉林省各县市清洁饮用水普及率在50.7%～100%之间,清洁饮用水普及率对村镇建设的贡献率为7.83%。各县市路网密度在0.006～0.733 kg/km² 之间,路网密度对村镇建设的贡献率为8.43%。各县市路网总长度在20.36～5125.6 km之间,路网总长度对村镇建设的贡献率为4.17%。各县市乡村图书馆普及率在25%～98%之间,乡村图书馆普及率对村镇建设的贡献率为4.65%。各县市乡村文化设施活动中心建设率在3%～38%之间,乡村文化设施活动中心建设率对村镇建设的贡献率为6.85%。

5. 村镇建设空间格局分析

吉林省村镇建设总体得分在0.307～0.635之间,平均得分为0.401,其中,93.62%的县市村镇建设得分低于0.500(见表3-7),表明吉林省村镇建设得分总体较低,主要是由于吉林省作为农业大省,在推进农业现代化进程中取得了一些成绩,但与工业化、城镇化相比,仍然显得比较轻薄,村镇建设得分不高,并且各县市村镇建设规模、经济发展、社会发展均与村镇公共基础设施发展之间不相协调,综合得分不高。

吉林省村镇建设得分较高的区县分别是长春市辖区、吉林市辖区和辽源市辖区,主要分布在吉林省中部地区,中部地区地势较为平坦,作为吉林省的粮食主产区,村镇人口相对集中,同时具有相对便捷的交通,故中部地区的村镇建设得分较高;村镇建设水平较低的县市分别是靖宇县、集安市、龙井县,主要分布在东南部边缘地区,东南部地区地形以山地为主,受地形等自然条件的限制,村镇生产功能水平较低,村镇建设得分也较低。

吉林省村镇建设空间格局呈空间集聚特点,中部地区村镇建设较好,从中部地区向外围辐射,村镇建设得分逐渐降低。

二、资源环境空间格局

1. 土地资源占用指标分析

从村镇人均建设用地面积、建设用地占比来分析吉林省土地资源情况。2016年,吉林省各县市人均建设用地面积在267～3060公顷/万人之间,松原市辖区人均建设用地面积最大,集安市人均建设用地面积最小,通过加权分析人均建设用地面积对资源环境的贡献率为2.54%。各县市建设用地占比在0.05%～10.71%之间,辽源市建设用地占比最大,前郭尔罗斯蒙古族自治县建设用地占比最小,建设用地占比对资源环境的贡献率为 0.05%。

2. 水资源开发利用强度指标分析

从人均日生活用水量、水资源开发强度系数分析吉林省各县市水资源情况。2016 年,吉林省各县市人均日生活用水量在 43~223 L 之间,长白朝鲜族自治县人均日生活用水量最多,洮南市人均日生活用水量最少,通过加权分析人均日生活用水量对资源环境的贡献率为 7.77%。水资源开发强度系数反映了用水总量占水资源可开发利用量的比重,各县市水资源开发强度系数在 0.19%~10.13% 之间,辉南县水资源开发强度系数最大,靖宇县水资源开发强度系数最小,水资源开发强度系数对资源环境的贡献率为 6.41%。

3. 生态条件指标分析

从建成区绿化覆盖率、人均公园绿地面积、林草覆盖率分析吉林省各县市生态资源情况。2016 年,吉林省各县市建成区绿化覆盖率在 0.33%~46.85% 之间,敦化市建成区绿化覆盖率最大,东辽县建成区绿化覆盖率最小,通过加权分析建成区绿化覆盖率对资源环境的贡献率为 7.61%。各县市人均公园绿地面积在 0.67~28.85 m² 之间,抚松县人均公园绿地面积最多,伊通县人均公园绿地面积最少,人均公园绿地面积对资源环境的贡献率为 8.22%。各县市林草覆盖率在 3.98%~93.8% 之间,德惠市林草覆盖率最小,珲春市林草覆盖率最大,林草覆盖率对资源环境的贡献率为 13.62%。

4. 水环境胁迫指标分析

从河流湖库断面监测指标超标系数、工业污水排放总量、生活污水排放量、污水处厂集中处理率分析吉林省各县市水环境情况。2016 年,吉林省各县市河流湖库断面监测指标超标系数在 -0.41~2.28 之间,河流湖库断面监测指标超标系数对资源环境的影响系数为 4.38%。各县市工业污水排放总量在 0~0.63 亿 t 之间,工业污水排放总量对资源环境的影响系数为 2.47%。各县市生活污水排放量在 0.02 亿~1.79 亿 t 之间,生活污水排放量对资源环境的影响系数为 2.71%。各县市污水处厂集中处理率在 0~99.69% 之间,污水处厂集中处理率对资源环境的贡献率为 3.83%。

5. 固废污染胁迫指标分析

从生活垃圾产生量、生活垃圾无害化处理率、工业固体弃物产生量、一般工业固体废物综合利用量分析吉林省各县市环境污染情况。吉林省各县市生活垃圾产生量在 2.04 万~194.89 万 t 之间,生活垃圾产生量为负向指标,对资源环境的影响程度为 2.17%。各县市生活垃圾无害化处理率在 0~1 之间,生活垃圾无害化处理率对资源环境的贡献率为 21%。各县市工业固体弃物产生量在 2 万~1020 万 t 之间,工业固体弃物产生量对资源环境的影响程度为 3.25%。各县市一般工业固体废物综合利用量在 1 万~473 万 t 之间,一般工业固体废物综合利用量对资源环境的贡献率为8.87%。

6. 资源环境空间格局分析

吉林省资源环境水平主要通过土地资源占用指数、资源开发强度指数、生态资源指数、水环境胁迫指数和固废环境胁迫指数综合评价。资源环境总体得分在0.370~0.805之间,平均值0.629,其中,80.85%的县市资源环境得分高于0.500(见表3-7),表明吉林省资源环境水平整体较好。吉林省自东向西自然形成东部长白山地原始森林生态区、中东部低山丘陵次生植被生态区、中部松辽平原生态区和西部草原湿地四个生态区,有长白山森林覆盖、松花江重要流域和肥沃的黑土地,全省生态条件较好。

其中,集安市、抚松县、通化县资源环境水平最好,主要分布在吉林省南部边缘地区,南部以山地为主,长白山脉位于南部地区,各村镇资源环境水平较好;前郭尔罗斯蒙古族自治县、公主岭市、梨树县资源环境水平最差,主要分布在西北部地区,西北部地区由于属草原地区,土地沙化、过度放牧现象较为严重,加上缺乏降水,自然条件较为恶劣,存在生态脆弱的现象。空间上总体来说,西北部地区资源环境水平最差,中部地区资源环境水平次之,南部地区资源环境水平最好。

三、村镇建设与资源环境水平类型

以吉林省村镇建设水平与资源环境水平的平均值为基准的象限图如图3-8所示,可以看到,吉林省23.4%的县市处于高发展-高环境水平;19.1%的县市处于高发展-低环境水平;34.1%的县市处于低发展-高环境水平;23.4%的县市处于低发展-低环境水平。其中,低发展-高环境水平的市县区居多,这与吉林省整体的村镇建设水平和资源环境水平一致。高发展-高环境水平县市包括吉林市、蛟河市、舒兰市等,主要分布在中东部地区;高发展-低环境水平县市包括长春市、公主岭市、松原市等,主要分布在中部地区;低发展-高环境水平县市包括延吉市、珲春市、集安市等,主要分布在南部地区;低发展-低环境水平县市包括通榆县、双辽县、梨树县,主要分布在西北边缘地区。

四、吉林省村镇建设与资源环境耦合协调度

总体上,吉林省村镇建设与资源环境处于协调状态,耦合协调度在0.576~0.788之间,平均值为0.657,但整体协调水平不高(见表3-7)。当村镇建设水平和资源环境水平均较高时,两者的耦合协调程度才会较高,而由于吉林省各县市的村镇建设水平不高,拉低了整体协调水平。

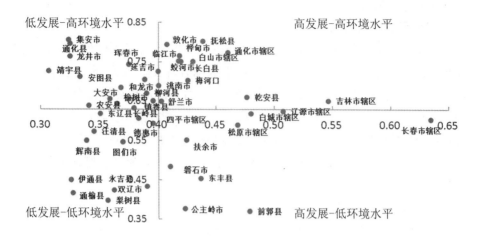

图 3-8　吉林省村镇建设与资源环境关系分类

整体上看,全省 12.77% 的县市处于耦合协调度Ⅲ级水平,72.34% 的县市处于耦合协调度Ⅳ级水平,14.89% 的县市处于耦合协调度Ⅴ级水平。耦合协调度Ⅲ级的县市主要由于部分县市村镇建设较落后与资源环境水平存在明显的不匹配,主要零星分布在吉林省周围边缘地区,包括靖宇县、集安市、通化县等;吉林省大部分县市处于耦合协调度Ⅳ级,村镇建设水平在 0.334~0.439 之间,资源环境水平在 0.377~0.802 之间;耦合协调度Ⅴ级的县市,其村镇建设较好,而村镇建设与资源环境协调也较好,主要分布在吉林省中部地区,包括长春市辖区、吉林市辖区、辽源市辖区等。

空间上,吉林省各县市村镇建设与资源环境耦合协调度呈现出由中部地区向四周逐渐减小的分布态势。吉林省各县市村镇建设与资源环境耦合协调度最高为 0.788,仍有较大提升空间。

表 3-7　吉林省村镇建设与资源环境得分及耦合协调度等级

区　域	村镇建设得分	资源环境得分	耦合协调度	耦合协调度等级
靖宇县	0.307	0.727	0.576	Ⅲ
集安市	0.324	0.805	0.588	
通化县	0.325	0.796	0.590	
龙井市	0.325	0.764	0.593	
通榆县	0.328	0.417	0.594	
伊通满族自治县	0.326	0.450	0.597	

续表

区 域	村镇建设得分	资源环境得分	耦合协调度	耦合协调度等级
安图县	0.334	0.712	0.605	
梨树县	0.357	0.397	0.609	
辉南县	0.339	0.550	0.614	
农安县	0.341	0.638	0.616	
永吉县	0.363	0.424	0.619	
汪清县	0.345	0.572	0.620	
东辽县	0.351	0.618	0.625	
大安市	0.359	0.656	0.632	
公主岭市	0.423	0.377	0.634	
双辽市	0.391	0.433	0.637	
榆树市	0.366	0.644	0.638	
图们市	0.370	0.546	0.639	
和龙市	0.369	0.684	0.641	
珲春市	0.376	0.743	0.645	
前郭尔罗斯蒙古族自治县	0.479	0.370	0.649	Ⅳ
长岭县	0.380	0.633	0.650	
德惠市	0.384	0.606	0.653	
延吉市	0.389	0.705	0.658	
磐石市	0.411	0.483	0.659	
柳河县	0.391	0.670	0.660	
四平市辖区	0.396	0.593	0.662	
镇赉县	0.396	0.651	0.664	
东丰县	0.437	0.454	0.666	
临江市	0.401	0.725	0.668	
洮南市	0.401	0.689	0.668	
舒兰市	0.403	0.650	0.670	
敦化市	0.408	0.794	0.673	
扶余市	0.425	0.552	0.678	

续表

区　　域	村镇建设得分	资源环境得分	耦合协调度	耦合协调度等级
蛟河市	0.418	0.752	0.682	Ⅳ
桦甸市	0.419	0.765	0.683	
白山市辖区	0.420	0.750	0.684	
梅河口	0.426	0.702	0.688	
长白朝鲜族自治县	0.430	0.750	0.692	
抚松县	0.439	0.802	0.699	
松原市辖区	0.469	0.589	0.710	Ⅴ
通化市辖区	0.460	0.773	0.716	
白城市辖区	0.480	0.619	0.720	
乾安县	0.477	0.660	0.722	
辽源市辖区	0.507	0.624	0.736	
吉林市辖区	0.546	0.651	0.761	
长春市辖区	0.635	0.604	0.788	

参 考 文 献

迟姗,2015.吉林省东南部山区村镇空间形态的永续发展研究[D].长春:吉林建筑大学.
丁元,2018.全面实施吉林乡村振兴战略的着力点探析[J].现代农业,6:50-51.
抚松县人民政府办公室,2022.自然地理[EB/OL].(2022-01-21)[2022-03-28].http://www.fusong.gov.cn/lyfs/fsgk/zrdl/201706/t20170612_96794.html.
黄聪,赵小敏,郭熙,等,2016.基于核密度的余江县农村居民点布局优化研究[J].中国农业大学学报,11:165-174.
吉林建设年鉴编辑部,2018.吉林建设年鉴2017[M].长春:吉林人民出版社.
吉林省第三次全国农业普查领导小组办公室,吉林省统计局,2019.吉林省第三次全国农业普查课题开发资料汇编2016[M].北京:中国统计出版社.
吉林省统计局,2018.吉林统计年鉴2017[M].北京:中国统计出版社.
吉林省人民政府,吉林省第三次全国农业普查领导小组办公室,吉林省统计局,2018.吉林省第三次全国农业普查主要数据公报(第一号)[EB/OL].(2018-01-31)[2022-08-26].http://www.jl.gov.cn/sj/sjcx/ndbg/pcgb/201801/t20180131_6605371.html.
吉林省生态环境厅,2017.吉林省2016年环境状况公报[EB/OL].(2017-06-05)[2019-06-19].http://sthjt.jl.gov.cn/xxfb/hjzl/hjzlzkgb/201706/t20170605_3405402.html.
李诚固,等,2010.吉林地理[M].北京:北京师范大学出版社.
李大林,等,2018.吉林省土地资源[M].北京:中国大地出版社.

李京芮,孙旭,2017.吉林省资源环境生态保护和管理体制问题研究[J].吉林工程技术师范学院学报,33(12):51-53.

李胜坤,张毅,闫欣,等,2014.竹溪县农村居民点景观格局及空间分布特征[J].水土保持研究,21(4):203-207,218.

刘仙桃,郑新奇,李道兵,2009.基于Voronoi图的农村居民点空间分布特征及其影响因素研究:以北京市昌平区为例[J].生态与农村环境学报,25(2):30-33,93.

夏岩妍,2014.严寒地区村镇规划方案气候适应性评价体系研究[D].哈尔滨:哈尔滨工业大学.

杨逢文,2014.吉林省农村建设规划评价研究[D].长春:吉林建筑大学.

于强,2019.关于《吉林省乡村振兴战略规划(2018—2022年)》的情况汇报[J].吉林农业:10-18.

榆树市统计局,2018.榆树市2016年国民经济和社会发展统计公报[EB/OL].(2018-02-11)[2019-11-19].http://www.yushu.gov.cn/xxgk/sjkf/202003/t20200317_2220164.html.

榆树信息中心,2022.交通条件[EB/OL].(2022-08-17)[2022-08-26].www.yushu.gov.cn/ywdt/ztbd/zjys/202005/t20200521_2357352.html.

张松,聂新生,2003.加入WTO对镇赉县畜牧业的影响及对策[J].农村财政与财务,9:37-39.

张以晨,2012.吉林省地质灾害调查与区划综合研究及预报预警系统建设[D].长春:吉林大学.

中华人民共和国住房和城乡建设部,2017.中国城乡建设统计年鉴2016[M].北京:中国统计出版社.

第四章 内蒙古自治区村镇建设与资源环境耦合协调评价

本章从草原畜牧业生产的角度,以内蒙古自治区为研究对象,遴选该区域村镇建设与资源环境耦合指标,深入分析内蒙古自治区村镇建设与发展现状、村镇建设的资源环境条件,获得内蒙古自治区村镇建设水平与资源环境得分空间格局,进而揭示内蒙古自治区村镇建设与资源环境耦合协调度水平及其空间格局。

第一节 内蒙古自治区村镇建设与资源环境耦合协调评价指标体系构建

为全面评估县级尺度村镇建设与资源环境的耦合协调度,参考已有农牧交错带村镇建设、经济发展和资源环境指标,考虑农牧交错区农业、牧业和地处干旱半干旱区域的特征,内蒙古自治区村镇建设指标包括村镇建设规模、村镇经济发展和村镇社会发展3个层面,资源环境指标包括水资源、生态用地、土地资源、水环境胁迫和固废环境5个层面。

反映内蒙古自治区村镇建设与资源环境方面的各级指标层如表4-1所示。

表4-1 内蒙古自治区村镇建设与资源环境耦合协调评价指标的选择和计算

目标层	准则层	指标层	计算方法	熵值法权重	指标性质
村镇建设	村镇建设规模	人口密度(人/km²)	户籍人口数/行政区面积	0.0780	正向
		城乡工矿居民用地面积占比(%)	城乡工矿居民用地面积/行政区面积×100%	0.0766	正向
	村镇经济发展	农林牧渔业总产值比重(%)	农林牧渔业总产值/地区生产总值×100%	0.0766	正向
		居民人均可支配收入(万元/人)	直接获取	0.0717	正向
		人均GDP(万元/人)	GDP/户籍人口数	0.0743	正向

续表

目标层	准则层	指标层	计算方法	熵值法权重	指标性质
	村镇社会发展	卫生人员_卫生技术人员数(人/万人)	直接获取	0.0758	正向
		路网密度(km/km²)	道路长度/行政区面积	0.0752	正向
资源环境	水资源	人均可利用水资源量(t/人)	可利用水资源量/户籍人口	0.0727	正向
	生态用地	林草占比(%)	林、草面积/行政区面积×100%	0.0632	正向
	土地资源	耕地占比(%)	耕地面积/行政区面积×100%	0.0763	正向
	水环境胁迫	人均生活用水量(t/人)	生活用水量/户籍人口	0.0672	正向
		人均工业废水量(t/人)	工业废水量/户籍人口	0.0623	负向
		人均生活污水量(t/人)	生活污水量/户籍人口	0.0673	负向
	固废环境	人均生活垃圾清运量(t/人)	生活垃圾清运量/户籍人口	0.0628	正向

本章中以上指标的数据来源为：人口数、农林牧渔业总产值、居民人均可支配收入、GDP、卫生人员_卫生技术人员数、可利用水资源量、生活用水量、工业废水量、生活污水量、生活垃圾清运量等数据来自《内蒙古统计年鉴2017》；道路长度数据来自内蒙古自治区道路数据(https://mp.weixin.qq.com/s/mtWvMs2gMsvQN5j9zn5Q7w)；行政区面积由行政区边界数据获取，来自国家地球系统科学数据中心(http://www.geodata.cn)；土地利用类型(包括城乡、工矿、居民用地、林地、草地、耕地)面积，数据来自遥感影像解译(http://data.tpdc.ac.cn/zh-hans/data/a75843b4-6591-4a69-a5e4-6f94099ddc2d/)。

第二节 内蒙古自治区村镇建设与发展现状

一、村镇建设规模

内蒙古自治区，地理位置介于97°12′E—126°04′E，37°24′N—53°23′N，位于中国北部边疆，全区辖12个市(盟)、103个县(旗)级行政单元，其中旗52个、县17

个、盟(市)辖县级市 11 个、区 23 个。全区面积约为 118.3 万 km^2。内蒙古自治区地形以高原为主,地跨额尔古纳河、嫩江、西辽河及黄河四大水系,水资源总量偏少且分布不均衡(冯琰玮,甄江红,2022)。2016 年末,全区常住人口 2520.1 万人(《内蒙古统计年鉴 2017》)。内蒙古自治区资源储量丰富,有"东林西矿、南农北牧"之称,草原、森林和人均耕地面积均居全国第一,稀土金属储量居世界首位,同时也是中国最大的草原牧区(森林木等,2021)。

根据《中国城乡建设统计年鉴 2016》数据,2016 年,内蒙古自治区共有 426 个建制镇、241 个乡、10787 个行政村和 44633 个自然村。建制镇建成区、乡的建成区和村的(户籍和暂住)人口分别为 265.75 万人、51.56 万人和 1383.49 万人,合计 1700.80 万人。

从行政村的人口规模来看,500 人以下的行政村有 2701 个,500～1000 人的行政村 3849 个,1000 人以上的行政村 4237 个,占比分别为 25.04%、35.68% 和 39.28%。从自然村的人口规模来看,200 人以下的自然村有 21385 个,200～600 人的自然村 17175 个,600～1000 人的自然村 4052 个,1000 人以上的自然村 2021 个,占比分别为 47.91%、38.48%、9.08% 和 4.53%。如图 4-1 所示。

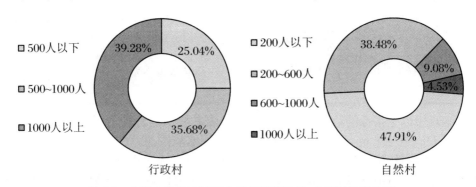

图 4-1　内蒙古自治区不同人口规模行政村、自然村数量比重

二、村镇经济发展

从农、林、牧、渔业产值(《中国农村统计年鉴 2017》)来看,2016 年,内蒙古自治区农业产值(以下均按当年价格计算)、林业产值、牧业产值和渔业产值分别为 1415.1 亿元、98.6 亿元、1203 亿元和 33 亿元。牧业的牲畜饲养产值占全区牧业产值的 76.35%,猪和家禽饲养产值占全区牧业产值的 23.36%。

从城乡居民人均可支配收入(《内蒙古调查年鉴 2017》)来看,2016 年,内蒙古自治区城镇居民人均可支配收入为 32975 元/人,农村居民人均可支配收入为 11609 元/人,比上一年分别增加了 7.78% 和 7.43%。

三、村镇社会发展

1. 教育、医疗

2016年末,内蒙古自治区乡镇地域范围内,有幼儿园、托儿所的乡镇占79.64%,有小学的乡镇占76.93%。此外,20.13%的村有幼儿园、托儿所。有医疗卫生机构的乡镇占99.61%,有执业(助理)医师的乡镇占98.58%。此外,84.26%的村有卫生室。2016年,内蒙古自治区有乡(镇)卫生院1321个,卫生人员达21043人,床位20002张;村卫生室13632个,设卫生室的村数占行政村数比重达到100%,乡村医生和卫生员17944人,平均每千农村人口村卫生室人员1.56人,超过全国平均水平(平均每千农村人口村卫生室人员1.49人)(内蒙古自治区第三次全区农牧业普查主要数据公报,2018-02-11/2019-09-16;《中国农村统计年鉴2017》)。

2. 社会保障

内蒙古自治区农村养老服务方面,2016年末,有养老机构308个,收养13903人,全区47.29%的乡镇有社会福利收养性单位。有乡镇文化站894个,为全国平均水平的2.61%(《中国农村统计年鉴2017》;内蒙古自治区第三次全区农牧业普查主要数据公报,2018-02-11/2019-09-16)。

3. 住建

就农村牧区而言,2016年末,内蒙古自治区99.8%的村通电,4.18%的村通天然气,17.35%的村有电子商务配送站点,83.12%的乡镇集中或部分集中供水。就农牧民生活条件而言,2016年末,内蒙古自治区98.01%的户拥有自己的住房,29.68%的户使用经过净化处理的自来水,5.5%的户使用水冲式卫生厕所(内蒙古自治区第三次全区农牧业普查主要数据公报,2018-02-11/2019-09-16)。

(1) 供水、燃气和道路情况

2016年,内蒙古自治区建制镇、乡、村的供水情况、燃气情况和道路情况如表4-2所示。数据资料主要来自《中国城乡建设统计年鉴2016》。

表4-2 内蒙古自治区不同级别行政单元供水、燃气和道路情况

	建制镇	乡	村
集中供水行政单元数(个)	410	191	7114
拥有公共供水设施数(个)	660	265	
自备水源单位数(个)	396	148	
年供水总量(万 m³)	14848.80	1779.00	
用燃气总人口数(万人)	51.80	6.64	61.14

续表

	建制镇	乡	村
集中供热面积(万 m²)	2343.08	187.86	540.50
道路长度(km)	6908.13	1979.25	63041.39
道路面积(万 m²)	4475.45	1080.37	41486.89
桥梁座数(座)	682	234	
道路照明灯盏数(盏)	102805	22411	

① 供水情况

2016年,内蒙古自治区集中供水的建制镇共有410个,占内蒙古自治区建制镇总数的96.24%;集中供水的乡共有191个,占内蒙古自治区乡总数的79.25%;集中供水的行政村共有7114个,占内蒙古自治区行政村总数的65.95%。其中,建制镇拥有公共供水设施660个和自备水源单位396个,年总供水量14848.80万 m³;乡拥有公共供水设施265个和自备水源单位148个,年供水总量为1779.00万 m³,远低于建制镇的年总供水量。集中供水的行政村内自建集中供水设施的行政村1992个。

② 燃气情况

2016年,内蒙古自治区建制镇、乡和行政村的用气总人口数分别为51.80万人、6.64万人和61.14万人;集中供热面积分别为2343.08万 m²、187.86万 m²和540.50万 m²。集中供热面积整体偏小,取暖主要依托传统方式。

③ 道路情况

2016年,内蒙古自治区建制镇、乡和行政村的道路总长度分别为6908.13 km、1979.25 km 和63041.39 km,分别比上一年新增1104.77 km、562.37 km 和18579.89 km;在上一年基础上,分别更新改造了431.34 km、68.93 km 和2252.56 km。建制镇、乡、村的道路面积分别为4475.45万 m²、1080.37万 m²和41486.89万 m²,分别比上一年新增584.62万 m²、266.84万 m²和9697.71万 m²;在上一年基础上,分别更新改造了183.95万 m²、22.49万 m²和1155.11万 m²。此外,建制镇桥梁座数共计682座,与上一年相比新增30座,更新改造11座,道路照明灯盏数共计102805盏;乡桥梁座数共计234座,与上一年相比新增18座,更新改造2座,道路指明灯共计22411盏。

(2) 房屋建设情况

2016年,内蒙古自治区建制镇建设投入共计689072万元,乡建设投入共计162288万元,村建设投入共计3879640万元,村建设投入相对较高。其中,房屋建设投入分别占内蒙古自治区建制镇、乡、村建设总体投入的44.78%、57.70%和52.69%。具体来看,房屋建设主要包括住宅、公共建筑和生产性建筑,建制镇的房屋建设总投入为308574万元,其中,住宅、公共建筑和生产性建筑投入分别为213106万元、

58898万元和36571万元;乡的房屋建设总投入为93643万元,其中,住宅54021万元,公共建筑27462万元,生产性建筑12160万元;村的房屋建设总投入2044070万元,其中,住宅、公共建筑和生产性建筑投入分别为1669948万元、180286万元和193836万元。

结合建制镇、乡、村的各类房屋建设投入比重来看,建制镇、乡、村的住宅投入比重在3类中都最大,分别占房屋建设总投入的69.06%、57.69%和81.70%。

内蒙古自治区建制镇、乡、村各类房屋建筑投入比重如图4-2所示。

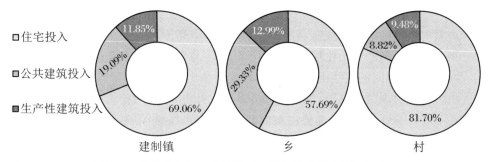

图4-2　内蒙古自治区建制镇、乡、村各类房屋建筑投入比重

4. 交通

就农村牧区而言,2016年末,在内蒙古自治区乡镇地域范围内,有火车站的乡镇占23.32%,有码头的占0.77%,有高速公路出入口的占23.84%,96.33%的村通公路(内蒙古自治区第三次全区农牧业普查主要数据公报,2018-02-11/2019-09-16)。

5. 体育、文化

2016年末,内蒙古自治区14.95%的乡镇有体育场馆,78.48%的乡镇有公园及休闲健身广场,52.69%的村有体育健身场所,92.65%的乡镇有图书馆、文化站,12.89%的乡镇有剧场、影剧院(内蒙古自治区第三次全区农牧业普查主要数据公报,2018-02-11/2019-09-16)。

6. 农村农业机械拥有量

2016年,内蒙古自治区拥有农村大中型拖拉机配套农具1241600部,占全国总数的12.08%,是农业机械种类中数量占比最高的;其次是大中型拖拉机拥有量为767400台,占全国的11.89%;节水灌溉类机械占比为3.27%,居第三位。农村农业机械所有类别拥有量占全国总数的3.45%(《中国农村统计年鉴2017》)。

第三节　内蒙古自治区村镇建设的资源环境条件分析

从地质地貌、土地资源、水资源、水环境和固废环境、农村环境保护几个方面,概括分析内蒙古自治区村镇建设的资源环境条件及其特征。水土资源是人类赖以生存和发展的基础条件和前提,是经济社会可持续发展的基础性资源。水土流失直接关系生态安全,严重的水土流失是生态恶化的集中反映。内蒙古自治区地处我国北部边疆,位于黄河、辽河、嫩江、海河四大水系的中上游或源头,是我国北方重要生态安全屏障,也是全国水土流失严重的省区之一。

一、地貌特征

内蒙古自治区地貌以蒙古高原为主体,大致呈高原、山地、平原镶嵌排列的带状分布。东西走向的阴山山脉横亘于中部,东端与东北—西南走向的大兴安岭相连,西端与南北走向的贺兰山遥相呼应,形成一条山带。

山带以北为内蒙古高原,即呼伦贝尔高原、阴北高原、阿拉善高原,波状起伏,海拔在700～1500 m之间,地势由南向北、从西向东缓缓倾斜,地形开阔坦荡。山带以南为嫩江西岸平原、西辽河平原、土默特—后套平原,其中,西辽河平原为内蒙古自治区最低平原,海拔在120～320 m之间,土默特—后套平原为黄河冲积平原,海拔在900～1200 m之间;山带以南的西南部为三面被黄河环绕的鄂尔多斯高原,呈台状隆起,海拔在900～1200 m之间。山地海拔最高点为贺兰山主峰3556 m,在山地向高原、平原的交接地带,分布着黄土丘陵和石质丘陵,其间有低山、谷地和盆地分布。蒙古高原西端分布有巴丹吉林、腾格里、乌兰布和、库布齐、毛乌素等沙漠和沙地。

内蒙古自治区高原、山地、丘陵、平原、河流与湖泊水面面积分别占国土总面积的51.18%、20.8%、18.25%、8.5%、1.27%;其间沙漠、戈壁、熔岩台地、盆地、谷地等广泛分布(《内蒙古自治区水土保持规划(2016—2030年)》,2017-01-20/2019-09-16)。

二、土地资源

1. 耕地、林草地

2016年,内蒙古自治区土地资源总面积为118.3万 km^2。其中,耕地面积、林地面积和草原面积分别为925.8万公顷、2487.9万公顷和8800万公顷(可利用草原面积为6800万公顷)(《内蒙古统计年鉴2017》;内蒙古自治区第三次全区农牧业普查主要数据公报,2018-02-11/2019-09-16)。

2. 园林绿化

2016年,内蒙古自治区建制镇和乡的绿化覆盖面积分别为10872.51公顷、1913.35公顷。建制镇和乡的绿地面积分别为5689.90公顷和1047.70公顷,与上一年相比分别新增494.64公顷和138.71公顷,其中,公园绿地面积分别为448.79公顷、23.90公顷(《中国城乡建设统计年鉴2016》)。

三、水资源

2016年,内蒙古自治区平均降水量283.0 mm,属平水年份。全区水资源总量为426.50亿 m³。全区地表水资源量为268.51亿 m³,地下水资源量为248.17亿 m³。2016年黄河干流入境水量为180.50亿 m³,出境水量为109.97亿 m³;黄河内蒙古段干流耗用水量为43.01亿 m³。2016年末,内蒙古自治区104座大中型水库蓄水总量为14.19亿 m³(2016年内蒙古自治区水资源公报,2017-22-18/2019-09-16)。

2016年,内蒙古自治区各水源工程总供水量为190.3亿 m³,其中,地表水源供水量、地下水源供水量和其他水源供水量分别为98.27亿 m³、88.84亿 m³和3.19亿 m³(其中污水处理回用量达3.15亿 m³),占总供水量的比重分别为51.64%、46.68%和1.68%。全区总用水量约为190.3亿 m³,其中,农田灌溉用水量、林牧渔畜用水量、工业用水量、城镇公共用水量、居民生活用水量和生态用水量分别为120.40亿 m³、18.80亿 m³、17.38亿 m³、2.73亿 m³、7.90亿 m³和23.07亿 m³,占总用水量的比重分别为63.28%、9.88%、9.13%、1.43%、4.15%和12.12%。

四、水环境和固废环境

1. 水环境和固废环境状况

就农村牧区而言,2016年末,内蒙古自治区74.1%的乡镇实现生活垃圾集中处理或部分集中处理。8.67%的村生活污水集中处理或部分集中处理,41.26%的村完成或部分完成改厕;53.48%的村生活垃圾集中处理或部分集中处理(内蒙古自治区第三次全区农牧业普查主要数据公报,2018-02-11/2019-09-16)。

就农村而言,2016年,内蒙古自治区建制镇和乡的生活垃圾处理率分别为63.73%和45.72%;5%的行政村对生活污水进行处理,33%的行政村对生活垃圾进行处理。农村累计使用卫生厕所318.6万户,卫生厕所普及率达71.4%(《中国城乡建设统计年鉴2016》;《中国农村统计年鉴2017》)。

2. 河湖水质状况

内蒙古自治区主要河流和湖库的水质状况如下(2016年内蒙古自治区环境状况公报,2017-06-02/2019-09-16):

(1)主要河流水质

2016年,内蒙古自治区国控、自治区控地表水环境监测网实际监测黄河、辽河、海河、松花江流域和内流河干支流48条(83个断面)。Ⅰ~Ⅲ类水质断面48个,占比57.83%;Ⅳ~Ⅴ类水质断面23个,占比27.71%;劣Ⅴ类水质断面12个,占比14.46%。与上一年相比,Ⅰ~Ⅲ类水质断面比重上升5.7%,劣Ⅴ类水质断面比重下降 2.4%。

内蒙古自治区各水系(黄河水系、西辽河水系、松花江水系、海河水系和内流河)2016 年的水质状况如下:黄河水系干流水质为优,支流为重度污染,其中,浑河水质为良;乌兰木伦河为轻度污染,总排干为中度污染;昆河、西河、东河、大黑河、小黑河和龙王沟为重度污染。西辽河水系水质总体为轻度污染,其中,乌尔吉沐沦河水质为良;西拉木伦河和蚌河水质为轻度污染;西路嘎河、锡伯河与新开河水质为中度污染;阴河与英金河水质为重度污染。松花江水系包括额尔古纳河水系与嫩江水系,其中,额尔古纳河水系水质总体为轻度污染,干支流水质均为轻度污染;嫩江水系水质总体为优,干流水质为良,支流为优。海河水系水质总体为轻度污染,其中,滦河干流水质为良;饮马河为中度污染;黑河为重度污染。内流河监测水质状况方面,额济纳河水质为优,锡林河水质为轻度污染。

(2) 湖库水质

2016 年,内蒙古自治区国控、自治区控地表水环境监测网实际监测湖库 7 个,包括呼伦湖、贝尔湖、乌梁素海、达里诺尔湖、岱海、察尔森水库和红山水库。其中,察尔森水库为Ⅲ类水质;贝尔湖、乌梁素海和红山水库为Ⅴ类水质;呼伦湖、达里诺尔湖和岱海为劣Ⅴ类水质。

五、农村环境保护

2016 年,内蒙古自治区拥有自然保护区 182 个,占全国自然保护区总数的 6.64%。保护与环境治理工程主要有天然林保护工程、退耕还林工程、三北防护林工程和京津风沙源治理工程等,其中,天然林保护工程面积为 93352 公顷,占全国合计的 19.16%;退耕还林工程面积为 47742 公顷,占全国合计的 6.99%;三北防护林四期工程面积为 87532 公顷,占全国合计的 13.50%;京津风沙源治理工程面积为 131602 公顷,占全国合计的 57.23%。2016 年,内蒙古自治区乡村办水电站 40 个,发电量 19731 万千瓦时。沼气池产气总量 7484.2 万 m^3,生活污水净化沼气池 1 个。水库数量 615 座,水库库容量 103 亿 m^3(《中国农村统计年鉴 2017》)。

第四节　内蒙古自治区村镇建设与资源环境耦合协调评价

以内蒙古自治区所辖的 103 个县级行政单元作为该区村镇建设与资源环境耦合协调评价的研究对象,其中,鄂尔多斯市康巴什区在 2016 年之前属于东胜区,数据并入东胜区;呼伦贝尔市扎赉诺尔区由满洲里市代管,数据并入满洲里市。

一、村镇建设空间格局

内蒙古自治区村镇建设水平主要通过人口密度、城乡工矿居民用地面积占比、农林牧渔业总产值比重、居民人均可支配收入、人均GDP、卫生人员_卫生技术人员数和路网密度综合评价,村镇建设总体得分在0.028~0.313之间,平均值为0.10,其中,10.89%的县级行政单元村镇建设得分高于0.200(表4-3)。内蒙古自治区中部及西部地区(主要分布在阿拉善盟和锡林郭勒盟)县级村镇建设得分较高,东北部区域呼伦贝尔市得分也较高,内蒙古自治区市辖区得分都较高,东部靠南的区域村镇建设得分偏低。

内蒙古自治区人口密度和人均GDP形成较为明显的对比,西部、中部及东北部靠近蒙古的区域人口密度低,人均GDP较高,同时,人口密度高的区域卫生人员_卫生技术人员数较多,农林牧渔业产值比重占比也较高。这意味着村镇建设得分受到了农业及人口的影响,从城乡工矿居民用地面积占比可以看出,居民地和人口的增长对村镇建设产生了一定的影响。这说明人口或许是制约县级区域经济发展的重要因素之一。

二、资源环境空间格局

内蒙古自治区村镇资源环境水平主要通过人均可利用水资源、林草占比、耕地占比、人均生活用水、人均工业废水、人均生活污水和人均生活垃圾清运量综合评价,村镇资源环境总体得分在0.090~0.399之间,平均值为0.278,其中,96.04%的县级行政单元资源环境得分高于0.200(表4-3)。内蒙古自治区中部地区县级区域的资源环境得分较高,东北部区域和西部区域的资源环境得分明显偏低。

内蒙古自治区中部以及东北部地区林草面积占比较高,耕地面积占比较低,具有丰富的生态资源。但同时,东部地区受水资源的影响较大,工业用水和生活用水用量较大,这导致了内蒙古自治区东北部地区总体的资源环境得分不高。内蒙古自治区西部地区林草面积和耕地面积占比较低,但人均生活用水较高,其中阿拉善左旗工业产业发展较好,综合导致西部地区资源环境得分较低。

三、内蒙古自治区村镇建设与资源环境耦合协调度

内蒙古自治区村镇建设与资源环境耦合协调性主要取决于村镇建设得分与资源环境得分的变化,具体可以分为以下4种情形:

(1)村镇建设得分与资源环境得分都很高,则村镇建设与资源环境耦合协调

性较高。

(2) 村镇建设得分高,资源环境得分低,则经济发展是以牺牲资源环境为代价取得,应当注重资源环境保护。

(3) 村镇建设得分低,资源环境得分高,说明资源环境并未被充分发掘利用,在经济建设过程中应当充分借助区域的资源与环境优势。

(4) 村镇建设得分与资源环境得分都很低,说明当地的经济发展不好且缺乏资源,这些区域的发展更需要政策引领。

具体来看,内蒙古自治区县级尺度村镇建设与资源环境耦合协调度在0.311~0.533之间,平均值为0.391(表4-3)。全区68.32%的县级行政单元处于耦合协调度等级的Ⅰ级水平,28.71%的县级行政单元处于耦合协调度等级的Ⅱ级水平,2.97%的县级行政单元处于耦合协调度等级的Ⅲ级水平。

内蒙古自治区中部地区(主要位于锡林郭勒盟、鄂尔多斯市两个市级区域内)耦合协调度较高;西部和东北部地区耦合协调度略低,但该区域内也有部分县级区域(如阿拉善左旗、满洲里市、海拉尔市等)耦合协调度较高。通过对比村镇建设与资源环境的得分情况将有助于剖析区域耦合协调关系的成因,从而找到源头,对当地经济发展和生态环境保护起到促进作用。

表4-3 内蒙古自治区村镇建设与资源环境得分及耦合协调度等级

县(市、区、旗)	村镇建设得分	资源环境得分	耦合协调度	耦合协调度等级
土默特左旗	0.081	0.238	0.372	Ⅰ
托克托县	0.098	0.231	0.388	
和林格尔县	0.071	0.242	0.362	
武川县	0.049	0.229	0.326	
清水河县	0.053	0.229	0.331	
土默特右旗	0.105	0.234	0.396	
固阳县	0.056	0.240	0.340	
达尔罕茂明安联合旗	0.098	0.231	0.388	
乌海市海南区	0.181	0.090	0.358	
赤峰市松山区	0.078	0.314	0.395	
阿鲁科尔沁旗	0.038	0.306	0.329	
巴林左旗	0.045	0.313	0.344	
巴林右旗	0.043	0.303	0.337	
林西县	0.051	0.313	0.355	

续表

县(市、区、旗)	村镇建设得分	资源环境得分	耦合协调度	耦合协调度等级
克什克腾旗	0.051	0.303	0.353	
翁牛特旗	0.055	0.296	0.358	
喀喇沁旗	0.055	0.312	0.362	
宁城县	0.067	0.315	0.381	
敖汉旗	0.054	0.316	0.362	
科尔沁左翼中旗	0.047	0.314	0.349	
科尔沁左翼后旗	0.048	0.309	0.349	
开鲁县	0.061	0.316	0.372	
库伦旗	0.048	0.315	0.350	
奈曼旗	0.056	0.309	0.363	
扎鲁特旗	0.055	0.317	0.362	
鄂托克前旗	0.097	0.260	0.398	
杭锦旗	0.070	0.253	0.365	
牙克石市	0.093	0.243	0.388	
扎兰屯市	0.064	0.256	0.358	I
额尔古纳市	0.068	0.251	0.362	
根河市	0.051	0.244	0.333	
阿荣旗	0.062	0.259	0.356	
鄂伦春自治旗	0.043	0.250	0.323	
莫力达瓦达斡尔族自治旗	0.052	0.264	0.343	
鄂温克族自治旗	0.064	0.238	0.351	
陈巴尔虎旗	0.079	0.244	0.372	
新巴尔虎左旗	0.055	0.246	0.342	
新巴尔虎右旗	0.085	0.229	0.373	
磴口县	0.052	0.267	0.344	
乌拉特前旗	0.072	0.300	0.383	
乌拉特中旗	0.051	0.288	0.348	
乌拉特后旗	0.047	0.237	0.324	

续表

县(市、区、旗)	村镇建设得分	资源环境得分	耦合协调度	耦合协调度等级
丰镇市	0.063	0.340	0.382	
卓资县	0.050	0.334	0.360	
化德县	0.051	0.342	0.364	
商都县	0.046	0.340	0.354	
兴和县	0.044	0.339	0.349	
凉城县	0.051	0.333	0.361	
察哈尔右翼前旗	0.065	0.332	0.383	
察哈尔右翼中旗	0.028	0.340	0.313	
察哈尔右翼后旗	0.042	0.336	0.344	
四子王旗	0.028	0.330	0.311	
阿尔山市	0.042	0.393	0.358	
科尔沁右翼前旗	0.047	0.392	0.369	
科尔沁右翼中旗	0.044	0.386	0.361	
扎赉特旗	0.049	0.395	0.374	I
突泉县	0.050	0.398	0.376	
二连浩特市	0.112	0.197	0.385	
阿巴嘎旗	0.080	0.287	0.389	
苏尼特左旗	0.070	0.287	0.376	
苏尼特右旗	0.061	0.284	0.363	
西乌珠穆沁旗	0.080	0.286	0.389	
太仆寺旗	0.060	0.305	0.369	
镶黄旗	0.084	0.285	0.393	
正镶白旗	0.046	0.290	0.340	
正蓝旗	0.059	0.285	0.360	
多伦县	0.067	0.292	0.374	
阿拉善右旗	0.073	0.232	0.360	
额济纳旗	0.084	0.234	0.375	
呼和浩特市新城区	0.238	0.225	0.481	II
呼和浩特市玉泉区	0.257	0.226	0.491	

续表

县(市、区、旗)	村镇建设得分	资源环境得分	耦合协调度	耦合协调度等级
呼和浩特市赛罕区	0.259	0.207	0.481	
包头市昆都仑区	0.313	0.158	0.472	
包头市东河区	0.233	0.220	0.476	
包头市石拐区	0.185	0.219	0.449	
包头市九原区	0.189	0.219	0.451	
白云鄂博矿区	0.155	0.228	0.434	
乌海市海勃湾区	0.215	0.151	0.425	
乌海市乌达区	0.201	0.234	0.466	
赤峰市红山区	0.179	0.314	0.487	
赤峰市元宝山区	0.098	0.312	0.418	
通辽市科尔沁区	0.163	0.316	0.477	
霍林郭勒市	0.179	0.292	0.478	
鄂尔多斯市东胜区	0.211	0.259	0.483	Ⅱ
达拉特旗	0.108	0.263	0.411	
准格尔旗	0.158	0.274	0.456	
鄂托克旗	0.124	0.265	0.425	
乌审旗	0.121	0.247	0.416	
伊金霍洛旗	0.167	0.262	0.457	
呼伦贝尔市海拉尔区	0.165	0.247	0.449	
满洲里市	0.164	0.214	0.433	
巴彦淖尔市临河区	0.145	0.306	0.459	
五原县	0.094	0.315	0.415	
杭锦后旗	0.105	0.313	0.426	
乌兰浩特市	0.115	0.399	0.463	
锡林浩特市	0.113	0.286	0.424	
东乌珠穆沁旗	0.091	0.285	0.401	
阿拉善左旗	0.163	0.206	0.428	
呼和浩特市回民区	0.295	0.225	0.508	
包头市青山区	0.293	0.219	0.503	Ⅲ
乌兰察布市集宁区	0.268	0.303	0.533	

参 考 文 献

国家统计局农村社会经济调查司,2018.中国农村统计年鉴2017[M].北京:中国统计出版社.
2016年内蒙古自治区水资源公报[EB/OL].(2017-02-18)[2019-09-16].http://nmgqq.com.cn/nianjiankanwu/nianjian/neimengguniajian/nianjianerlingyiqi/fl/2017-7-5/11645.html.
冯琰玮,甄江红.内蒙古自治区人居环境综合适宜性评价及空间优化[J].地球信息科学,2022,24(6):1204-1217.
国家统计局内蒙古调查总队,2018.内蒙古调查年鉴2017[M].北京:中国统计出版社.
内蒙古自治区统计局,2018.内蒙古统计年鉴2017[M].北京:中国统计出版社.
内蒙古自治区环境保护厅,2017.2016年内蒙古自治区环境状况公报[EB/OL].(2017-06-02)[2019-09-16].https://sthjt.nmg.gov.cn/sjkf/hjzl_8138/hjzkgb/202103/t20210324_1219792.html.
内蒙古自治区人民政府,2018.内蒙古自治区第三次全区农牧业普查主要数据公报(第一号)[EB/OL].(2018-02-11)[2019-09-16].https://www.nmg.gov.cn/tjsj/sjfb/tjsj/tjgb/202102/t20210209_886013.html.
内蒙古自治区水利厅,2017.内蒙古自治区水土保持规划(2016—2030年)[EB/OL].(2017-01-20)[2019-09-16].https://huanbao.bjx.com.cn/news/20170216/808640.shtml.
森林木,吕英,格根塔娜,2021.退耕还林20年内蒙古筑牢生态安全屏障[J].国土绿化:28-30.
中华人民共和国住房和城乡建设部,2017.中国城乡建设统计年鉴2016[M].北京:中国统计出版社.

第五章　扶余市典型村镇建设与资源环境耦合协调分析

针对农产品主产区的主体功能类型,2019年我们对吉林省扶余市村镇建设发展进行了调研,并对扶余市新站乡王录村、大林子镇沙岗子村、肖家乡王家村进行了现场考察和座谈。根据调研情况和扶余市相关资料的梳理分析,本章主要从扶余市村镇建设与发展现状(村镇建设规模、村镇经济发展、村镇社会发展)和村镇建设的资源环境条件(土地资源、水资源、水环境和固废环境),分析扶余市村镇建设与资源环境耦合协调性,提出扶余市村镇建设与资源环境协调发展对策建议。

第一节　扶余市概况

扶余市地处松嫩平原东北部边缘,位于吉林省西北部,松原市东部。西与松原市宁江区接壤,南隔第二松花江与前郭尔罗斯蒙古族自治县、长春市农安县、长春市德惠市为邻,北与黑龙江省大庆市肇源县、黑龙江省哈尔滨市双城区相望,东与长春市榆树市接壤,是沟通黑龙江、辽宁两省的公路和铁路交通要塞。地理位置介于 $124°40'E—126°12'E,44°50'N—45°30'N$。2016年,全市辖12个镇、5个乡、5个街道办事处、1个国有农场、2个灌区,有2个省级工业集中区、2个市级工业园区、1个农畜产品加工物流园区。扶余市面积 4658 km²,共有383个行政村(《松原年鉴2017》)。下面主要从扶余市交通、农牧和矿产资源、产业体系三个方面展示市况(扶余市情,2022-06-06/2022-08-10)。

扶余市以富民强市为目标,加速实施"做大新型工业市,做强现代农业市,建设区域中等城市,打造文化旅游新城"发展战略,努力开创了经济社会发展新局面。扶余市交通便利,资源丰富,产业体系初步形成。

1. 交通便利

扶余是连接吉、黑两省的节点城市,距哈尔滨市区 92 km,距太平国际机场 130 km;距长春市区 123 km,距龙嘉机场 165 km。京哈电气化铁路、哈大高速铁路客运专线和松陶铁路等3条铁路从境内穿过,同三高速公路、国道102线、科铁公路等3条国、省干道纵贯全境,松花江干流、松花江支流、拉林河等江河三面环抱。水运上行可到达吉林市，下行可与哈尔滨市、俄罗斯通航。

2. 农牧和矿产资源丰富

一是粮食资源。扶余市地处世界黄金玉米带，是全国产粮五强县（市）之一。1988年，荣获"全国产粮第一县"称号，多年连续获得全国粮食生产先进县称号。目前已形成以玉米、水稻、花生、大豆、杂粮为主导作物的种植基地。扶余特产"四粒红"花生、"增盛永"小米等绿色农产品享誉省内外。全市有耕地34万公顷，粮食年产量稳定在330万t左右。

二是畜牧资源。扶余市拥有草原2万公顷，秸秆300万t。有年出栏生猪500头以上的养殖场和小区240个。良好的饲养基础和丰富的饲草资源，为大力发展畜牧业和畜牧加工业提供了良好基础。雨润集团、正邦集团、禾丰牧业等企业都已在此投资建厂。

三是矿产资源。扶余市地下资源主要有石油、油母页岩和天然气，还有玻璃砂、耐火土等矿产资源。已经探明石油储量1亿t，可开采储量8000万t以上。油母页岩储量十分可观，总储量452亿t，有开采价值的242亿t，可提炼页岩油26.17亿t，如开采回采率按75%、回收率（干馏法）按80%估算，可采页岩油8.41亿t，约46亿桶，约为大庆石油剩余可采储量的1.5倍。丰富的油气资源为发展石油化工及配套产业提供了广阔的发展空间。

四是水利资源。松花江、拉林河流经扶余市干流总长度262 km。年平均入境水量4.04亿m^3，境内有较大支流2条，较大湖泡14个，总水面243 km^2。

五是风能资源。扶余市位于大兴安岭与长白山脉之间的西南气流通道上，地势平坦，年有效发电时间为2234小时，每平方米风功率密度为304瓦，可开发风电场500 km^2，风能比较丰富，极具开发前景。

3. 产业体系初步形成

一是农畜产品加工业。扶余市丰富的农畜产品资源促进了农畜产品加工业快速发展。雨润集团百万头生猪屠宰加工项目、正邦集团养殖加工一体化项目、禾丰集团养殖及饲料加工项目、东瑞食品加工项目、隆华食品花生加工等项目带动了整个行业的发展。利用花生资源建设油脂加工、饮品生产、食品加工项目，利用杂粮、杂豆资源和畜牧资源，深度发展农畜产品精深加工业，是扶余市未来产业发展的重点方向。

二是建材业。冀东水泥、北方水泥、吉林森工集团、鹏鸿木业、鹏鸿地板、奥丽威建材、宏原实木、鑫龙宜门窗、东远铝材、六环水泥制品、磊泰水泥制品、龙禹水泥制品和弓棚子工业集中区木材加工项目群构筑了强大的建材产业，依托产业集群，开发建设新型节能环保建筑材料、节能复合门窗、板式家具、实木家具、新型管材制造等项目，延伸产业链条，大有可为。

三是制造业。扶余制造业发展迅速，已经形成了化肥制造、汽车部件制造、玻璃制造等优势产业。史丹利、新洋丰、中盐红四方等化肥企业相继开工建设，投产后,扶余将成为东北地区最大的化肥制造基地。以盛宝玻璃、合众玻璃为龙头,扶余已成为东北重要的玻璃制造基地之一。另外,扶余市依托独特的交通区位优势,紧紧围绕一汽集团、吉林油田、大庆油田等大企业,建设汽车零部件、油田配套项目,前景看好。

四是新能源产业。扶余的新能源类项目已经成为新的经济增长点,长春众诚油页岩开发项目、中节能绿碳环保公司有机废弃物综合利用项目、广东长青集团秸秆综合利用项目、顺泰生物质热电联产项目、上海成瑞风力发电项目等逐步确立了扶余新能源产业发展的方向。

五是服务业。扶余历来是吉林、黑龙江两省主要商品集散地,商贸物流十分活跃。中国供销集团建设的扶余商贸城交易火爆,三井子杂粮杂豆批发市场已经成为东北最大的杂粮杂豆专业批发市场,三井子农畜产品加工物流园区已获批准。依靠扶余优越的区位和交通优势,扶余市已经规划了大型仓储物流周转中心,直接为哈尔滨市提供仓储物流服务。

六是旅游业。扶余旅游业方兴未艾,大金碑湿地公园、珠尔山风景区、慈云寺、圆通观、江山旅游度假山庄已经成为吉林省著名旅游景点。大金碑湿地旅游区已经完成整体规划,总规划面积 414 公顷,其中水域面积 234 公顷,陆地面积 180 公顷。

第二节　扶余市村镇建设与发展现状

一、村镇建设规模

根据《松原统计年鉴 2017》(搜数网)和《吉林统计年鉴 2017》数据,2016 年末,扶余市总人口 72.19 万人,其中,乡村人口 603050 人,城镇人口 118883 人,城镇化率 16.47%。总人口中,男性 36.10 万人,女性 36.10 万人;18 岁以下 11.83 万人,占 16.39%,18~34 岁 16.89 万人,占 23.40%,35~60 岁 30.11 万人,占 41.71%,60 岁以上 13.36 万人,占 18.51%。2016 年扶余市人口出生率 6.71‰,人口死亡率 1.67‰,人口自然增长率 5.04‰。2016 年,扶余市乡村从业人员的从事农业人员数为 212470 人,其中女性 89744 人,占从事农业人员总数的 42.24%(图 5-1);扶余市从事农业人员数占扶余市乡村从业人员数的 73.22%。

2019 年,我们以村集体访谈和农户访谈形式(见附表 2 和附表 3),调研了扶余市 3 个典型村,即王录村、沙岗子村和王家村,3 个村在地理区位上呈现三角形分布。王录村地处扶余市新站乡西南部,第二松花江北岸,陶华公路南侧,交通便利。

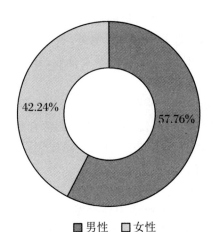

图 5-1 扶余市从事农业人员性别构成

沙岗子村地处扶余市大林子乡南部,距乡镇府所在地车程 2 分钟。王家村地处扶余市肖家乡,距乡镇府所在地 15 分钟车程。

王录村、沙岗子村、王家村建设规模见表 5-1。

王录村辖 2 个自然屯,5 个村民组,农户数量 545 户,常住农户 400 户,人口 2150 人,常住人口 1426 人。6 岁以下人口 120 人;60 岁以上人口 350 人;外出务工人口 900 人;农业耕种投入劳动力 600 人,占总人口的 27.91%。现有劳动力 1050 人,常年外出人口占总人口的 1/3。截至 2016 年末,该村外出务工人员达到 1000 多人次,创收 2000 余万元,外出务工人员遍布全国,常年外出人员以大连、天津居多,占外出总人口的 70% 以上。

沙岗子村有农户 425 户,常住农户 317 户,人口 1875 人。6 岁以下人口 32 人;60 岁以上人口 260 人;外出务工人口 550 人;农业耕种投入劳动力 640 人,占总人口的 34.13%,村内人口多以农业耕种为主要生产生活方式。外出务工人口较多,主要进工厂或送快件,年底回村。

王家村有农户 315 户,人口 1212 人。6 岁以下人口 150 人,占总人口的 12.38%;60 岁以上人口 158 人,占总人口的 13.04%;外出务工人口 280 人,占总人口的 23.10%;农业耕种投入劳动力 400 人,占总人口的 33.00%。综上可以发现,该村外出务工人口较多,存在人口老龄化现象,留村人口多以农业耕种为主要生产生活方式。

表 5-1　王录村、沙岗子村、王家村建设规模

区位	王录村	沙岗子村	王家村
	扶余市新站乡	扶余市大林子乡	扶余市肖家乡
户数(户)	545	425	315
人口(人)	2150	1875	1212
6岁以下人口(人)	120	32	150
60岁以上人口(人)	350	260	158
外出务工人口(人)	900	550	280
农业耕种人口(人)	600	640	400

村镇建设规模方面,各村外出务工人口较多,人口流动较大,王录村外出务工人口占总人口的41.86%,各村农业耕种投入劳动力占总人口的1/3左右。

二、村镇经济发展

扶余市大力实施"乡村振兴战略",按照"产业兴旺、生态宜居、乡风文明、治理有效、生活富裕"总要求,建设"绿色宜居"村镇。扶余市强力推进乡村振兴战略,让生态、生产、生活互融共赢,把实施乡村振兴战略作为一盘大棋、一篇大文章,下设村屯环境整治等5个小组,统筹协调村镇建设和资源环境关系,紧抓人居环境整治。

2016年,扶余市实现GDP 370亿元,同比增长6%。全社会固定资产投资完成222.6亿元,同比增长14.9%。全口径财政收入实现6.86亿元,同比增长12.1%。地方财政收入实现5亿元,同比增长3.4%。新引进开工投资3亿元以上大项目2个;新签约投资3亿元以上大项目2个;新洽谈投资3亿元以上大项目2个(《松原年鉴2017》)。

2012—2016年,扶余市累计完成固定资产投资865亿元,实施亿元以上项目167个。全力推进精准扶贫,出台扶贫攻坚方案8个,谋划产业类项目19个,实施基础设施类项目4个。打造绿美示范村屯291个,广发村、大九号村被评为国家级美丽乡村。新建改造供水管网18 km、供热管网45 km、燃气管网38.5 km,新建换热站23座、供水泵站11座;实施城区供热总站扩建工程,集中供热面积达到240万 m²(2016年相关政府工作报告,2017-02-06/2019-09-16)。2016年扶余市燃气普及率63.75%(《中国城市建设统计年鉴2016》)。

就农业经济发展而言,扶余市有丰富的粮食资源,2016年全市有耕地32.09万公顷(《吉林统计年鉴2017》)。全市扩大适度规模经营面积,培育专业协会及合作社等新型主体,着力推进玉米、花生、土豆、杂粮等重点产业标准化、产业化生产;同时,引导各村打造特色产业,形成差异化发展局面,产业与美丽乡村的互

动效应在扶余大地已初步形成(松原日报,2018-11-14/2019-09-16)。2016年,扶余市粮食总产量达到213.84万t(《吉林统计年鉴2017》)。2011—2016年,扶余市以建设棚膜蔬菜绿色产业示范基地为重点,带动发展棚菜4.5万亩;扶余"四粒红"花生绿色有机生产基地初见成效。农民专业合作社发展到829个,家庭农场发展到265户,规模养殖场(小区)发展到377个,土地适度规模经营面积达到114万亩。无公害、绿色和有机农业生产基地面积达到42万亩。发展节水增粮面积46.27万亩,建设高标准基本农田66.75万亩,治理水土流失13.3万亩。2018年,扶余市统筹实施"11235"工程,绿色农业、设施农业、规模农业快速发展,粮食总产量达到285.9万t。高产稳产粮食生产功能区内绿色有机水稻生产基地面积达到10万亩,优质玉米生产基地面积达到120万亩;重要农产品生产保护区内非转基因大豆种植面积达到18万亩;特色农产品优势区内扶余"四粒红"花生种植面积达到36万亩,棚膜蔬菜2.8万亩。新建绿色农业基地34个,实现了乡镇全覆盖。农业综合机械化水平达到88.5%。投入秸秆捡拾打捆补贴资金2432万元,秸秆综合利用率达到85%以上(2016年相关政府工作报告,2017-02-06/2019-09-16;2018年相关政府工作报告,2019-02-11/2019-09-16)。

农林牧渔从业人员方面,2016年末,扶余市主要农业机械类别及拥有量如下(《吉林统计年鉴2017》):大中型农业拖拉机26072台,农用小型及手扶拖拉机29879台,大中型机引农具52489部,农业排灌动力机械22444台,联合收割机2259台,移动水稻插秧机2700台,粮食加工机械9996台(图5-2)。

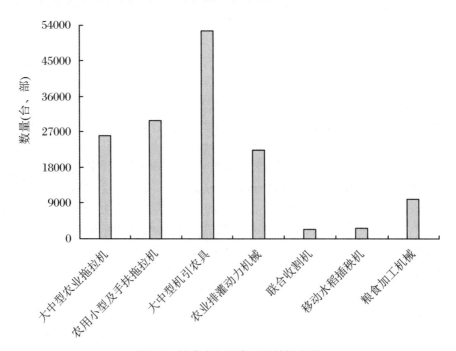

图5-2 扶余市主要农业机械拥有量

2016年,扶余市农业经营主体数量如下(松原市第三次全国农业普查主要数据公报,2018-04-10/2019-09-16):农业经营户121858户,其中,规模农业经营户10208户;农业经营单位2892个,其中,农业普查登记的以农业生产经营或服务为主的农民合作社2248个(图5-3)。

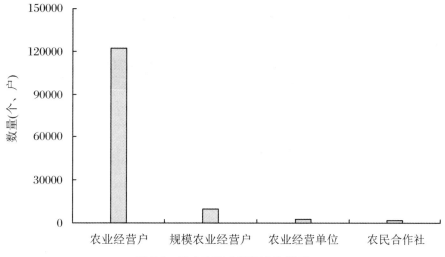

图5-3 扶余市农业经营主体数量

农林牧渔从业人员方面,2016年,全市238117人主要从事种植业,占96%;7408人主要从事畜牧业,占3%;1516人主要从事林业;769人主要从事渔业;769人主要从事农林牧渔服务业。

就本书研究而言,我们选择的3个典型村的农业经济发展情况如下(表5-2):

王录村地区生产总值达8000万元,其中农业种植收入1000万元,外出务工收入2000万元,其他收入5000万元,年人均收入13000元。调研的农户每户有耕地30亩左右,粮食年收7500~10000斤,家庭年收入5万~6万元。村耕地面积19500亩,其中旱地19000亩,水田500亩,耕地施用复合肥750 kg/公顷;村粮食总产量100万kg,其中玉米80万kg,水稻15万kg,大豆3万kg。该村以纯种植型产业为主,现有花生种植面积占耕地总面积的90%,建成花生加工企业20余家,实现了产-供-销一条龙。现有养兔场1个,养猪场1个,狐貂养殖场2个和养鱼场10个。

沙岗子村年人均收入12400元,其中农业种植收入7000元,外出务工收入3000元,其他收入2400元,村民主要收入来源以务农为主。调研的农户每户有耕地15~24亩,春季播种用一次农药大概为800 g/亩,粮食年收9000~50000斤,家庭年收入1万~3万元。村耕地面积9075亩,均为旱地,耕地每公顷施用750 kg复合肥,复合肥总用量为45.38万kg。村粮食总产量为245万kg,其中玉米产量100万kg,大豆产量50万kg。村花生产量135万kg。该村以花生种植为主,由镇里来人收花生,以 4 元/斤的价格多卖给私人。产业类型主要为养殖+种植型产业,养殖业以牛羊为主;主要种植花生、玉米和大豆。

王家村年人均收入 14000 元,其中农业种植收入 11000 元,外出务工收入 1200 元,村民主要收入来源以务农为主。调研的农户近一半只有耕地约为 2 亩,粮食年收 20000～38000 斤,家庭年收入 1 万～4 万元,多来自农业收入。村耕地面积 6600 亩,均为旱地,耕地施用复合肥 1000 kg/公顷。村粮食总产量为 40 万 kg,其中玉米产量 39 万 kg,其次为大豆。该村以纯种植型产业为主。

表 5-2　王录村、沙岗子村、王家村农业经济发展概况

	王录村	沙岗子村	王家村
年人均收入(元)	13000	12400	14000
耕地面积(亩)	19500	9075	6600
粮食总产量(万 kg)	100	245	40
玉米产量(万 kg)	80	100	39
水稻产量(万 kg)	15	0	0
大豆产量(万 kg)	3	50	1
复合肥施用量(kg/公顷)	750	750	1000
主要产业类型	纯种植型	养殖+种植型	纯种植型
主要农作物种类	玉米、水稻、大豆、花生	玉米、大豆、花生	玉米、大豆

王录村、沙岗子村、王家村 3 村主要产业类型均为种植业,种植农作物包括玉米、大豆、水稻、花生。各村因地制宜,特色种植作物各不相同,王录村和沙岗子村以花生种植为主,形成了完善的生产、加工、销售产业链;王家村以玉米种植为主。村的年人均收入在 1.3 万元左右,以农业种植收入为主。

三、村镇社会发展

1. 教育、医疗、文体和社保

为促进各乡镇公共教育、医疗、文化、体育和社会保障蓬勃发展,2018 年,扶余市投入 692 万元用于提高教育信息化水平;招录特岗教师 80 名、免费师范生 32 名。全面落实乡村医生各项补偿政策,378 个村卫生室全部落实基本药物制度(2018 年相关政府工作报告,2019-02-11/2019-09-16)。扶余市辖村文化教育设施的数据来自松原市第三次全国农业普查主要数据公报(2018-04-10/2019-09-16),2016 年末,扶余市 23.29%的村有幼儿园、托儿所,80.00%的村有体育健身场所,92.66%的村有图书室(馆)、文化站,50.38%的村有农民业余文化组织(图 5-4)。

扶余市乡镇、村医疗和社保数据来自松原市第三次全国农业普查主要数据公

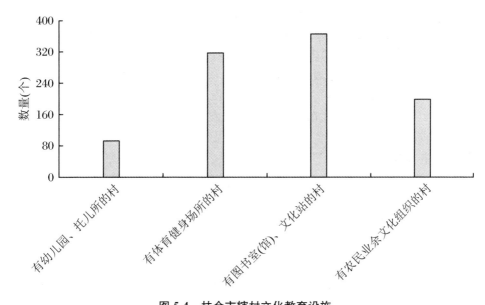

图 5-4　扶余市辖村文化教育设施

报(2018-04-10/2019-09-16),2016年末,扶余市全部乡镇均有医疗卫生机构、执业(助理)医师、社会福利收养性单位和本级政府创办的敬老院(图5-5)。99.49%的村有卫生室,98.73%的村有执业(助理)医师。

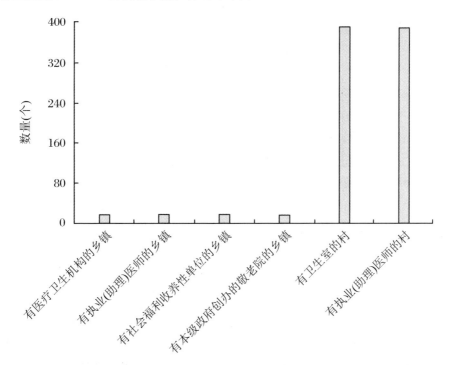

图 5-5　扶余市辖乡镇、村医疗和社会保障情况

扶余市累计投入资金 200 余万元,修建了 4 万延长米的文化墙,依托"新时代传习所""乡村文化大院""农村文化小广场"等平台,开展阵地宣讲、评先选优、送戏下乡等传统活动,依托道德讲堂,成立了辐射 12 个乡镇、103 个村屯,在册超过 3000 人、参与者逾万的志愿者队伍(松原日报,2018-11-14/2019-09-16)。

调研显示,王录村现有 1 个小学,占地面积为 800 m²,现有学生 36 人,适龄儿童入学率 100%;农村文化大院、文化小广场、农家书屋、篮球场等文化体育场所综合使用率较高;农村居民城乡居民基本医疗保险参保率持续稳定在 90% 以上,城乡居民养老保险基本实现全覆盖,农村五保供养目标人群覆盖率 100%;设置 1 个卫生室,面积为 100 m²,有 2 名村医、5 张医疗床。沙岗子村和王家村村中无幼儿园、小学和中学,儿童集中在镇上上学;村内都各有 1 个诊所、1 名医生。

2. 住建、交通

扶余市辖乡镇、村的住建和交通情况数据来自松原市第三次全国农业普查主要数据公报(2018-04-10/2019-09-16),2016 年末,扶余市 100% 的乡镇集中或部分集中供水,100% 的村通电、通电话、安装了有线电视和宽带互联网,0.25% 的村通天然气,9.62% 的村有电子商务配送站点(图 5-6)。

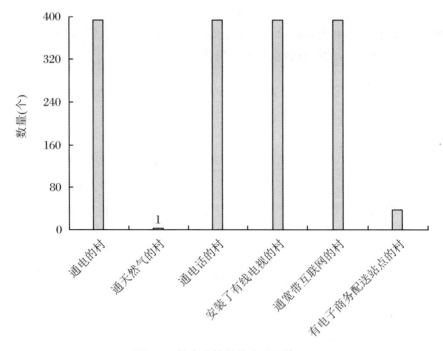

图 5-6　扶余市辖村住建设施情况

2016 年末,在乡镇地域范围内,扶余市有火车站的乡镇占全部乡镇的 33.33%,有高速公路出入口的乡镇占全部乡镇的 16.67%;100% 的村通公路,村内主要道路有路灯的村占全部辖村的 40.25%。2018 年相关政府工作报告(2019-

02-11/2019-09-16)显示,2018年长余高速拓宽改造工程、五右高速新建工程稳步推进。扶余市新建农村公路263 km,改造危桥4座,实施安防工程160 km。新建城区道路3 km,改造春华路、扶余大街路面12.6万 m^2,扶余北站站前广场改造完成。

王录村全村幅员面积20 km^2,全村林地面积150公顷,森林覆盖率7%,水域面积25公顷;集体经济累计42万元。王录村立足本村的资源禀赋和比较优势,以"美丽乡村,幸福新站"为抓手,积极协调争取各类基础设施建设项目,2014—2018年工作如下:2014年争取资金修建休闲广场1个,面积为800 m^2。2015年修建村部,建筑面积450 m^2;扩建休闲广场1800 m^2;开办农家书屋1个,面积为40 m^2,藏书1500册;加大"一站式"服务大厅改造升级力度,全面建设落实"三室一厅"的村级组织活动场所。2016和2017年进行了村内巷路硬化,铺红砖路8 km,实现"户户通"。2018年,修王录村至新站乡柏油路6.2 km,解决出行难问题;完成农改厕200户。

沙岗子村建设用地面积930亩。该村积极协调争取各类基础设施建设项目,村内44户有水厕,水厕占比13%。村庄道路建设方面有6.8 km水泥路和4.22 km红砖路。农户平均1处住宅,面积90 m^2左右,均为自住。村内无自来水管道,无集中供热,冬季供暖形式为烧煤。

王家村建设用地面积750亩,五年前用地600亩,十年前用地400亩。该村协调争取各类基础设施建设项目,积极响应"厕所革命",水厕占比40%。农户平均1处住宅,面积为100 m^2左右,均为自住,部分房屋建造时间较早,最早有30余年的祖宅。

第三节 扶余市村镇建设的资源环境条件分析

一、土地资源

2015年,扶余市土地面积464705.3公顷。2018年扶余市土地流转面积达到98000公顷,占耕地面积的30.4%(2018年相关政府工作报告,2019-02-11/2019-09-16)。

扶余市土地利用类型及面积(扶余资源,2022-06-06/2022-08-10)见表5-4。2015年,扶余市共有耕地340051.85公顷,占总面积的73.18%。其中,水田、旱地和水浇地的面积分别为24942.33公顷、314194.69公顷和914.83公顷,旱地面积占耕地的92.40%。

表 5-4 扶余市土地利用类型及面积(公顷)

一级类	二级类					
耕地	水田	水浇地	旱地			
340051.85	24942.33	914.83	314194.69			
园地	果园					
242.36	242.36					
林地	有林地	灌木林地	其他林地			
41250.22	33085.26	5.88	8159.08			
草地	天然牧草地	人工牧草地	其他草地			
25491.79	2874.72	36.87	22580.2			
城镇村及工矿用地	建制镇	村庄	采矿用地	风景名胜及特殊用地		
25141.22	2791.39	21075.22	577.08	697.53		
交通运输用地	铁路用地	公路用地	农村道路			
10017.91	998.36	1621.61	7397.94			
水域及水利设施	河流水面	水库水面	坑塘水面	内陆滩涂	沟渠	水工建筑
19928.45	7202.75	805.71	3077.64	5986.41	1892.7	963.24
其他土地	设施农用地	田坎	盐碱地	沼泽地	沙地	裸地
2581.5	170.46	13.59	33.94	2291.93	1.14	70.44

二、水资源

扶余市水利资源丰富,三面临水,松花江、松花江干流、拉林河环绕流过,境内总流程275 km(其中松花江境内流程126 km,松花江干流境内流程65 km,拉林河境内流程84 km),多年平均入境水量404亿 m^3。地下水资源天然储量3.2亿 m^3,年允许可开采量2.4亿 m^3。全市共有7座水库,其中1座中型水库,4座小一型水库和2座小二型水库(表5-5),为扶余水利事业的发展提供了优越条件(扶余资源,2022-06-06/2022-08-10)。

表 5-5 扶余市水库概况

类　　型	库容量(万 m^3)	个数	名　　称
中型水库	1000~10000	1	石碑水库
小一型水库	100~1000	4	范家水库、杨家水库、李梁水库、大沟水库
小二型水库	<100	2	孟家水库、北陶水库

2016年末,扶余市调查村中能够正常使用的机电井数量7733眼,排灌站数量6个,能够使用的灌溉用水塘和水库数量23个(松原市第三次全国农业普查主要数据公报,2018-04-10/2019-09-16)(图5-7)。

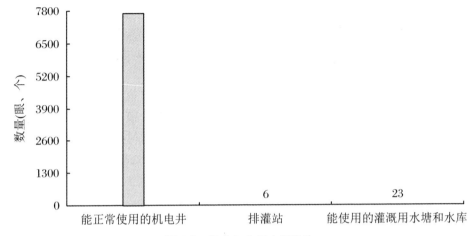

图5-7 扶余市农田水利设施

松原市第三次全国农业普查主要数据公报中,关于农民生活条件的饮用水情况显示,2016年末,扶余市24827户的饮用水为经过净化处理的自来水,占18.996%;105857户的饮用水为受保护的井水和泉水,占80.997%。

王录村生活用水主要来源深井,农户家庭月总用水量2000～3000 L,家庭废水直接排放,家庭废水排放量占总用水量的1/3,少部分农户家庭有下水管道。农户厕所以旱厕为主,粪污去向主要是直接回田到自家菜园。该村共建造农用灌溉机井50眼,解决了村民做水种及灌溉难题,现正积极争取高标准农田建设项目,目前村土地流转已达到耕地总面积的70%以上,更有利于大面积机械化种植。

沙岗子村生活用水主要来源深井,家庭废水直接排放,家庭废水排放量占总用水量的1/3～2/3。农户厕所以旱厕为主,没有化粪池,粪污去向主要是直接回田到自家菜园或大田。村内土地以沙地为主,无盐碱化现象。

王家村生活用水主要来源深井,无自来水管道,家庭废水直接排放,家庭废水排放量占总用水量的1/3。农户厕所以旱厕为主,少部分家庭有化粪池,大部分家庭粪污去向主要是直接回田到自家菜园或大田。

总体而言,各村水资源均来源深井,但相关基础设施不完善,无自来水管道。

三、水环境和固废环境

2018年,为促进群众安居乐业,深入实施农村人居环境整治,扶余市立足自身情况,共修建乡村干道1.2 km、村内巷路8.4 km、排水沟1万延长米;增设路灯84

基,补栽松树2692棵;新建村部1个,改造升级8个;新建文化活动中心2个,改造2个;新建厕所1000个;建设美丽庭院200户;增设宣传牌2500块。扶余市污水处理厂提标改造项目通水试运行,铺设污水管网18 km,有效提高了污水处理能力;垃圾处理厂通过了环保验收和无害化等级评定。2018年,扶余市打响了农村人居环境整治"百日攻坚战",清理垃圾13万余吨,柴草垛、粪堆4万余个,清理沟渠4144 km,栽树50.4万棵,栽花500万株。投资1736万元,用于治理"白色污染"(松原日报,2018-11-14/2019-09-16;2018年相关政府工作报告,2019-02-11/2019-09-16)。

扶余市辖乡镇、村环境处理设施情况数据来自松原市第三次全国农业普查主要数据公报(2018-04-10/2019-09-16)。2016年末,全部乡镇实现生活垃圾集中处理或部分集中处理(全市辖12个镇、5个乡)。13.67%的村生活垃圾集中处理或部分集中处理,1.77%的村生活污水集中处理或部分集中处理(全市共计383个行政村)。如图5-8所示。

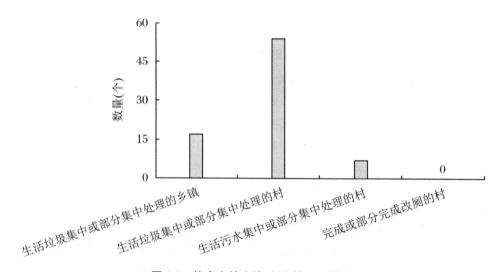

图5-8 扶余市辖乡镇、村环境处理情况

扶余市按家庭卫生设施类型分的住户构成的数据来自松原市第三次全国农业普查主要数据公报(2018-04-10/2019-09-16)。2016年末,扶余市使用水冲式卫生厕所1372户,占家庭卫生设施分类总户数的1.05%;使用水冲式非卫生厕所74户,占0.06%;使用卫生旱厕8081户,占6.18%;使用普通旱厕120714户,占92.36%;无厕所的452户,占0.35%(图5-9)。

王录村、沙岗子村、王家村距各自乡政府所在地均较近,各村积极响应"厕所革命",水厕数量逐渐增多。各村均无污水排放系统。

王录村不断完善污水处理、垃圾收集与清运等基础设施建设,全面落实"河长制",配备河长1名、河道保洁员2名,累计巡河160次,河道治理1.2 km,拆除湿

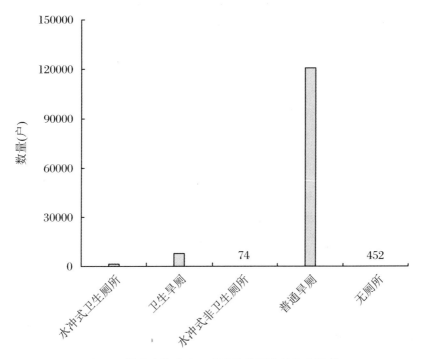

图 5-9　扶余市按家庭卫生设施类型分的住户构成

地违建 15 个,恢复地貌 2 公顷,实施退耕还林 26 公顷。配备卫生保洁员 2 名,设置垃圾存放点 3 个,预计购置垃圾箱 10 个,雇佣铲车、翻斗车、勾机 100 余台次,清理排水沟 6000 延长米,年收集、清运生活垃圾 1200 m^3,无害化处理率达 90%。农户家庭月生活垃圾产生量 200~240 kg,处理方式以扔掉为主,未进行分类处理。村屯道路两侧栽花 20000 株,屯内房前屋后栽树 1000 棵,全部实现绿化,林草覆盖率 29%,无绿化死角。全村实现通电入户、通水入户、通路入户。

沙岗子村农户家庭生活垃圾多送至垃圾收集点,但未进行分类处理。沙岗子村内设有垃圾收集点,实现常住户 100% 通电入户、通路入户,切实改善了农村人居环境。农户家庭垃圾产生量为塑料袋 3~4 个/天、瓶 1 个/天、草木灰 10 kg/天(总利用率可达 50%)、动物粪便 5 kg/天(集中放置);其他垃圾送至集中收集点处理。收集点垃圾每 8~10 天向村外运送,垃圾量为 200~250 kg,主要为生活垃圾,其余尽量利用。

王家村内设有垃圾收集点,农户家庭生活垃圾处理方式以扔掉为主,少部分家庭垃圾进行了分类处理。同时,实现农户 100% 通电入户、通路入户,切实改善了农村人居环境。

扶余市美丽乡村示范区的群众自发捐款、义务出工,主动承担村屯卫生清理工作,8 个屯均购置了价值 3 万~6 万元不等的铲车,每条街都有街长,由街长组织群众义务清扫,冬季更是以雪为令,时刻保障道路干净整洁畅通(松原日报,2018-11-

14/2019-09-16)。总体而言,各村均设置有垃圾收集点,可回收垃圾且回收利用率高,但部分农户家距离垃圾收集点较远,建议每个自然屯建设村内统一垃圾收集点。

第四节 扶余市村镇建设与资源环境耦合协调分析

在相关数据和材料基础上,结合对扶余市新站乡王录村、大林子镇沙岗子村、肖家乡王家村进行的实地调研,从村镇规模、村镇基础建设、村镇发展水平以及水土资源条件、农村人居环境方面,分析总结扶余市村镇建设与资源环境耦合协调情况。

扶余市被松花江干流、松花江支流、拉林河等江河围绕,水资源对村镇布局及发展建设水平影响显著,沿河流和交通线路形成的区位优势是扶余市村镇建设与资源环境协调的重要因素。根据扶余市乡镇分布特征、乡镇发展状况与态势、乡镇区位交通条件,坚持发展要素合理流动的原则,将发展要素引导到效益最为显著的区域,加快扶余市发展;本着促进具有区位优势乡镇、具有发展特色乡镇、产业发展基础好乡镇发展和形成地方中心的原则,构建市区-中心镇-一般镇-中心村-基层村的等级结构。

从促进村镇建设的角度,进一步优化选择中心村。第一,应以聚居点规模为依据,一般人口规模应在1000人以上;第二,设施较为齐全,如规划设有小学、卫生所等;第三,中心村应处于主要的交通干道上,能方便、快捷、安全地辐射邻域的村庄;第四,具有特色或特殊功能,如旅游村、特色产业基地等。

同时,推进中心村规划和建设。根据各村不同的基础条件,有侧重地选择条件较为成熟、基础设施相对较齐全、发展余地较大的中心村开展,按照现代化标准进行新农村改造,按有关标准、规范配置基层服务设施,如文化室、图书室、卫生室、保健站、农技站以及小游园、球场等,有条件的还应配置邮电所、小学和卫生院等。

扶余市地处松嫩平原,地势平缓,耕地资源对村镇分布及其发展具有较大影响。对于一些规模小、所处位置不利于发展的村庄,在保证耕作半径和就近转移的原则下,应鼓励交通条件不好、较为贫穷的村庄向交通条件良好、发展潜力大的村庄转移,形成新的中心村和规模村庄,改善农村地区的生态环境。

第五节　协调发展对策建议

扶余市不同乡镇建设功能定位、产业方向以及发展模式总体接近但又有所不同,有必要在全市经济社会发展一盘棋的背景下统筹考虑地理位置、资源禀赋、经济基础、产业结构等具体因素,面向村镇建设生态安全与可持续发展的客观要求,提出资源环境约束下村镇发展的适宜路径,建设美丽宜居新村镇。

(1) 统筹考虑村镇空间布局与产业发展规划。基于扶余市水土资源条件及客观约束,综合判断村镇建设的自然资源供给和耗费水平,将绿色发展理念融入村镇建设全过程。要在村镇空间布局中统筹考虑产业发展,合理规划村镇产业布局,形成村镇各层级分工明显、功能有效衔接的格局,同时能够较好地向上对接县域、市域的产业发展。政府要在宏观调控、行政主导等方面发挥重要作用,理顺村镇不同层级的分工协作关系,妥善执行"先规划、后建设"的发展理念,论证区域产业布局的重点、特色及推进区域。

(2) 全面提高村镇生态承载能力。有效推进村镇建设中的人与自然和谐共生,避免村镇无序开发建设占用耕地资源,针对各类土地类型合理有效开发利用,减少不必要、不必须的调整,优化村镇人口布局,整治空心村,加强乡村聚落空间集聚,推进中心村、中心镇的建设,改善居民居住环境和生活条件。降低农业生产过程中对生态环境的破坏,发展绿色农业、有机农业,推进化肥减量化施用,提高农家肥对化肥的替代比例。通过科学测报、专业化统防统治、绿色防控示范区建设以及农药减量高效技术试验示范,指导种植户科学用药,从源头减少农药使用量。在设施蔬菜上开展生物降解地膜、耐候膜等新型地膜保湿防草性能及可回收研究,推广耐候膜、一膜多用技术,尝试以现金收购、以物换购等模式对废弃农膜进行有效回收。发展种养结合的生态产业体系,推进畜禽粪便还田,降低畜禽养殖对环境的污染。开展各种类型的培训活动,逐步灌输给农民绿色发展理念,主动参与到绿色生产和环境保护中。

(3) 完善村镇基础设施建设。加强农村公路建设,全面贯彻实施乡村振兴发展战略,抓住国家、省加强"四好农村路"建设的有利契机,持续推进"四好农村路"高质量发展,做好"运营"文章,打造大路网、畅通微循环,有力为乡村振兴提供"硬支撑"。提高农村卫生厕所普及率、建制村硬化路比例和农村居民教育文化娱乐支出占比,增强村镇居民获得感和幸福感。实施绿色基础设施建设工程,统筹山水林田湖草一体化生态保护修复,开展农村河塘、沟渠清淤整治,推进河湖水系连通,实施造林绿化与退耕还林、湿地保护与修复、生物多样性保护等工程措施。

参 考 文 献

吉林省统计局,2018.吉林统计年鉴2017[M].北京:中国统计出版社.

松原市人民政府办公室,2018.松原年鉴2017[M].长春:吉林文史出版社.

中华人民共和国住房和城乡建设部,2017.中国城市建设统计年鉴2016[M].北京:中国统计出版社.

扶余市人民政府网,2017.2016年政府工作报告[EB/OL].(2017-02-06)[2019-09-16].http://www.jlfy.gov.cn/zwgk/gzbg/201703/t20170301_137245.html.

扶余市人民政府网,2019.2018年政府工作报告[EB/OL].(2019-02-11)[2019-09-16].http://www.jlfy.gov.cn/zwgk/gzbg/201905/t20190523_326356.html.

扶余市人民政府网,2022.扶余市情[EB/OL].(2022-06-06)[2022-08-10].http://www.jlfy.gov.cn/zjfy/fysq/201908/t20190806_334277.html.

扶余市人民政府网,2022.扶余资源[EB/OL].(2022-06-06)[2022-08-10].http://www.jlfy.gov.cn/zjfy/fyzy/201908/t20190806_334275.html.

郝雪帆,2018.川中丘陵农村居民点优化布局研究:以隆昌市为例[D].成都:四川师范大学.

松原日报,2018.扶余市建设美丽乡村纪实[EB/OL].(2018-11-14)[2019-09-16].http://www.jl.gov.cn/szfzt/shzyxnc/dxjj/201811/t20181114_5238554.html.

松原市统计局,2018.松原市第三次全国农业普查主要数据公报[EB/OL].(2018-04-10)[2019-09-16].http://wap.jlsy.gov.cn/zwgk/sjsy/tjgb/.

搜数网.松原市2016年各县(市、区)户数和人口数统计[EB/OL].

搜数网.松原市2016年农业生产条件统计(一)[EB/OL].

第六章 鄂温克族自治旗典型村镇建设与资源环境耦合协调分析

本章以畜牧业发展优势为特征,对内蒙古自治区鄂温克族自治旗进行实地调研,从鄂温克族自治旗村镇建设与发展现状、村镇建设的资源环境条件(自然资源条件以及生态环境问题)着手,分析鄂温克族自治旗村镇建设与资源环境耦合协调情况,提出鄂温克族自治旗村镇建设与资源环境协调发展对策建议。

第一节 鄂温克族自治旗村镇建设与发展现状

鄂温克族自治旗行政面积18657 km^2,地理位置介于118°48′02″E—121°09′25″E,47°32′50″N—49°15′37″N。全旗有4个镇、1个民族乡和5个民族苏木(与乡级行政区同级):巴彦托海镇、大雁镇、伊敏河镇和红花尔基镇,巴彦塔拉达斡尔民族乡,辉苏木、伊敏苏木、锡尼河西苏木、锡尼河东苏木和巴彦嵯岗苏木,44个嘎查(与村级行政区同级)、23个居民委员会(《鄂温克年鉴2017》;《呼伦贝尔市统计年鉴2021》(搜数网))。

2012年7月,内蒙古自治区发改委印发了《内蒙古自治区主体功能区规划》(2016-05-13/2022-07-18),基于内蒙古自治区主体功能区规划与生态红线的划定,鄂温克族自治旗被划为重点开发区。鄂温克族自治旗重点开发区域确定为伊敏河镇、巴彦托海镇、大雁镇、伊敏苏木,以及规划的工矿区和物流园区等点状地区,其他地区作为自治区级重点生态功能区。功能定位为国家褐煤现代化开采及综合利用示范基地,国家重要的能源、有色金属生产加工,绿色农畜产品加工和生物产业基地,国家向北重点开发实验区,区域性物流中心。

依据各种保护区规划并结合各种限制性因素,综合确定草原生态保护红线,鄂温克族自治旗生态保护红线划定区域包括自然保护区(辉河湿地国家级自然保护区、维纳河自治区级自然保护区、五泉山旗级自然保护区)、森林公园(红花尔基樟子松国家森林公园)、湿地公园(莫和尔图国家湿地公园)等生态脆弱的区域。

鄂温克族自治旗先后获得"全国民族团结进步模范集体""全国民族团结进步创建活动示范旗""全国文化先进县""中国旅游强县""全国科技进步先进县""国家

级生态旗"等一系列荣誉称号(鄂温克族自治旗概况,2022-04-02/2022-07-18)。

一、村镇建设规模

2016年,鄂温克族自治旗土地总面积19111 km^2,总人口139403人,比上一年减少372人。男、女人口比值为1.04∶1。从年龄结构上看,0~17岁以下人口占总人口的11.1%;18~34岁人口占比23.7%;35~59岁人口占比47.2%;60岁及以上人口占比18%,不足总人口数的1/5,但全旗进入老龄化社会趋势已明显加快。

鄂温克族自治旗是个多民族聚集地区,少数民族人口58977人,占总人口的42.31%;乡村人口为22268人,占总人口的15.97%(《鄂温克年鉴2017》),城镇化率较高。

二、村镇经济发展

根据《呼伦贝尔市统计年鉴2017》(搜数网)数据,2016年,鄂温克族自治旗地区生产总值为1156879万元,人均GDP 82878元,三次产业比值为1∶10.25∶4.03,第二产业居于地区生产总值的主体地位,其中工业产值占第二产业产值的89.22%。

根据《内蒙古调查年鉴2017》的居民人均可支配收入数据,2016年,鄂温克族自治旗全体居民人均可支配收入26246元,较上一年增长7.90%;农村居民人均可支配收入18969元,较上一年增长7.50%,为全体居民人均可支配收入的72.27%。2016年,鄂温克族自治旗乡村从业人员18325人,占乡村劳动力资源的82.56%。

根据《内蒙古调查年鉴2017》关于牲畜头数的数据,2016年末,鄂温克族自治旗大牲畜和羊的头数达57.92万头(只),其中羊的头数占比达79.13%,而羊的种类以绵羊为主;大牲畜中牛的头数最多,占比达68.18%;猪的头数在大牲畜、羊、猪三类中数量最少,为1.10万头。

三、村镇社会发展

1. 教育、医疗

2016年,鄂温克族自治旗分别有普通中学、职业中学和小学11所、1所和10所;全年在校生8344人。全旗拥有卫生机构118个(含个体),拥有病床761张,从业人数达1332人(《鄂温克年鉴2017》)。

2. 住建

2016年,鄂温克族自治旗通自来水、通有线电视和通宽带的村分别为16个、

42个和17个;农村用电量949万千瓦时(《内蒙古调查年鉴2017》)。

3. 行业构成

鄂温克族自治旗农村牧区从业人员的主要行业构成为牧业,工业,建筑业,交运仓储及邮政业,信息传输、计算机服务业,批发与零售业,住宿和餐饮业,其他行业。2016年,鄂温克族自治旗农村牧区从业人员行业以牧业为主,牧业从业人数占比主要行业分类总人数的80.63%,其次为工业(图6-1)(《内蒙古调查年鉴2017》)。

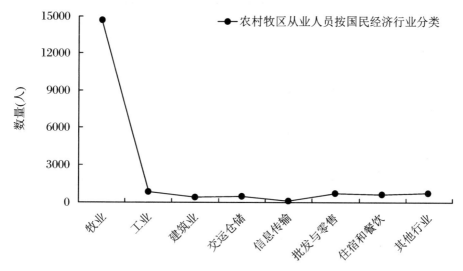

图6-1 鄂温克族自治旗农村牧区从业人员主要行业分类情况

第二节 鄂温克族自治旗村镇建设的资源环境条件分析

一、土地资源

鄂温克族自治旗地域广阔,土地资源丰富。人均土地资源,不仅远远高于全国平均水平,也位居全市前列。地貌类型多样,山地宜林,丘陵宜林宜牧,坦荡边片的高平原是优良牧场,全旗土地可利用率在79%以上,土壤自然肥力较高,生产潜力大,土地利用结构上以农牧林为主的特点十分突出。地下矿产资源十分丰富,地上地下资源开发的互补性强,但土地利用的生态环境比较脆弱,尤其是沙化的潜在危险较大。目前利用水平分析表明,全旗土地资源的开发利用,广度和深度上还有较大的开发潜力(《鄂温克族自治旗志(2006—2016 年)》)。

从鄂温克族自治旗土地利用类型及面积(鄂温克族自治旗第三次国土调查主要数据公报,2022-07-08/2022-09-28)来看,以 2019 年 12 月 31 日为标准时点,全旗草地面积占各一级类总面积的 49.90%,接近一半;林地和草地合计占各一级类总面积的 84.77%,其次是湿地面积占比,为各一级类总面积的 9.85%,这 3 类共计占各一级类总面积的 94.62%(表 6-1)。

表 6-1 鄂温克族自治旗土地利用类型及面积(公顷)

一级类	二级类				
耕地	水浇地	旱地			
64200	523.42	63600			
林地	乔木林地	灌木林地	其他林地		
647100	630800	970.47	15300		
草地	天然牧草地	人工牧草地	其他草地		
926200	884500	14600	27100		
湿地	森林沼泽	灌丛沼泽	沼泽草地	内陆滩涂	沼泽地
182900	2852800	12700	168600	1271.60	3.22
城镇村及工矿用地	建制镇用地	村庄用地	采矿用地	风景名胜及特殊用地	
14400	3244.67	6023.94	4898.67	277.14	
交通运输用地	铁路用地	公路用地	农村道路	机场用地	管道运输用地
8374.89	542.86	1897.07	5921.37	3.63	9.96
水域及水利设施	河流水面	湖泊水面	水库水面	坑塘水面	水工建筑用地	沟渠
12800	5605.69	382.40	2125.09	4632.30	70.86	11.07

黑钙土分布在伊敏河以东的低山丘陵地带和波状高平原,土壤的有机质含量高,黑土层厚,肥力强,是鄂温克族自治旗宜农、宜牧、宜林的主要地区,面积约占全旗土壤总面积的 22.46%。栗钙土位于鄂温克族自治旗中西部,伊敏河以西丘陵、高平原及部分河谷冲积平原、谷地、高阶地上;上覆典型干草原植被,生长良好,品质优良,是旗内主要宜牧地区,占全旗土壤总面积的 28.29%(《鄂温克年鉴 2017》)。两者合计超过全旗土壤总面积的 50%。

鄂温克族自治旗林草植被类型较为丰富,包括森林植被、草原植被、草甸植被、沙生植被、盐生植被、沼泽植被六大类型(《鄂温克族自治旗志(2006—2016 年)》)。其中地带性植被有森林植被、草原植被,具有明显的交错性、复杂性和脆弱性。

二、水资源

鄂温克族自治旗境内河流、湖泊星罗棋布。河流主要集中在东部山区,呈树状水系,属黑龙江上游额尔古纳河水域、海拉尔河水系,共有河流163条,其中长度20 km以上的31条,总长度5397.97 km,河道水域面积约108.8 km^2。从南到北纵贯全旗的伊敏河,向北流至海拉尔区,汇入海拉尔河,是境内最长的河流。除此之外,还有辉河、莫和尔图河、锡尼河、维纳河等河流。湖泊大多集中于西部的辉河流域,全旗共有大小湖泊1465个,总面积127 km^2,其中独立湖泊570个,水面面积39 km^2(《鄂温克年鉴2017》)。

鄂温克族自治旗境内伊敏河水面面积86.4 km^2,多年平均径流量10.8亿 m^3;地下水蕴藏较丰富,大部分易于开采,总储量5.5亿 m^3(自然条件,2022-04-02/2022-09-28)。根据已有资料,1962—2015年以来,鄂温克族自治旗年降水量最多出现在2013年,为591.2 mm,最少出现在1986年,为180.0 mm,年际间降水量波动大,旱涝频繁,且干旱发生频率较高(张荣菊,2017)。

鄂温克族自治旗为土地沙化敏感地区,草原生态环境较为脆弱,因此旱涝灾害成为当地村镇建设与资源环境共同面临的难题。

三、矿产资源

鄂温克族自治旗地下资源极为丰富,特点是以煤炭为主,其次是黑色金属和石灰岩,零星分布(《鄂温克族自治旗志(2006—2016年)》)。鄂温克族自治旗的矿业布局以煤炭开发为主,主要分布在大雁镇和伊敏河镇,集中在北部的大雁煤田和中部的伊敏煤田,东部和东南部的四处铁矿床目前尚处于筹建阶段,未形成规模开发。全旗以煤炭开发为主体,以电力作纽带,带动全旗的矿产资源得到充分有效利用。

四、生态系统保护

鄂温克族自治旗有3个主要自然保护区(鄂温克族自治旗农村生活污水治理专项规划(2021—2030),2022-07-04/2022-09-28),以湿地、森林和草原生态系统为主要保护对象。

1. 辉河国家级自然保护区

该自然保护区始建于1997年,2002年晋升为国家级自然保护区。保护区总面积为346848公顷,是一个以保护湿地、珍禽、草原为主的综合性自然保护区。截至2020年,以高林温都尔湿地、草甸草原、沙地樟子松疏林组成的核心区面积为

106107公顷,占保护区总面积的30.6%;缓冲区和实验区的面积分别为128984公顷和111757公顷,分别占总面积的37.2%和32.2%(辉河国家级自然保护区新闻发布会,2020-11-18/2022-09-28)。

2. 内蒙古红花尔基樟子松国家级自然保护区

该自然保护区建于1998年,2003年升级为国家级自然保护区。保护区总面积20085公顷,主要保护沙地樟子松森林生态系统。截至2013年,核心区总面积5126公顷,占保护区总面积的26%;缓冲区(缓冲带)位于核心区的外围,面积2250公顷,占保护区总面积的11%;实验区位于缓冲区的外围,面积为12709公顷,占保护区总面积的63%。

3. 鄂温克族自治旗维纳河自然保护区

该自然保护区建于1999年,是自治区级自然保护区。总面积为180597公顷,主要保护对象为完整连续的森林、草原和沟谷湿地生态系统及栖息其中的野生动物。保护区核心区、缓冲区和实验区的面积分别为74764公顷、49225公顷和56608公顷,分别占保护区总面积的41%、27%和32%。

五、水环境

根据鄂温克族自治旗农村生活污水治理专项规划(2021—2030)(2022-07-04/2022-09-28),鄂温克族自治旗若干乡镇(2个镇、1个民族乡和5个民族苏木)的污水处理设施情况如下。截至2020年6月,巴彦托海镇下辖3个社区、4个嘎查:安门社区、赛克社区、艾里社区,巴彦托海嘎查、团结嘎查、雅尔赛嘎查、马蹄坑嘎查。巴彦托海镇现无污水处理厂,镇区内住宅楼、商业用房及办公楼生活污水经污水管网收集后,送入海拉尔区污水主管网,再由污水主管网送至海拉尔污水处理厂。巴彦托海镇周边辖4个嘎查基本无污水处理设施。伊敏河镇下辖3个社区、1个嘎查,伊敏河镇有污水处理厂一座,永丰嘎查无污水处理设施。巴彦塔拉达斡尔民族乡下辖1个社区、6个嘎查,各嘎查目前无污水处理设施。辉苏木下辖1个社区、11个嘎查,11个嘎查基本无污水处理设施。伊敏苏木下辖1个社区、7个嘎查,各嘎查目前无污水处理设施。锡尼河东苏木下辖1个社区、8个嘎查,各嘎查目前无污水处理设施。锡尼河西苏木下辖4个嘎查,各嘎查目前无污水处理设施。巴彦嵯岗苏木下辖3个嘎查,各嘎查目前无污水处理设施。

鄂温克族自治旗各苏木、嘎查生活用水来源主要为自来水及自建水井,少部分来自河水。截至2020年,各苏木、嘎查完成改厕1855座,改厕率为45%,经改厕后的牧户亟待配置污水车抽运,但无污水处理设施。另有大部分嘎查牧户未建化粪池,生活污水与雨水合流排入自然沟渠或街道两侧。鄂温克族自治旗域内共有44个嘎查,基本未修建雨水排放明沟,雨水经街道路面排放至村外低洼空地。鄂温克族自治旗各苏木人口密度较小,居住分散,各嘎查分布广而且分散。由于牧区嘎查的特殊性,一般没有固定的污水排放口,排放比较分散,其污水的水质、水量、排水方式有自身特点。

六、主要生态环境问题

(1)旱涝灾害频繁。鄂温克族自治旗属中温带大陆性气候,冬季漫长寒冷,夏季温和短暂,降水较集中。春、秋两季气候变化剧烈,降水少,多大风。气温年日差较大,无霜期短,光照充足。年极端最高气温为 37.7 ℃,年平均气温在 -2.4~2.2 ℃之间。年日照数平均在 2900 小时以上,日照百分率为 61%以下。夏季日照时间长,最长日照时数可达 16 小时。冬季日照时间短,最短日照时数为 8 小时。受地形影响,降水自东南向西北递减(自然条件,2022-04-02/2022-09-28)。鄂温克族自治旗降水季节性差异大。雨季降水强度要远大于河流蓄洪能力;旱季降水少与当地需水量大相矛盾。

(2)水源地水质污染。鄂温克族自治旗畜牧业发达,养殖业规模大且以游牧养殖方式为主,大批牛羊牲畜污染水源地水质。

(3)土壤沙化。地下矿产资源十分丰富,地上、地下资源开发的互补性强,但土地利用的生态环境比较脆弱,此外,地带性植被有森林植被、草原植被,具有明显的交错性、复杂性,导致沙化的潜在危险较大。

(4)草场退化。一方面畜牧养殖规模不断增大,且大都采用粗放型放牧方式;另一方面天然草场分布不均,天然草场超载,草场逐渐退化(张敬超,2018)。

第三节 鄂温克族自治旗村镇建设与资源环境耦合协调分析

根据主体功能区类型,从城镇化地区、生态地区和农(牧)业地区三个大类分析鄂温克族自治旗村镇建设与资源环境耦合协调性。首先,依据村镇的发展定位及现状,归纳村镇发展类型;然后以目标导向发现问题,在问题中总结村镇建设与资源环境的优势因子与短板因子;最终提炼耦合协调途径。

一、村镇发展定位

结合鄂温克族自治旗各个镇(苏木、乡)的发展定位,将其主要分为以下 4 个类型:工商业主导型、城乡结合型、旅游+农牧融合型、产业融合型。

1. 工商业主导型

工商业主导型包括大雁镇、伊敏河镇。主要位于自治区级重点开发区。特点是二、三产业的 GDP 占主导，工业与商业繁荣，以及划定部分地区发展畜牧业与旅游业来保护草场资源。如大雁镇与伊敏河镇主要发展煤化工业，当地政府采取谁污染谁治理的措施，规定企业产生的污染自行处理，并进行充分的利用，当地政府定期对环境进行督查；大雁镇建设了五泉山自然保护区（《鄂温克族自治旗志（2006—2016 年）》）。

2. 城乡结合型

城乡结合型包括巴彦托海镇。特点是：与城区相连，靠近城区部分工商业发达，属于城市景观；远离城区部分则以畜牧业与旅游业为主，属于农村景观。由于呼伦贝尔市海拉尔区与巴彦托海镇一体化发展战略，巴彦托海镇靠近城区部分拥有完善的基础设施系统与公共服务设施，还可与呼伦贝尔市共享、教育、医疗都遥遥领先于其他村镇。根据《鄂温克族自治旗志（2006—2016 年）》，2016 年，巴彦托海镇排污管网已布设了 36.53 km，设有垃圾填埋场和若干转运站，极大促进了村镇环境整治。远离海拉尔区的部分地区拥有一般村镇景观，主要分布牧业与旅游业，以保护为主、开发为辅，建设 5 个牧业合作社，设置禁牧、休牧区域。普及节水灌溉措施，发展人工草地，有效地维护了草原生态平衡，极大地保护了当地资源环境。

3. 旅游＋农牧融合型

旅游＋农牧融合型主要包括巴彦塔拉达斡尔民族乡、辉苏木、锡尼河西苏木、红花尔基镇。特点是以畜牧业为主，旅游业与畜牧业相结合，在当地经济中占主导地位。牧民多采用人工饲草与优质养殖的方式提高牛羊的品质，主要通过退耕还草、退牧还草，来种植优质的饲草和养殖优质的牲畜品种。这些村镇拥有丰富的旅游资源，如红花尔基樟子松国家森林公园（国家 4A 级旅游景区）、锡尼河西苏木的巴彦呼硕草原旅游区（国家 3A 级旅游景区）、巴彦塔拉达斡尔民族乡的恩阁乐达斡尔民俗风情园、辉苏木的德仁夏营地等。在发展牧业的基础上，依托当地独特的自然景观与文化景观以及民俗风情发展旅游产业，形成了旅游＋农牧融合型的特色发展村镇，该结合型对资源环境的破坏小。

4. 产业融合型

产业融合型主要包括巴彦嵯岗苏木、锡尼河东苏木、伊敏苏木。特点是产业多样性强，同时发展农牧业、乳产品加工业、林业加工业、旅游业等。如锡尼河东苏木位于自治区级重点生态功能区，草场面积大，牲畜数量多，当地依托鲜奶、肉类等产品加工进行发展，并融合了非遗特色镇特点。

二、耦合协调性分析

综合以上类型村镇,以主体功能区划分总结鄂温克族自治旗各镇(苏木、乡)资源环境与村镇建设耦合协调性。

1. 以工商业主导型与城乡结合型为主的城镇化地区

城镇化地区以工商业主导型与城乡结合型村镇为主,以大雁镇、伊敏河镇和巴彦托海镇为典型代表地区。该类村镇耕地面积、林地面积相对较少,无大面积畜牧草场,以建设用地为主。图6-2至图6-6数据来自《鄂温克族自治旗统计年鉴2019)》,从营业面积50 m^{2}以上的综合商店或超市个数、医疗卫生机构床位数(图6-2、图6-3)可以看出,城镇化地区典型乡镇(大雁镇、巴彦托海镇和伊敏河镇)的基础设施密度更高;人口密度、60岁以上人口占比也相对较高(图6-4、图6-5),这表明城镇化地区的建设强度与人口承载力相对更高,同时人口呈现老龄化趋势,从数据上看,多数乡镇处于轻度老龄化阶段(老龄人口比重10%～20%),部分乡镇处于中度老龄化阶段(老龄人口比重20%～30%)。此外,城镇化地区的外出从业人员工商化程度相对更高(图6-6),面临人口流失、劳动力转移等风险,城镇化地区村镇在建设强度、人口密度、养老负担方面存在一定的压力,影响新型城镇化进程。

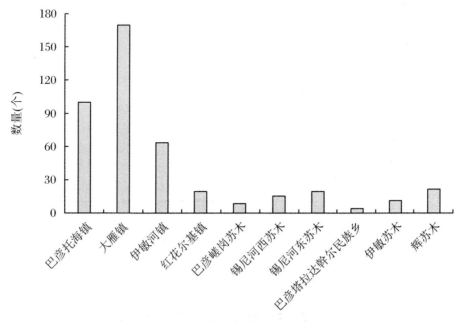

图6-2 鄂温克族自治旗乡(镇、苏木)营业面积50 m^{2}以上的综合商店或超市个数

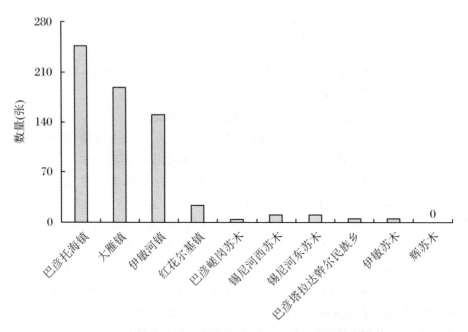

图 6-3 鄂温克族自治旗乡(镇、苏木)医疗卫生机构床位数

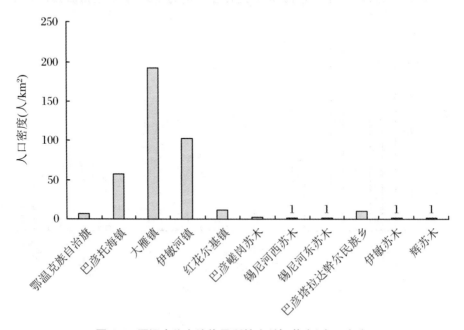

图 6-4 鄂温克族自治旗及所辖乡(镇、苏木)人口密度

第六章　鄂温克族自治旗典型村镇建设与资源环境耦合协调分析　　113

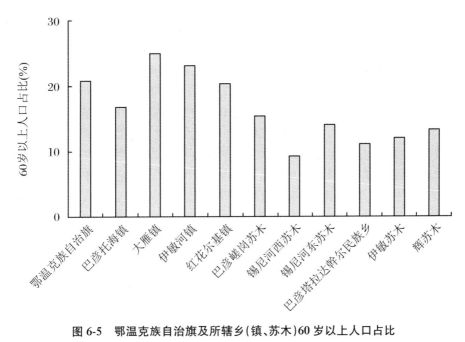

图 6-5　鄂温克族自治旗及所辖乡(镇、苏木)60 岁以上人口占比

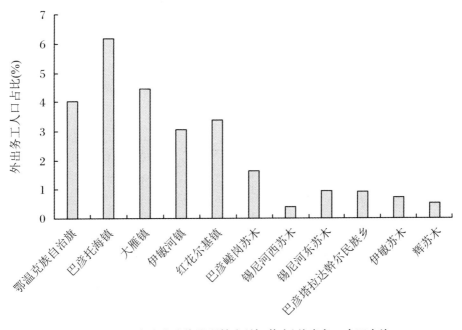

图 6-6　鄂温克族自治旗及所辖乡(镇、苏木)外出务工人口占比

2. 以旅牧结合型为主的生态地区

生态地区以旅牧结合型村镇为主,包括巴彦塔拉达斡尔民族乡、辉苏木、锡尼

河西苏木、红花尔基镇。该类村镇以绿色生态空间为主,农牧业发展为辅。鄂温克族自治旗有森林、森林草原、草原三个植被带,东部地区草原与森林交错分布,中部地区由森林向草原过渡,生态环境较为脆弱。生态环境效益以每公顷林地草地的林业产值表示,林地草地面积数据来自《鄂温克族自治旗志(2006—2016 年)》,以 2019 年鄂温克族自治旗林业产值占其 GDP 比值,与 2019 年各乡(镇、苏木)GDP 相乘,获得各乡(镇、苏木)的林业产值,其中林业产值和 GDP 数据来自《鄂温克族自治旗统计年鉴 2019》;以每 km^2 草场分布的大小牲畜头数表示草地压力,草场面积数据来自《鄂温克族自治旗志(2006—2016 年)》,大小牲畜数据来自《鄂温克族自治旗统计年鉴 2019》,大小牲畜包括牛、马、驴、骡、骆驼、绵羊、山羊等食草牲畜;虫害面积与治理面积、鼠害面积与治理面积来自《鄂温克族自治旗志(2006—2016 年)》。

生态地区村镇每公顷的林业产值高,表明生态环境效益水平较高,草地林地资源利用效率较高(图 6-7)。每 km^2 草场分布的大小牲畜多,意味着草地要承载更高的环境压力(图 6-8),虫害、鼠害的发生不仅给生态环境承载力带来挑战(图 6-9、图 6-10),同样也在一定程度上影响着农作物产量。持续的草地压力、虫害压力、鼠害压力等将导致生态环境资源长期处于低效利用状态。根据《鄂温克族自治旗志(2006—2016 年)》,全旗蝗虫灾害主要发生在巴彦托海镇、巴彦塔拉达斡尔民族乡、辉苏木等北部和中部地区,虫害在一定程度上损害了生态地区村镇的生态环境效益。

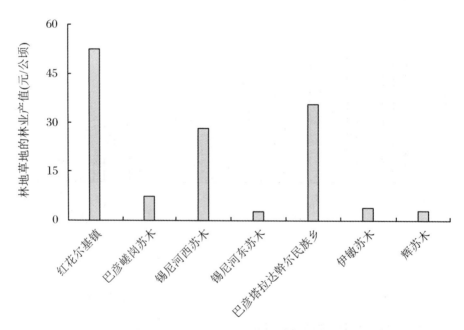

图 6-7 鄂温克族自治旗乡(镇、苏木)每公顷林地草地的林业产值

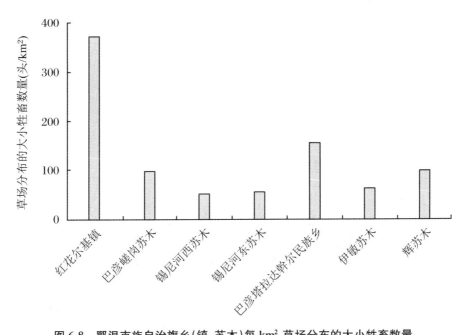

图 6-8　鄂温克族自治旗乡(镇、苏木)每 km² 草场分布的大小牲畜数量

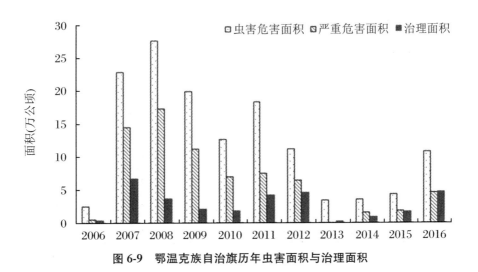

图 6-9　鄂温克族自治旗历年虫害面积与治理面积

3. 以产业融合型为主的农牧业地区

农牧业地区以产业融合型村镇为主,包括巴彦嵯岗苏木、锡尼河东苏木、伊敏苏木。该类村镇土壤以黑钙土为主,自然肥力较高,以粮食作物为主,承载了鄂温克族自治旗大部分的农作物播种(图 6-11)。同时该类城镇的牧业发展也有着丰富的生产实践经验,鄂温克族自治旗畜种主要有牛、马、骆驼和羊(绵羊、山羊),2019年末牲畜头数达 108.38 万头(图 6-12)。全旗在农牧业生产上,特别是畜牧业生产

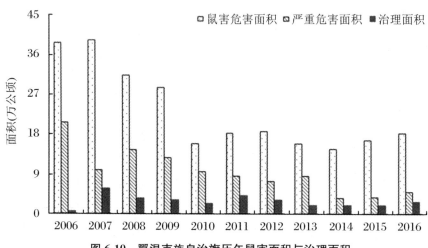

图 6-10 鄂温克族自治旗历年鼠害面积与治理面积

上,基本实现机械化,农牧业作为传统优势产业,其发展动能与机械总动力水平较高(图 6-13)。鄂温克族自治旗在农牧业产业化的工作上投入较多,坚持以市场为导向,以牧民增收为目标,推进"互联网+草原畜牧业"战略和"公司+基地+协会+牧户"的利益联结模式,形成了养殖、加工、销售一条龙的产业化经营链条。图 6-11、图 6-12 和图 6-13 中的基础数据来自于《鄂温克族自治旗统计年鉴 2019》。

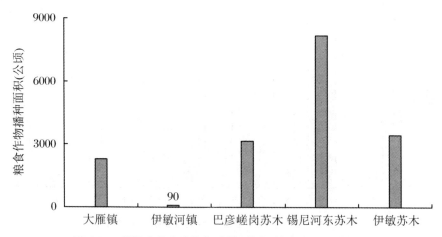

图 6-11 鄂温克族自治旗部分镇(苏木)粮食作物播种面积

与此同时,鄂温克族自治旗农牧业村镇牧区发展与资源环境的耦合协调也存在一些突出短板。农作物播种面积相对大、以产粮为主是鄂温克族自治旗农业型村镇当前发展的特点,农区村镇承载粮食生产的比重更高,意味着垦殖强度、施肥施药强度相对较高,造成一定程度的耕地质量退化,对环境的承载与调节能力要求更高。畜牧业的发展使得水资源消耗日益增加,畜禽粪便废弃物也是村镇面源污染物的一大来源,进一步加剧了资源环境压力;在面临环境约束的同时,基于饲料粮和饲草供应紧张的资源约束也日渐明显。

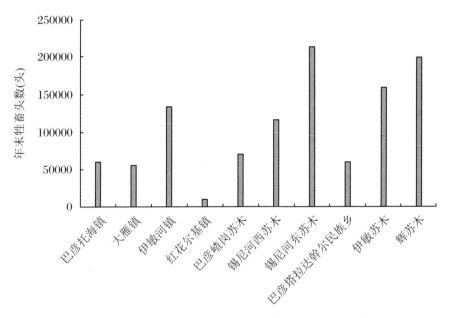

图 6-12　鄂温克族自治旗部分乡(镇、苏木)年末牲畜头数

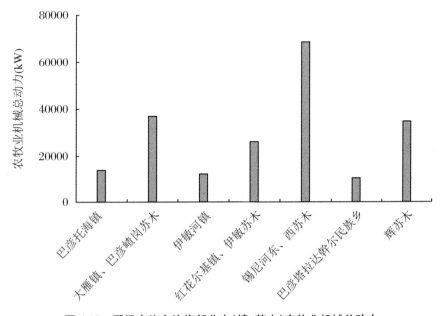

图 6-13　鄂温克族自治旗部分乡(镇、苏木)农牧业机械总动力

三、耦合协调途径

结合鄂温克族自治旗的实际发展条件和空间差异特征,促进其村镇建设与资源环境的耦合协调可遵循如下途径:

1. 矿山开发与草原生态修复

生产、生活空间范围较广,但生态空间受到挤压,环境负载较重。以实现生态与产业融合为目标,将矿山生态劣势转化为产业优势,依托煤电有限责任公司的工业原貌、煤田露天矿地貌特征,把村镇打造成产业生态修复的示范区、煤田工业旅游区,变投入为产出。可以看出矿山开发与草原生态修复协调模式的主要特点:一是打造矿山生态修复示范区;二是工业风貌+休闲旅游,逐渐将生产空间转换为生态与生产功能相结合的空间。

2. 草原资产有偿化与产业绿色低碳化

由于呼伦贝尔市与海拉尔区一体化战略,巴彦托海镇核心区域城市景观特征显著,是典型的城郊镇,多城镇建成区,为生产、生活空间,在主体功能区规划中定位为重点开发区。同时巴彦托海镇水热条件好,草场面积大,生态环境保护对于全旗意义较为重要。如何协调村镇开发与生态环境是实现当地发展的关键。该模式的特点为:打造特色产业、建立产业园区、牧旅融合发展、改善人居环境、草原资源资产化五位一体化。巴彦托海镇在产业绿色低碳化上建设自治区级经济技术开发区,一方面集聚全旗的重要工业企业,另一方面引进先进的外来企业,集中管理。该区以农畜产品加工为主导产业,辅助发展商贸、旅游、建筑等产业,形成多功能复合型产业园区。特色产业有深加工鲜奶产品、绿色精加工牛羊肉、生产节能建筑材料、物流企业等,重点发展乳品深精加工等无污染或少污染的项目,鼓励发展生物技术产业、新兴服务业、房地产开发业。工业企业集中管理无论对村镇经济发展还是对当地生态环境的保护都具有积极的促进作用。

3. 林草生态保护与产业均衡化发展

以林草资源为核心,发展畜牧业、林业种植业、工业、商业、旅游业全产业链。当地森林植被与草原植被相间分布,林草资源丰富,但位于森林与草原的过渡地带,生态环境脆弱性高,建设有内蒙古红花尔基樟子松国家森林公园、呼伦贝尔五泉山自然风景区、内蒙古莫和尔图国家湿地公园等。基于丰富的樟子松森林植被资源,考虑到经济发展与森林保护的需要,可依托相关管理部门,进行资源管理与合理利用。畜牧业方面,畜牧业发展与生态环境的脆弱性相矛盾;另外,由于地势特征,每当雨季降临,当地居民受到洪涝灾害的威胁,畜牧业损失严重,牧民收入不稳定。为防控洪涝灾害,建立了红花尔基水库与毛来水库。因此林业成为当地发展战略的核心,如何协调林业经济开发与林地生态环境保护为当地发展的重中之重,可围绕打造"樟子松+"产业链,形成林业、工业、商业、文化旅游业跨界融合模式。

4. 民族特色文旅与草场流转协调

突出旅游经济——依托民族特色文化,充分发挥集体自然风光、民俗风情、牧业产业、地理位置等优势,结合美丽乡村建设,大力推进村庄景区化建设。积极发展现代高效生态等休闲观光农业、休闲旅游、民宿等乡村旅游项目。突出资源要素配置——整合土地资源要素,通过土地流转转变土地利用性质,以此发展民族特色旅游观光业、餐饮服务业、零售服务业等。党建引领乡村治理——配强嘎查两委班子,发挥领导核心作用,注重加强嘎查级组织建设,面向社会招聘人才,择优选派有工作能力、群众认可程度高、能够带领牧民群众共同致富的优秀干部到嘎查任职,不断探索党建引领的乡村治理体系,初步构建共建共治共享的乡村治理格局。大力发展民族文化旅游,传承发扬达斡尔传统舞蹈"哈肯拜",传统节日"霍吾度日",剪纸艺术"哈尼卡",传统演唱形式"乌春",传统体育项目曲棍球、颈力赛和夺宝。当地民族文化特色旅游业步入正轨后,民族特色文化资源景观成为关键资源。当地村民开始主动加入民族特色旅游产业中,通过承包草场与土地,建设休闲、民宿、餐饮一体化的农庄,通过草场流转实现土地利用性质的转变,提高经济效益。民族特色文化旅游的发展既尊重了当地生态环境保护的原则,也体现了农民、牧民、政府的发展意愿,同时也满足了游客的旅游需求。

5. 草原旅游与农牧业融合

锡尼河东苏木、锡尼河西苏木、辉苏木、伊敏苏木水热资源丰富,锡尼河、辉河、伊敏河分别流经这些苏木,草原面积广、人工草场资源丰富,畜牧业发达,但季节性差异大,旱涝灾害频繁,除伊敏苏木为重点开发区外,其他村镇在主体功能区规划中都为重点生态功能区,在实施生态环境保护的同时,促进畜牧业高质量发展是这些苏木发展的重中之重。由于气候变化大、水源地生态脆弱与当地发展经济的诉求相矛盾,发展工业、种植业的生产空间不大,因此充分把握好村镇建设与水源地、人工草场生态环境的协调关系尤为重要。各苏木的畜牧业发展多以家庭牧场为单元,与其他地区相似的苏木相比,差别不大,养殖品种同质化严重,多为普通肉牛、肉羊等,且多以粗放型放牧为主,肉牛、肉羊养殖技术标准不统一,品种质量有差异。可依托民俗文化资源、独特的自然景观发展生态旅游业;融合农业与畜牧业,整合家庭牧场,成立合作社,依托人工草场建设、苜蓿饲养,加大鲜奶、肉牛、肉羊产量和质量,促进畜牧业发展;打造养殖业品牌,培育牲畜良种,发展短尾羊特色养殖业。一方面促进畜牧业高质量发展,依靠人工苜蓿饲养,提高饲草的质量,同时培育良种;另一方面,依托国家级自然保护区、民族文化资源等发展旅游业,实现在发展经济的同时保护好生态环境。

第四节 协调发展对策建议

在生产、生活、生态"三生"空间的基础上,通过一定的政策扶持、环境管理与经济技术手段等,提升鄂温克族自治旗村镇建设与资源环境协调能力。

(1) 强化城镇化地区的非农属性,提升建设资源利用效率。城镇化地区以建设为主要内容,承担生产功能、进行城镇化建设的同时,应考虑资源过度开采、人口流失等风险,以及带来的生态环境的污染。以伊敏河镇为例,20世纪80年代开采的伊敏河镇伊敏露天煤矿,位于伊敏河畔中游,勘探面积105公顷,划分为5个小露天煤矿,年最大开采量达2500万t,是中国5大露天煤矿之一(蒋放,1986)。2010年以后,由于伊敏河镇过度依赖于工业发展,牧业发展空间被压缩,高强度的工业开发带来了生态环境的破坏,有学者研究发现1975—2010年间,伊敏露天煤矿的开采使得原有常年积水湖泊转变为杂草地、淤泥地,沼泽面积减少,地下水位下降,草原面积减少,加剧了草原气候的干旱化,草原退化现象明显(范小杉等,2019)。近年来,伊敏河镇积极探索产业转型道路,开拓产业多元化,依托伊敏电厂,发展光伏发电、风力发电项目;引入先进技术,不断优化生产工艺,推动技术革新,降低生产成本,高效利用城镇化地区资源与环境。

(2) 合理布局粮食生产与农牧养殖,维持稳定的种养结构与作物结构。在农业生产型村镇中,大体形成了粮食生产与农牧养殖空间、农民与牧民、耕地与草地的平衡关系,但受气候变化等要素的影响,这种平衡关系常常被破坏。对于牧民来说,气候的不稳定性,如干旱、洪涝、冻害、寒潮等严重威胁牧草的生存,牲畜的食物来源减少给牧民生产生活带来危机;对于农民来说,自然灾害影响作物产量,可耕作土地规模不足,也没有可放牧的草场,因此只能选择进城或者外出务工,农村人口流失问题严重。以锡尼河东苏木为例,锡尼河东苏木的农作物播种面积与粮食作物播种面积处于全旗首位(《鄂温克族自治旗统计年鉴2019》),经我们实地调研与访谈,牧民承包草场发展种植养殖,农民开垦耕地进行粮食生产,二者存在一定程度的此消彼长的关系,农业生产型村镇的环境压力仍然严峻。农业发展与生态保护的平衡,需建立在合理的种养结构与作物结构之上。

(3) 坚持生态保护优先,实现生态效益最大化。牧民放牧粗放、分散,是导致当地土壤沙化与草场退化问题、资源环境低效利用、生态环境持续受损的原因之一。在生态保护型村镇中,提升资源环境承载与协调力的方式之一,是以间接方式实现生态效率最大化。以巴彦塔拉达斡尔民族乡为例,境内流经主干河——伊敏河、次干河——辉河,地下水资源丰富,地上草场辽阔,作为全旗唯一的民族乡,具有独特的民族风情和民族文化,旅游资源丰富,开发潜力巨大,经济效益和生态效益良好,生态环境效益仅次于红花尔基镇;发展民族特色文化旅游,既尊重了当地生态环境保护的原则,也体现了农民、牧民、政府的发展意愿,同时也满足了游客的旅游需求。借助民族风情体验、草原风光旅游,间接获得生态效益,维护村镇的生态环境承载力。

参 考 文 献

鄂温克族自治旗档案史志局,2018.鄂温克年鉴2017[M].呼伦贝尔:内蒙古文化出版社.

鄂温克族自治旗统计局,2020.鄂温克族自治旗统计年鉴2019[R].

鄂温克族自治旗史志编撰委员会,2018.鄂温克族自治旗志(2006—2016年)[M].呼伦贝尔:内蒙古文化出版社.

鄂温克族自治旗人民政府,呼伦贝尔市生态环境局鄂温克族自治旗分局,2022.鄂温克族自治旗农村生活污水治理专项规划(2021—2030)[EB/OL].(2022-07-04)[2022-09-28].https://www.ewenke.gov.cn/OpennessContent/show/302737.html.

鄂温克族自治旗人民政府,2022.鄂温克族自治旗第三次国土调查主要数据公报[EB/OL].(2022-07-08)[2022-09-28].https://www.ewenke.gov.cn/OpennessContent/show/303890.html.

鄂温克族自治旗人民政府,2020.鄂温克族自治旗概况[EB/OL].(2022-04-02)[2022-07-18].https://www.ewenke.gov.cn/News/show/865498.html.

鄂温克族自治旗人民政府,2020.辉河国家级自然保护区召开新闻发布会[EB/OL].(2020-11-18)[2022-09-28].https://www.ewenke.gov.cn/OpennessContent/show/228610.html.

鄂温克族自治旗人民政府网,2022.自然条件[EB/OL].(2022-04-02)[2022-09-28].https://www.ewenke.gov.cn/News/show/865502.html.

范小杉,熊向艳,马建军,等,2019.北方草原露天煤矿区生态景观变化研究:以呼伦贝尔市伊敏露天矿为例[J].环境工程技术学报,9(6):732-740.

国家统计局内蒙古调查总队,2018.内蒙古调查年鉴2017[M].北京:中国统计出版社.

蒋放,1986.伊敏河露天煤矿开发对当地草原生态系统的影响及防治对策[J].环境保护科学,3:29-32.

搜数网.呼伦贝尔市2016年地区生产总值统计[EB/OL].

搜数网.呼伦贝尔市2016年鄂温克族自治旗主要指标完成情况统计(一)[EB/OL].

搜数网.呼伦贝尔市2020年行政区划统计[EB/OL].

锡林郭勒盟发展和改革委员会,2016.内蒙古自治区主体功能区规划[EB/OL].(2016-05-13)[2022-07-18].http://fgw.xlgl.gov.cn/ywlm/ghfg/zcfg/201605/t20160513_1601758.html.

张敬超,2018.内蒙古鄂温克族自治旗存在的主要牧业气候问题及对策[J].畜牧与饲料科学,39(05):68-70.

张荣菊,2017.鄂温克族自治旗近50年降水变化特征分析及对当地牧草的影响[J].种子科技,35(07):137-138.

第七章 大连市长海县典型村镇建设与资源环境耦合协调分析

长海县是东北地区唯一海岛县、全国唯一海岛边境县。针对海岛型渔业的类型,2016年长海县获批成为大连市首个国家级生态县(《大连统计年鉴2017》),其村镇建设具有显著的独特性。本章通过对长海县英杰村(行政村)、核桃村(自然村)进行的实地调研,从长海县村镇建设(村镇规模、村镇基础建设和村镇发展水平)、村镇资源环境条件(村镇发展的水资源条件、农村人居环境)方面,分析总结大连市长海县村镇建设与资源环境耦合协调情况。

第一节 大连市长海县概况

大连是辽宁省副省级市,是中央确定的计划单列市,别称滨城,位于辽东半岛南端,地处黄渤海之滨,背依中国东北腹地,与山东半岛隔海相望。2016年末,大连市有各等级渔港170座,其中,国家中心渔港3座,国家一级和二级渔港分别为6座和49座,国家三级渔港和自然渔港112座(《中国渔业年鉴2017》)。

一、长海县

根据《长海年鉴2017》《长海年鉴2018》和《大连统计年鉴2017》《大连统计年鉴2018》,长海县为辽宁省大连市辖县,地处辽东半岛东侧,黄海北部海域,地理位置介于122°13′18″E—123°17′38″E,38°55′48″N—39°18′26″N。县境东与朝鲜半岛相望,西南与山东省庙岛群岛相对,西部和北部海域毗邻大连市城区及普兰店市、庄河市,是大连地区距离日本、韩国最近的区域。长海县位于长山群岛,该群岛地处长白山山脉的延伸部分。2016年末,长海县陆域和海域面积分别为142.04 km²和10324 km²;海岸线长358.9 km;滩涂(潮间带)面积为2529.6公顷。长海县所辖的5个乡镇分别为大长山岛镇、小长山乡、广鹿岛镇、獐子岛镇、海洋乡,2017年7月28日,辽宁省人民政府批复同意撤销大连市长海县小长山乡和海洋乡设立小长山岛镇和海洋岛镇。

长海县位于中纬度地带,属暖温带半湿润季风性气候。四季分明,冬暖夏凉,日照充足,年平均气温在 11.1 ℃左右,年降水量为 659.9 mm,年日照总数为 2634.4 小时。

2018 年 11 月,长海县入选全国"幸福百县榜"。2016 年和 2018 年长海县户籍人口分别为 71928 人和 71226 人,人口减少 0.98%。

2016 年,长海县实现地区生产总值 91.3 亿元,按可比口径计算,比上一年增长 7.5%(不变价)。按三次产业核算,第一产业增加值 50.1 亿元,增长 5.9%;第二产业增加值 5.8 亿元,比上一年下降 5.0%;第三产业增加值 35.4 亿元,比上一年增长 12.3%。

二、长海县英杰村及其核桃村

英杰村是我国唯一的海岛边境县——辽宁省长海县所辖小长山岛镇最东端的海岛渔村。整个英杰村呈半岛形状,东、北、南面皆为大海,西为陆地。其中东与巴蛸村、乌蟒村隔海相望,南与獐子岛、海洋岛隔海相望,北与庄河市石城岛、王家岛等隔海相望,而西、西南与房身村、复兴村陆地相连。英杰村距县政府 17 km,距镇政府 5 km。地貌多丘陵,东、南多山,西部较平坦。有坨、礁 10 个,其中有人居住坨 3 个、无人居住坨 5 个、礁石 2 座。沿海有滩涂、海湾各 10 处。交通环境方面,G507 国道长长线起点位于英杰村的小水口景区,沿线在英杰村内长 4 km。借 G507 国道之便利,英杰村与大长山鸳鸯港(距离 27 km)直接连通,与小长山西沟港(距离 6 km)、大长山金蟾港(距离 19 km)、长海机场(距离 10 km)间接连通,陆地交通较为方便。

核桃村为英杰村下属的一个自然村,位于英杰村东南部。核桃村是人们在长期生产生活中,依据经验和地形地势条件自然发育而成的。村落位于海岛,与陆地村落不同,海岛地表崎岖盘绕,面积有限,每户院落面积相对陆地村落小。人们将村落建在相对平坦沟谷冲积地中,利于建造居所、交通和淡水积存等,以便利用自然条件满足生存需求,具有当地海岛村落典型性。

2019 年 7 月底至 8 月初,我们调研了长海县英杰村及其核桃村(见附表 4 和附表 5),主要考察了典型村(核桃村)人口构成与经济收入来源、海产品经济发展概况、水资源条件、农村人居环境和农村医疗教育等方面(图 7-1)。

图 7-1 核桃村调研与贝类养殖开壳作业(王锡钢 摄)

第二节 长海县村镇建设与发展现状

一、村镇建设规模

2016年大连市及所辖各区(市)县的土地面积、户籍户数、人口数和人口密度数据来自《大连统计年鉴2017》,如图7-2所示。大连市下辖7个市辖区、2个县级市、1个县,具体为中山区、西岗区、沙河口区、甘井子区、旅顺口区、金州区、普兰店区、瓦房店市、庄河市和长海县。2016年,大连市户籍人口595.63万人,比上一年末增加20662人,在户籍人口中,全年出生人口56109人,出生率为9.44‰;死亡人口39823人,死亡率为6.7‰,人口自然增长率达2.74‰。

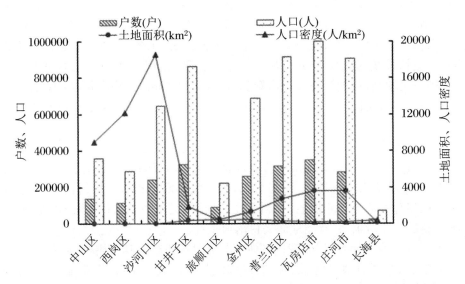

图 7-2　2016年大连市各区(市、县)的土地面积、户籍户数、人口数和人口密度

2016年,长海县人口密度为458人/km²,在10个区(市)县中排在第五位。

2016年,长海县行政区划有居委会7个,乡政府2个,镇政府3个,村民居委会23个(《大连统计年鉴2017》)。长海县相关指标情况如下(《长海年鉴2017》):截至2016年末,长海县户籍总户数为25734户,比上一年减少94户,下降0.36%。户籍人口为71928人,比上一年减少105人,下降0.15%,其中,城镇户籍人口和农村户籍人口分别为40220人和31708人。从性别来看,男性为35734人,女性为36194人,性别比例基本相当;从年龄结构来看,17岁以下8360人,18~34岁

16847人,35～59岁29175人,60岁以上17546人,从比例分析,35～59岁人口数量占户籍人口总数的40.56%,占比最高,其次为60岁以上人口占比24.39%,18～34岁人口占比与之接近,为23.42%。年内出生人口为417人,人口出生率为5.72‰,死亡人口为412人,人口死亡率为5.72‰,人口自然增长率为0.07‰。年内迁入人口为257人,迁出人口为338人,人口机械增长率为-1.13‰。此外,外来人口为23325人。

我们调研长海县英杰村的村镇规模情况如下:英杰村共有22个自然屯,上沟屯、珠子圈屯、小神庙屯、东北沿屯、西北沿屯、英杰屯、大南屯、修家沟屯、东唐家沟屯、西唐家沟屯、刘家沟屯、三官庙屯、沙包屯、蛎子圈屯、海口屯、东三核沟屯、西三核沟屯、东二核沟屯、西二核沟屯、沙珠坨屯、波罗坨屯,村委会在英杰屯。2018年底,全村建设用地面积1564亩,共有13个村民小组,户籍总人口746户2118人,人口较多的姓氏有王姓、丁姓、孙姓等。

核桃村的人口超老龄化。截至2019年8月,核桃村常住人口中一般四世同堂,老年的两辈人多数在村长住。

二、村镇经济发展

1. 大连市三产发展

大连市第一、二、三产业数据资料来自2016年大连市国民经济和社会发展统计公报(2017-11-28/2019-11-19)和《大连统计年鉴2017》。2016年,大连市地区生产总值(当年价格)6810.2亿元,比上一年增长6.5%。其中,第一、二、三产业增加值分别为462.8亿元、2849.9亿元和3497.6亿元,分别增长4.1%、6.7%和6.6%。大连市第一、二、三产业占地区生产总值的比重分别为6.8%、41.85%和51.36%。按年平均常住人口计算,人均地区生产总值为97470元,比上一年增长6.4%。2016年,大连市全年一般公共预算收入611.9亿元,比上一年增长5.5%;一般公共预算支出870.3亿元,比上一年下降4.4%,其中用于教育、社会保障、医疗卫生、住房保障等民生方面的支出633亿元,占全部支出的72.7%。

(1) 第一产业

2016年,大连市第一产业产值为4627782万元。其中按行业划分来看,农业、林业、畜牧业和渔业的产值分别为1505799万元、46895万元、813176万元和2261912万元。农业和渔业占第一产业的比重分别为32.54%和48.88%。

2016年全年粮食总产量133.1万t,平均每亩单产327.6 kg,分别比上一年增长42.8%和41.4%。水果总产量185万t,增长7.4%。蔬菜及食用菌总产量216万t,下降4.4%。肉产量70.8万t,下降10%。蛋产量23.8万t,下降14.5%。奶产量5.4万t,下降21.1%。地方水产品总产量251万t,增长4.5%。

(2) 第二产业

2016年,大连市第二产业产值为28498541万元。其中,工业产值为23276559

万元,占第二产业的81.68%。

(3) 第三产业

2016年,大连市第三产业产值为34975675万元。其中,按行业划分来看,批发和零售业产值为7925649万元,占第三产业的22.66%,占比最高;其次金融业为6393811万元,占第三产业的18.28%。

2. 长海县三产发展情况

2016年长海县三产发展概况数据资料来自《长海年鉴2017》。2016年,长海县实现地区生产总值91.3亿元,按可比口径计算,比上年增长7.5%(不变价,下同)。按三次产业核算,第一产业增加值50.1亿元,增长5.9%;第二产业增加值5.8亿元,下降5.0%;第三产业增加值35.4亿元,增长12.3%。三次产业构成比例为54.8:6.4:38.8。按户籍人口计算,全县人均生产总值为12.68万元,比上年增长5.4%。

2016年,长海县安置失业人员就业3367人,城镇登记失业率控制在2.72%以内。初步统计,年末全社会从业人员4.4万人,比上年增加0.3万人,增长5.9%,其中,城镇单位从业人员0.86万人,农村从业人员2.57万人。按产业分,一产业2.2万人,二产业0.3万人,三产业1.9万人。

2016年,长海县全年财政收入总计14.33亿元;全年财政总支出13.87亿元,其中一般预算支出13.75亿元。在一般预算支出中,排在前五位的分别是城乡社区事务2.95亿元、农林水事务2.79亿元、社会保障和就业1.70亿元、教育1.64亿元、一般公共服务1.33亿元。

(1) 第一产业

长海县农作物播种面积和产量,果园、畜牧业生产情况,长海县及大连市其他地区农、林、牧、渔业总产值数据来自《大连统计年鉴2017》。2016年,长海县全年粮食播种面积为615公顷,其中,玉米、豆类和薯类的面积分别为524公顷、24公顷和67公顷。经济作物播种面积为103公顷,其中,蔬菜、花生和瓜果的面积分别为97公顷、3公顷和3公顷。粮食作物总产量为3336 t,其中玉米、豆类和薯类的总产量分别为2969 t、62 t和305 t。经济作物的花生、蔬菜和瓜果的产量分别为9 t、2434 t和48 t。

2016年,长海县果园面积76公顷,其中,桃园、苹果园和梨园面积分别为39公顷、14公顷和1公顷,其他22公顷。果树株数达7万株,其中苹果树1万株。水果产量为387 t,其中桃、苹果、梨、葡萄和山楂的产量分别为187 t、77 t、23 t、5 t和4 t。

2016年,长海县畜牧业生产情况(包括出栏数)如下:牛、肉猪、羊和家禽数量分别为132头、3030头、319只和1.74万只。畜产品产量为455.7 t,其中,肉类总产量294.7 t(猪肉227.3 t、牛肉23.4 t、羊肉6.4 t和禽肉37.6 t),禽蛋产量为161 t。

2016年,长海县渔业产值(现价)为92.61亿元,都来自海水产品产值,其中鱼类产值272760万元,甲壳类产值64898万元,贝类产值309594万元,藻类产值26022万元,其他产值252780万元。贝类产值居渔业产值首位,占比达33.43%。

从数据可以看到,长海县相较于大连市其他11个地区而言,渔业产值占绝对优势地位,其2016年渔业产值是农业、林业、牧业三者之和的268倍(图7-3)。

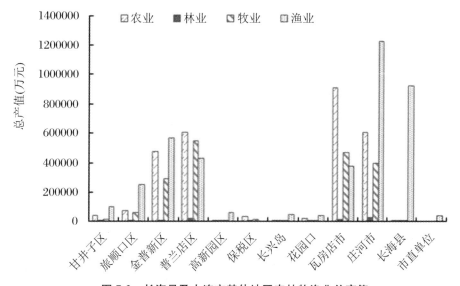

图7-3 长海县及大连市其他地区农林牧渔业总产值

长海县是我国渔业大县之一,海洋生物资源丰富,海水增养殖业是其支柱产业。长海县是我国最大的海珍品增养殖基地,海参、鲍鱼、海胆、扇贝等海产品享誉海内外,增养殖对象有扇贝、牡蛎、棘皮类、鱼类、螺类、蛤类、藻类等20余个种类。近十几年来,该县贝类独大的增养殖局面一直没有改变,海水增养殖贝类主要有虾夷扇贝(*Mizuhopecten yessoensis*)、栉孔扇贝(*Chlamys farreri*)、海湾扇贝(*Argopecten irradians*)、牡蛎(*Crassostrea gigas*)(高祥刚等,2020)。长海县海域的渔业生物资源共计有195个经济物种,当地海域的渔业资源丰度及生物多样性仍处于较高的水平(刘修泽,高祥刚,2019)。

2016年,长海县及大连市其他地区渔业各类水产品总产量数据来自《大连统计年鉴2017》,渔业水产品主要来自海洋捕捞、远洋渔业、海水养殖和淡水养殖。结果表明,2016年长海县以海水养殖为主,号称"海洋牧场",海水养殖的产量是海洋捕捞和远洋渔业之和的1.92倍(图7-4)。

2016年,大连市大长山岛、小长山岛海域获批为第二批国家级海洋牧场示范区(《中国渔业年鉴2017》)。根据调研工作台账,英杰村周边海域是我国四大渔场之———著名的"海洋岛渔场",享有"天然渔乡"之美誉,盛产鲍鱼、刺参、海胆等海珍品。为保护珍贵、稀有的海洋生物资源,1995年,国家批准成立了大连长海海洋

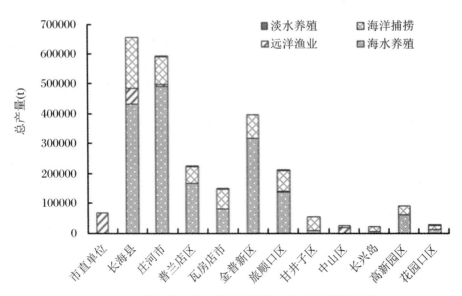

图 7-4 长海县及大连市其他地区渔业各类水产品总产量

珍贵生物保护区(核大坨、二坨、三坨)。陆地有黑松、板栗、槐树等。

(2) 第二产业

长海县第二产业数据资料来自《长海年鉴2017》。2016年,全县工业总产值23.5亿元,比上一年减少17.7%。全县有工业企业75家,比上一年减少8家。其中,大长山岛镇36家,小长山乡11家,广鹿岛镇17家,獐子岛镇9家,海洋乡2家;规模以上工业企业6家。规模以上工业企业(年销售收入2000万元以上)产值5.65亿元,比上一年减少30.9%。

2016年,长海县有船舶修造企业17家,其中规模以上(年销售收入2000万元以上)船舶修造企业1家,即大连獐子岛远达修造船有限公司。全年共维修各类船舶3000余艘,总产值1亿余元,其中规模以上船舶修造企业总产值5000余万元。

截至2016年末,长海县水产品加工企业45家,加工能力5.2万t/年。水产冷库27座,冻结能力482 t/日,冷藏能力3876 t/次,制冰能力376 t/日。全年水产品加工总量15.96万t,比上年增长6.7%。水产品加工业产值23.94亿元。

2016年,国网长海供电公司拥有66千伏送电线路4条,总长89.367 km,其中海底电力电缆4条48.9 km。全社会总用电量14040万千瓦时,比上一年增长4.76%;其中工业用电2754万千瓦时,比上一年增长1%。

(3) 第三产业

长海县第三产业概况数据资料来自《长海年鉴2017》。按行业划分,主要有批发和零售业,交通运输、仓储和邮政业,住宿和餐饮业,信息传输、软件和信息技术服务业等。2016年末,长海县社会消费品零售额实现16.54亿元,比上年增长11.6%;外贸自营进出口总额1264万美元,比上年增长18.1%;实际利用内资16.11亿元,比上年增长33.9%。商贸服务稳步发展,生活性服务业促进消费结构进一步升级,城乡流通现代化水平提高。通过"互联网+流通"和"新网工程",推进商贸服务线上线下融合,电子商务在释放消费潜力上的拉动力有效发挥,消费环境、服务功能得到明显改善和提升。

2016年,长海县共接待上岛游客123万人次,比上年增长12%,游客主要来自东北三省、北京和内蒙古等地区,其中辽宁省内占51%、省外占49%,辽宁省游客中沈阳市占40%、大连市占8%、其他占3%;省外游客中吉林省占20%,黑龙江省占20%,北京、山东、内蒙古、天津等地占9%。旅游综合收入11.9亿元,比上年增长13.3%。至年末,全县有渔家旅店、宾馆酒店653家,其中渔家旅店505家,宾馆酒店148家(星级宾馆7家)。

(4)乡村从业人员分类

长海县乡村从业人员的主要行业构成、各主要行业的从业人员数量和乡村从业人员按性别分类的人口数量(《大连统计年鉴2017》)情况如下:长海县乡村从业人员的主要行业构成为农业,工业,建筑业,交运仓储及邮政业,信息传输、计算机服务和软件业,批发与零售业,住宿和餐饮业,其他行业;2016年长海县各主要行业的乡村从业人员数量如图7-5所示。

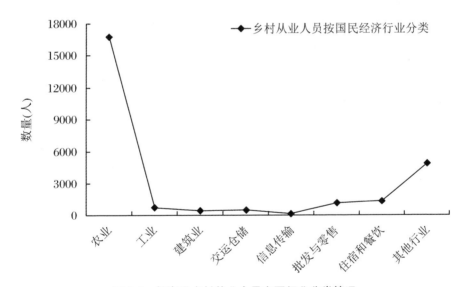

图7-5　长海县乡村从业人员主要行业分类情况

结果表明,2016年长海县乡村从业人员行业仍以农业为主,住宿和餐饮业从业人员数量在主要行业分类中位列第三。

长海县2016年乡村从业人员按性别分类的人口数量占比如图7-6所示。

结果表明,2016年,长海县乡村从业人员中男性占比远高于女性占比,并且乡村从业人员占长海县总人口(71928人)的35.78%。

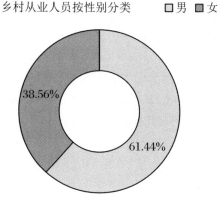

图 7-6　长海县乡村从业人员按性别分类及占比

2016年,长海县有固定电话用户2.01万户,比上年减少0.19万户,其中住宅电话用户1.6万户;互联网用户1.31万户,与上年持平;移动电话用户9.22万户,比上一年增加1.5万户,百人均128.1部,比上一年增加42.6部(《长海年鉴2017》)。

3. 英杰村产业调研

根据调研工作台账,英杰村的传统产业主要是水产品养殖业(扇贝、牡蛎、贻贝、魁蚶、藻类等)、水产品加工业、修造船业、商服行业、个体捕捞、种植等行业。

浮筏多品种养殖的局面正在形成,虾夷扇贝主导品种的地位仍然没有改变。英杰村养殖的种类主要有虾夷扇贝、栉孔扇贝、海湾扇贝、牡蛎等,2018年底,前三种的养殖产量为19177 t,养殖面积为962公顷。养殖业收入共计5.42亿元,传统产业总收入为6.32亿元,养殖业收入占总收入的85.77%,其中养殖扇贝收入占总收入的68.45%。建设"海洋牧场",正逐步形成海洋资源开发利用投入新格局。

调研显示,2018年底,英杰村有耕地面积430亩,全是旱地;粮食总产量49450 kg,其中玉米38700 kg,大豆150 kg,其他10600 kg。化肥施用方面,氮肥2500 kg,复合肥4500 kg。

根据调研工作台账,近年来新发展的产业主要有两类:旅游服务业(小水口景区、海上垂钓等)和生态养殖。

2018年度成立英杰村集体经济组织1家,即英杰村股份经济合作社,资产总额为560万元。

农民收入主要来源是销售扇贝、牡蛎等水产品,以及修造船、商业服务、捕捞、种植、旅游等收入。村集体现有山水林田湖资源及店面等固定资产包括:生态林1000多亩;3条5 km的溪流。生态环境好,利用价值较高。

4. 核桃村产业调研

调研显示,截至2019年8月,核桃村平均每户籍人口拥有0.3亩旱田。2018年干旱绝收,而2019年度预期也会绝收,玉米目前只长出了叶子没有穗。

海水养殖成本高(几十万至百万元)且回收期长(3~5年),是当地村民无法从事养殖的主要瓶颈。海产养殖的资金投入主要来自外来企业,外来工人每天最低300元的日工资,较难雇到。

三、村镇社会发展

1. 教育

长海县教育条件主要从各级学校师生情况、教育经费收支情况两个方面展开,相关数据来自《长海年鉴2017》。2016年,长海县有各级各类学校20所,与上一年相比无增减;学生6838人,比上一年减少10人;专任教师数681人,比上一年减少80人。具体来看,学校数量上,拥有普通初中、高级中学、职业中专、小学和幼儿园分别为6所、1所、1所、7所和14所;各类学校在校生分别为1738人、902人、667人、3169人和1273人;各类学校专任教师分别为210人、79人、32人、270人和123人,比上一年各自减少了28人、9人、1人、46人和8人。

特殊教育学校1所,在校生15人,比上年增加1人,专任教师3人,同上一年;大连广播电视大学长海分校1所,专任教师22人,比上一年减少1人;教师进修学校1所,专任教师34人,比上一年增加2人;中央农业广播电视学校长海县分校1所,专任教师1人,比上一年减少1人;中小学生素质教育综合实践中心1所;民办(非学历)培训机构11所,在校生656人,同上年,专任教师53人,比上一年增加7人。

2016年,长海县教育经费收入为18978万元,比上一年增长10.2%,其中,公共财政预算教育经费18212万元,比上一年增长18.1%。教育经费支出17075万元,其中预算内教育事业费支出15229万元,占地方财政支出总额的10.7%。小学、初中、普通高中和职业高中的生均教育事业经费分别为15935元、22938元、14635元和18051元。小学、初中、普通高中和职业高中的生均公用经费分别为1878元、2797元、2894元和2564元。2016年长海县广鹿岛镇中心幼儿园建设也争取到市局补助资金为其配置了教学设备。

长海县中小学教学质量方面,2016年全县高中学业水平测试取得佳绩,高二年级语文、数学、化学、信息技术四个学科的学业水平测试通过率均达100%,总体通过率达到99.03%,超过市政府对县政府考核指标12个百分点。普通高考一本进线52人,进线率16%;二本进线227人,进线率达70.1%。高职考试成绩保持全省领先,109名中职升高职的考生全部通过本科录取控制分数线,最高分564分,名列辽宁省同类专业第八名(2016年长海县国民经济和社会发展统计公报,2017-05-11/2019-11-19),可见,长海县中小学教学质量的水平较高。

核桃村调研发现,截至2019年8月,该村尚无学校配置。

2. 医疗

长海县医疗数据资料来自《长海年鉴 2017》。2016 年，长海县有各级各类医疗卫生机构 39 个，其中县级医院、卫生服务机构、乡镇卫生院、村（社区）卫生所和个体诊所分别为 1 个、3 个、4 个、25 个和 6 个。医疗机构实有床位 236 张，其中长海县人民医院和乡镇卫生院分别有 156 张和 80 张；每千人拥有医院床位 2.6 张。卫生从业人员为 334 人（不包括乡村医生 38 人、个体诊所医疗人员 17 人），其中卫生技术人员 307 人（执业医师 123 人，执业助理医师 4 人，注册护士 150 人，其他 30 人）。每千人拥有执业（助理）医师 1.3 人、注册护士 1.6 人。全县卫生系统有副高级及以上职称 36 人和中级职称 137 人。医疗收入为 6089.3 万元，其中，长海县人民医院和乡镇卫生院收入分别为 4978.3 万元和 1111 万元。

2016 年，全县总诊疗患者为 17.03 万人次（不包括村和个体卫生所），其中，长海县人民医院、小长山乡卫生院、广鹿中心卫生院、獐子中心卫生院和海洋中心卫生院分别为 10.19 万人次、1.03 万人次、1.22 万人次、3.08 万人次和 1.5 万人次。入院患者 5639 人次，病床使用率 29.96%，其中，长海县人民医院 4910 人次，小长山乡卫生院 366 人次，广鹿中心卫生院 57 人次，獐子中心卫生院 106 人次，海洋中心卫生院 200 人次。

2016 年，长海县开展春季和秋季两次"服务百姓健康行动"大型义诊活动。活动期间，长海县人民医院、各乡镇卫生院的医务人员同大连市中心医院、大连大学附属中山医院、大连市第三人民医院、大连市第五人民医院的专家走基层、下小岛，到社区、养老院、学校、机关、企业及军营开展大型义诊活动，免费为群众测血压、血糖，做 B 超、心电图检查，进行常见病、慢性病咨询、筛查、诊断和一般治疗。举办健康讲座，普及医学常识和健康知识。两次义诊活动参与医务人员 185 人次，义诊患者 2029 人次，接收住院患者 35 人；减免医药费用 24636 元；发放宣传资料 2108 份。

调研发现，截至 2019 年 8 月，核桃村当地无卫生所等医疗条件。

3. 社会保障

2016 年，长海县城镇基本养老保险参保人数 16534 人，城镇基本医疗保险参保人数 68919 人，失业保险参保人数 8806 人，新型农村合作医疗参保人数 1300 人。各种社会福利收养性单位 4 个，床位 454 张（《辽宁统计年鉴 2017》）。

长海县社会保险和社会救助数据资料来自《长海年鉴 2017》。2016 年，长海县全口径征缴养老保险金为 15869 万元，其中城镇职工征缴、城乡居民征缴和机关事业单位征缴分别为 12006 万元、56 万元和 3807 万元；支付养老金 27862 万元。累计支出医疗保险费用 11959 万元，其中基本医疗统筹基金支出、基本医疗补助个人账户基金支出和公务员补助支出分别为 7741 万元、3336 万元和 882 万元。长海县生育保险参保 8850 人，征缴保费 217 万元，比上一年增加 25 万元，增长 13%。其中,企业职工参保6503人,征缴保费73万元,比上一年增加14万元,增长23.7%;机关事业单位参保2776人,征缴保费224万元,比上一年增加66万元,增长42%。

2016年,长海县10847户次、15604人次享受城市居民最低生活保障待遇,共发放资金890万元,人均救助额570元。实施困难户救助措施、高龄老年人生活补助和居家养老补贴政策,具体落实城乡居民临时救助61户人,发放救助金35.24万元;免费为老年人办理意外伤害险,健全社会福利机构。为提高最低生活保障标准,从2016年7月1日起,执行大连市新的城乡低保标准,全县城乡享受低保人员每人每月增加30元,达到640元,低保家庭的生活水平进一步提高。

2016年,长海县60岁以上老龄人口年龄分布(《大连统计年鉴2017》)如图7-7所示。

60岁以上老龄人口集中在65~79岁,占老龄人口总数的53%。长海县60岁以上老龄人口占长海县总人口(71928人)的25.94%。

我们调研发现,截至2019年8月,核桃村当地常住人口超老龄化。

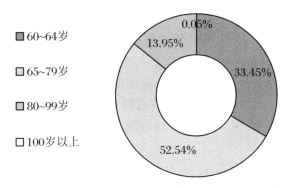

图7-7 长海县60岁以上老龄人口年龄分布

4. 住建

长海县2016年农村基础设施数量来自《大连统计年鉴2017》,自来水受益的村以及通有线电视、宽带的村各占大连市乡村比例3%左右(图7-8)。

2019年7月,核桃村安装了自来水,取消了水井。之前的水井多数呈干枯状态。

2016年,长海县有金融网点29个、液化气用户2.3万户、自来水用户1.9万户。城乡百户均移动电话358部,家用汽车15台,空调机38台,电脑46台。全县建成区绿化面积223公顷,建成区绿化覆盖率3.8%。人均拥有道路面积4.23 m²,人均绿地面积15.9 m²。2016年末,长海县镇自来水用水户1.63万户,用水人口3.4万人,全年供水量112.9万 m³;供热6100户,面积67万 m²(《长海年鉴2017》)。

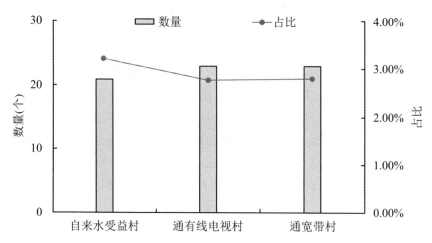

图 7-8　长海县农村基础设施受益村数量及相应占大连市比例

5．交通

(1) 陆路基础建设

根据《长海年鉴 2017》和 2016 年长海县国民经济和社会发展统计公报(2017-05-11/2019-11-19)资料,2016 年,长海县有港口码头 17 座,其中,大长山岛镇、小长山乡、广鹿岛镇、獐子岛镇和海洋乡分别有 5 座、2 座、5 座、4 座和 1 座。2016 年末,长海县公路 330.45 km,其中县级、乡镇级和村级分别有 19 条、12 条和 101 条,长度分别为 116.34 km、18.16 km 和 165.72 km。2016 年,长海县辖乡、村道路分布情况如下:大长山岛镇、小长山乡、广鹿岛镇、獐子岛镇和海洋乡分别有县乡级公路 9.31 km、7.22 km、7.6 km、18.155 km 和 5.6 km;各乡镇分别有村级公路 53.196 km、31.844 km、55.007 km、8.759 km 和 16.878 km;各乡镇分别有主干路 2 条、2 条、3 条、2 条和 1 条。全县乡、村路网体系已经建成。2016 年,长海县投资硬化英杰村村屯道路面积 42935 m²。

2016 年,长海县民用汽车拥有量 5636 台,其中货车类、客车类、轿车类分别为 695 辆、172 辆和 3261 辆。此外,摩托车类和农用车分别为 6738 辆和 252 辆。2016 年末,营运性车辆为 876 台,包括公交客车 16 台(线路 12 条)、出租车 331 辆及货车等。2016 全年公路客运量 686 万人次,货运量 109.43 万 t。

(2) 海陆基础建设

长海县海陆基础建设的数据资料来自 2016 年长海县国民经济和社会发展统计公报(2017-05-11/2019-11-19)和长海县 2018 年国民经济和社会发展统计公报(2019-07-10/2019-11-19)。2016 年,海陆运输方面,全县有 27 条航线,其中,陆岛和岛际分别有 18 条和 9 条,航距 747.8 海里。海上客运站 17 座,平均日旅客发送量 410 人次。2016 年末,在长海经营的客船 29 艘,其中高速 6 艘。客位 7078 个,车位 113 个。2016 全年海上客运量达 226.6 万人次,同比增加 2.1 万人次,其中,出港和进港分别为114.7万人次和111.9万人次。2016年末,有货船13艘,都为钢质,总吨位3062 t,载重吨3192 t。2016全年港口货物吞吐量188.57万t,比上一年减少1.43万t。其中,出港货物和进港货物分别达84.8万t和103.8万t。2016全年车运量6.87万辆,其中出港和进港分别为3.39万辆和3.47万辆。

2018年,长海县开辟并完善了鸳鸯港—杏树港、北小圈港—杏树港、海洋岛—獐子岛港—金蟾港—杏树港、鸳鸯港—多落母港4条新航线。

(3) 英杰村基础建设调研

根据调研工作台账,英杰村村镇建设过程中取得了若干荣誉:

① 1980年,英杰大队合作医疗站获评旅大市卫生局1979年度"卫生工作先进单位"荣誉称号。

② 1984年,英杰村获评辽宁省人民政府1984年度"文明村"荣誉称号。

③ 1985年2月,英杰村获评中共大连市委员会、大连市人民政府"五好街"荣誉称号。

④ 1996年2月,英杰村获评大连市人民政府"园林村庄建设优胜单位"荣誉称号。

⑤ 1996年9月,英杰村获评长海县人民政府"村民自治示范村"荣誉称号。

⑥ 2000年5月,英杰村获评辽宁省文化厅"文化先进村"荣誉称号。

⑦ 2004年4月,英杰村获评中共长海县委员会、长海县人民政府"文明村"荣誉称号。

调研显示,截至2019年8月,核桃村建设的交通问题主要源自地形的原因,从村里到公交站点大约有1 km的距离需要步行,但这"最后一公里"山坡路,坡度平均超过30°,老年人走这段路很吃力,影响老年人出行需求,"最后一公里"存在严重的接驳困难。

6. 体育

长海县体育场地设施及群众性健身的环境保障数据资料来自《长海年鉴2017》。2016年12月20日,长海县获辽宁省体育局命名"2016年度辽宁省体育产业示范基地及示范单位",与兴城市、本溪市明山区成为首批辽宁省体育产业示范基地。2016年,长海县已有4个体育协会,各级各类全民健身组织40个,社会体育指导站33个,80余个晨(晚)练点,社会体育指导员522人(一级8人,二级150人,三级364人);等级裁判员102人,二级以上运动员23人。全县有体育场、馆、室400个,健身广场35个,总面积37.54万 m^2,人均5.5 m^2。其中,体育场馆和健身广场面积分别为28.81万 m^2 和8.73万 m^2。有体育家庭300余户,体育人口4万余人,体育人口占全县总人口51%以上。

2016年,长海县健身路径、健身广场、塑胶操场均实现全覆盖,人均拥有健身场地5.14 m^2,处于全国领先水平。举办了大连长山群岛马拉松赛、长山群岛环岛自行车赛、广鹿岛山地马拉松赛、国际海钓节等一系列体育赛事,品牌赛事效果显著。全县年人均体育消费960元。全县拥有海上垂钓基地、帆船帆板基地、游艇码头、潜水项目、户外拓展训练基地、越野探险基地、房车基地、通用航空基地等,为发展体育产业奠定了良好的基础。

2018年,长海县举办了2018大连·广鹿岛山地马拉松赛、穿越北纬39度·2018大连獐子岛月光马拉松赛、跨越山海之巅2018大连海洋岛越野赛和2018大连·长山群岛马拉松赛(长海县2018年国民经济和社会发展统计公报,2019-07-10/2019-11-19)。

7. 文化

根据2016年长海县国民经济和社会发展统计公报(2017-05-11/2019-11-19)、长海县2018年国民经济和社会发展统计公报(2019-07-10/2019-11-19)以及《长海年鉴2017》等资料,长海县通过积极争取优惠政策,2016年获得各类幼儿园配送图书2.6万册,总金额约42万元。长海县图书馆2003年、2009年、2013年和2018年先后四次获得"国家二级图书馆"荣誉称号。

长海县文化惠民主要有文化馆、文化站、文化中心、影剧院和图书馆以及多样的文化活动。2016年,长海县有县级文化馆1个,乡镇综合文化站5个;县级综合文化中心1个,乡镇文化中心5个,农村文化中心户271户;影剧院1座;公园及休闲广场36个。长海县有图书馆5个,图书馆增设了自习室,满足了更多读者的阅读需求;全年送书下乡66人次,辅导图书管理员24人次,为各乡镇8个少儿图书分馆更新图书17000余册;开展读者活动12次,参与人数近400人次。县图书馆藏书量14.14万册,电子图书藏量2.26万册,书刊外借5.71万册,流通人次4.86万人次。农家书屋30个。共销售图书19.87万册。继续"2151"农村电影放映,深入村屯、养老中心、学校、建筑工地等免费放映电影,全年共放映电影450场,观众达4.5万余人次。争取上级资金16万元为全县各文艺团队购置演出设备。"马祖庙会"被市政府列为大连市第六批非遗项目,2016年长海县已有国家级非遗项目1项、市级非遗项目3项。

2016年1月1日至3月3日,长海县举办渔家风情迎春会活动,活动以"颂春""送春""闹春""祈春""迎春"5项内容为载体,突出群众性,体现地域性。举办现场书写春联、赠送春联活动,为居民书写春联1000余幅;举办"生态长海"摄影展,展出反映在生态长海建设中人类与自然和谐相处的作品60余幅。大长山岛镇、小长山乡、广鹿岛镇、海洋乡分别举办庆新春秧歌汇演,10余支秧歌队参加活动。举办"群众文艺大拜年"专场文艺晚会,"哈仙岛刘家文化大院"、大长山岛镇塔山社区金秋演唱团、大连昌海全福水产有限公司海之梦艺术团精心编排40余个节目,在县文化中心演出7场次,观众4000余人。渔家风情迎春会已成为长海县文化为民、文化惠民的重要品牌,先后推出各类文化活动100余场次,参与居民2万余人次,进一步促进了海岛文化繁荣和发展。

长海县的县、乡、村三级文化设施全部按国家要求实行免费开放,推进了基本公共文化服务标准化、均等化发展。

第三节 长海县村镇建设的资源环境条件分析

一、水资源

大连市水资源补给来源主要为大气降水,赋存形式主要为地表水和地下水。2016年,大连市水资源总量为16.64亿m^3,比多年平均值少40%以上,其中,地表水资源量16.35亿m^3,比多年平均值少40%以上(2016年辽宁省水资源公报,2017-03-24/2019-11-19)。

长海县淡水资源短缺,地表水仅有季节性溪流,雨过干涸,降水分布不均,缺少拦蓄工程,雨水大量流失入海;地下蓄水条件不佳,超量开采,有海水入侵之危。长海县多数岛屿位于贫水区。境内有水库3座,总容量183.4万m^3。2016年,长海县乡镇以上9个集中式饮用水源地10项监测指标均符合《地表水环境质量标准》(GB 3838—2002)中的Ⅲ类标准;地下水例行监测全年除总大肠菌群超标外,其余各项指标年均值均符合《地下水质量标准》(GB/T 14848—1993)中的Ⅲ类水质标准(《长海年鉴2017》;2016年大连市国民经济和社会发展统计公报,2017-11-28/2019-11-19)。

二、水环境和固废环境

《长海年鉴2017》数据资料显示,2016年,长海县城污水已开始进厂处理,日处理污水能力2000 t。至年末,全县污水处理厂(站)34个,处理标准是一级B以上和一级A以上;日处理污水5800 t。2016年,长海县大长山岛镇垃圾场渗滤液处理项目已完成招投标工作,并进入施工阶段。

调研显示,2018年底,英杰村垃圾处理情况为:全村有垃圾集中收集箱263个;旱厕,用于浇地;镇里有一个垃圾堆放场。

英杰村主要存在养殖污染问题,碳排放与分泌物为主体。网包贝壳回填,主要对捕捞加工后的区域进行投放。

截至2019年8月,核桃村生活垃圾处理主要是将所有固体垃圾送至指定垃圾收集点;各家目前使用的是旱厕。渔业生产废弃物处理则是通过网包贝壳回填(图7-9、图7-10)。

图 7-9 核桃村废弃扇贝壳与养殖浮筏全景(王锡钢 摄)

图 7-10 核桃村渔场废弃的扇贝空壳(王锡钢 摄)

第四节 长海县村镇建设与资源环境耦合协调分析

一、村镇规模与水资源耦合协调分析

核桃村作为一个"海岛型"乡村,人口超老龄化,村里常住人口中一般四世同堂,老两辈多数都在村里长住,而小两辈就在城市上学和陪读。老人的养老供给主

要资金来自于子女、第三代和部分第四代,而第三代和第四代多以外出打工居多,打工首选大连市内,只有少部分(约 20%)在家从事海洋养殖工作。海洋养殖成本高(几十万至百万元)、回收期长(3~5 年),是当地村民无法从事养殖的主要限制因素。而外来企业资金支撑当地海产养殖,从事人员主要是外来工人,最低 300 元的日工资(工作时间一般在 12~18 小时)也很难雇佣到人。但渔业产值对 GDP 贡献较大,同时也要注重防范自然灾害。

核桃村平均每户籍人口拥有 0.3 亩旱田,多种植玉米,2018 年干旱绝收,2019 年预计也将绝收,玉米只长出了叶子没有穗,干旱缺水是导致绝收的主要原因,但村民没有多余的水和人力来浇灌田地。解决"最后一公里"的交通问题也同样困扰着村民。

二、村镇基础建设与资源环境耦合协调分析

2019 年 7 月,核桃村里安装了自来水,各家取消了水井,之前水井以干枯居多。粮食、蔬菜和水果都只能去镇里购买,不能自给。所有固体垃圾有指定垃圾收集点,会定时运至乡里的垃圾填埋场。各家目前使用的是旱厕。其上一级行政单元英杰村的海产养殖产生大量的贝壳类垃圾,尽管有一家企业做人工鱼礁石(日本引进),但销路不太好,多数还是以"投脏"的形式回填海区,核桃村目前也是这样的回填处理方式。2018 年底,英杰村的总收入达 6.32 亿元,开发了乡村地理特色旅游路线。

综上所述,随着经济社会发展水平的整体提高,大连市长海县的人居环境大有改善,贝类养殖实现生态回填,商贸等服务较为普及,其村镇建设与资源环境处于中等协调水平,养老策略的制定有待探索。

参 考 文 献

长海县人民政府,2019.长海县 2018 年国民经济和社会发展统计公报[EB/OL].(2019-07-10)[2019-11-19].https://www.dlch.gov.cn/details/index/tid/513816.html.
大连市统计局,2018.大连统计年鉴 2017[M].北京:中国统计出版社.
大连市统计局,2019.大连统计年鉴 2018[M].北京:中国统计出版社.
大连市统计局,2017.2016 年大连市国民经济和社会发展统计公报[EB/OL].(2017-11-28)[2019-11-19].https://stats.dl.gov.cn/art/2017/11/28/art_3812_557199.html.
高祥刚,于佐安,夏莹,等,2020.长海县渔业现状、问题及可持续发展对策[J].渔业信息与战略,35(4):257-261.
农业部渔业渔政管理局,2018.中国渔业年鉴 2017[M].北京:中国农业出版社.
辽宁省统计局,2018.辽宁统计年鉴 2017[M].北京:中国统计出版社.
辽宁省水利厅,2017.2016 年辽宁省水资源公报[EB/OL].(2017-03-24)[2019-11-19].https://

slt. ln. gov. cn/slt/jbgb/szygb/8E8E80B201F5475B88BDB6733FDB9914/index. shtml.
刘修泽,高祥刚,2019.长海县海域渔业资源图谱[M].长春:吉林科学技术出版社.
长海县政府网,2017.2016 年长海县国民经济和社会发展统计公报[EB/OL].(2017-05-11)
[2019-11-19].https://www.ahmhxc.com/tongjigongbao/7189.html.
中共长海县委党史研究室,2018.长海年鉴 2017[M].沈阳:辽宁民族出版社.
中共长海县委党史研究室,2019.长海年鉴 2018[M].沈阳:辽宁民族出版社.

第八章 盘锦市大洼区典型村镇建设与资源环境耦合协调分析

就城镇化地区的主体功能类型而言,辽宁省盘锦市区位优势明显,地处渤海湾中心地带,是辽宁沿海经济带主轴城市和渤海翼重要组成部分,居于东北亚经济圈与环渤海经济区的交叉点,是东北亚及内蒙古东部地区最近出海口(盘政办发〔2021〕19号,2021-12-23/2019-11-19)。本章从盘锦市大洼区村镇建设与资源环境现状出发,分析大洼区村镇建设与资源环境耦合协调情况,提出大洼区村镇建设与资源环境协调发展对策建议。

第一节 大洼区村镇建设与发展现状

辽宁省盘锦市(121°25′E—122°31′E,40°39′N—41°27′N)是辽宁省中部和西南部城市群区域枢纽城市,是沈阳与大连两大经济体的连接点、沈阳与京津冀经济圈之间的联接带。截至2020年,全市客货铁路运营里程260 km;高速公路里程141 km;港口码头达到28个;通用机场1个;普通公路达到3972 km;公路网密度达到101 km/100 km^2,位列全省第四。2020年盘锦市人口数量1389691人,从人口年龄构成上看,0~14岁人口占比12.02%,15~59岁人口占比65.31%,60岁及以上人口占比22.67%。2016年末,盘锦市平均每百户拥有小汽车24台,摩托车、电瓶车90辆(盘政办发〔2021〕19号,2021-12-23/2019-11-19;辽宁省第七次全国人口普查公报,2021-05-30/2022-07-19;盘锦市第三次全国农业普查主要数据公报,2019-05-02/2022-07-19)。

盘锦市大洼区位于辽宁省西南部、辽河三角洲中心地带,地处环渤海经济圈东北部,地理位置优越,交通便利,四通八达。大洼区"一小时经济圈"覆盖人口近2000万人,"2小时经济圈"覆盖全省各地。大洼区与辽宁省内各大城市构成"2小时经济圈",是东北地区对外开放的最前沿。沈大、京沈、盘海营高速公路,沈山铁路、沟海铁路和京沈高速铁路、疏港铁路,305国道以及跨越环渤海六市的滨海公路,东北第一景观桥——跨辽河大桥,年吞吐量亿吨的盘锦新港,以及近在咫尺的营口支线机场,构成了县域发达的水陆空综合交通体系,进一步彰显了大洼独特的区位优势(大洼概况,2022-01-10/2022-07-19;盘锦大洼:推进美丽宜居乡村建设 坚持生态优先彰显特色,2016-07-25/2022-07-19)。

2016年3月20日,国务院批准(国〔2016〕53号)大洼县撤县设区(陈浩然,2021)。2019年11月7日,经盘锦市人民政府批准(盘政〔2019〕121号《盘锦市人民政府关于同意大洼区部分街道行政区划调整的批复》),撤销荣滨街道办事处、荣兴街道办事处,整建制划归二界沟街道办事处管辖。调整后大洼区辖6个街道办事处,即二界沟、大洼、田家、榆树、王家、于楼;10个镇,即田庄台、东风、新开、清水、新兴、西安、新立、唐家、平安、赵圈河,共有89个社区居民委员会、99个村民委员会(《盘锦年鉴2020》)。

一、村镇建设规模

构建"以城带镇,以镇带村"的发展体系,是扎实推进新农村建设、整合村镇体系的重要突破口。在2016年撤县改区的背景下,盘锦市大洼区的发展正处于快速城镇化阶段,村镇体系易产生由快速城镇化导致的无序化,大洼区的村镇体系共涉及134个行政村(陈浩然,2021)。

根据盘锦市大洼区2021年国民经济和社会发展统计公报(2022-03-23/2022-07-19)数据,2019年,大洼区土地面积1816.1 km^2,城镇人口占比44.05%。2021年末,大洼区常住人口42.6万人,其中城镇人口26.7万人,乡村人口15.9万人,城镇化率62.68%,城镇人口占比有所增加。

大洼区各镇街户籍人口情况(《盘锦统计年鉴2020》)分析表明,2020年,大洼区城镇人口过万人的有3个街道、1个镇,二界沟街道(图8-1)位列第三,其总人口、总户数也均处于第三位(图8-2);二界沟街道城镇人口占比56.18%。

图8-1　二界沟街道工作委员会(王锡钢 摄)

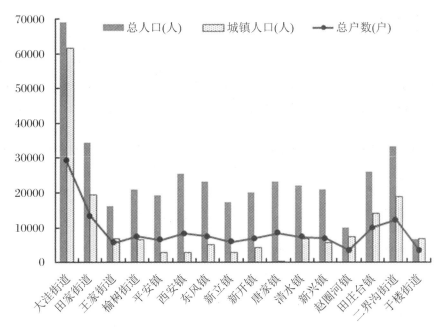

图 8-2　2020 年大洼区各镇街户籍人口情况

二界沟街道辽河社区地处二界沟街道东南部,区域面积 26.249 km^2,距街道办事处 12 km,随着城镇化建设步伐的加快,人口急剧增多。二界沟街道海兴社区、海隆社区(图 8-3)地处二界沟街道西部,区域面积 72.4 km^2,户籍人口 3424 户、8042 人,暂住人口 634 户,1600 多人距街道办事处 11 km 以内(二界沟街道成立滨河社区、海安社区居民委员会社会稳定风险评估公示,2022-06-10/2022-07-19)。

图 8-3　二界沟街道海隆社区(王锡钢 摄)

二、村镇经济发展

2019年,大洼区第一产业增加值占全市第一产业增加值占比最高,为54.9%。创建大洼国家现代农业产业园顺利通过农业农村部验收,成为全省首个国家级现代农业产业园(《盘锦年鉴2020》;2021年大洼区政府工作报告,2021-02-07/2022-07-19)。

2018—2020年,大洼区渔业产值对农林牧渔业产值(《盘锦统计年鉴2018》;《盘锦统计年鉴2019》;《盘锦统计年鉴2020》)的贡献均最大,渔业产值占比37.93%~42.93%。2018年,大洼区渔业产值中淡水产值为海水产值的2.43倍,2019年和2020年大洼区渔业产值中淡水产值为海水产值的近2倍(图8-4)。

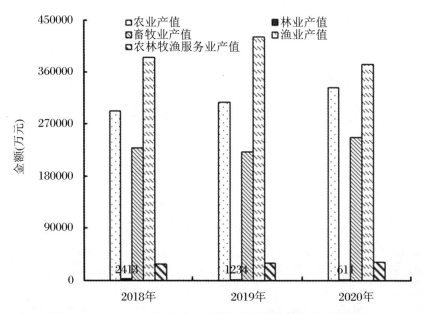

图8-4　2018—2020年大洼区农林牧渔业产值情况(按当年价格)

三、村镇社会发展

1. 教育、医疗

2016年末,盘锦市下辖有幼儿园、托儿所及有医疗卫生机构和有执业(助理)医师的乡镇均达到100%(盘锦市第三次全国农业普查主要数据公报,2019-05-02/2022-07-19)。

2. 交通、住建

二界沟街道区域内有一个大型中心渔港以及24个渔业码头,停靠各类船只达

600余艘,邻近盘锦市红海滩廊道、辽滨沿海经济技术开发区化工产业园。由于盘锦辽滨沿海经济技术开发区化工企业的不断开工入驻、渔业的开海捕捞,各地船员汇集,人口急剧增多,流动性大,渔民问题复杂,从业人员近2200人,渔业生产安全事故多发,社区对船舶及从业人员的精准排查、日常管理工作任务艰巨(二界沟街道成立滨河社区、海安社区居民委员会社会稳定风险评估公示,2022-06-10/2022-07-19)。

辽河在盘山县沙岭镇进入盘锦市境内,在大洼区二界沟街道入海,境内堤防长度104.06 km,境内流域面积2438 km²。近年来,辽河流域治理取得阶段性成效,但仍面临严峻挑战。盘锦市正将打好辽河流域综合治理攻坚战作为生态文明建设的重点任务,作为践行"绿水青山就是金山银山"理念,推动"发展保护"向"保护发展"转变的重要实践(市委书记付忠伟调研辽河综合治理保护情况,2019-05-29/2022-07-19)。

2016年末,盘锦市下辖的乡镇100%集中或部分集中供水;盘锦市下辖的村100%通电。2021全年城镇供水普及率和燃气普及率均达到100%(盘锦市第三次全国农业普查主要数据公报,2019-05-02/2022-07-19;盘锦市大洼区2021年国民经济和社会发展统计公报,2022-03-23/2022-07-19)。

3. 文化

2016年末,盘锦市下辖的乡镇100%有公园及休闲健身广场(盘锦市第三次全国农业普查主要数据公报,2019-05-02/2022-07-19)。

第二节 大洼区村镇建设的资源环境条件分析

大洼区风光秀美,文化繁荣。天下奇观——红海滩嫣红似火,世界之最——绿苇荡苍翠欲滴,渤海金滩——蛤蜊岗溢彩流光,优越的生态环境吸引了丹顶鹤、黑嘴鸥等260多种珍稀鸟类在这里驻足繁衍,湿地生态体系完备,是国家级一类生态示范区,境内的辽河三角洲湿地被列入《国际重要湿地名录》,被评为中国最美丽的六大沼泽湿地之一。这里有国家级、省级旅游景区景点20多处,被评为"辽宁省旅游强县""中国最具特色旅游目的地"和"中国旅游文化示范地"(盘锦大洼:推进美丽宜居乡村建设 坚持生态优先彰显特色,2016-07-25/2022-07-19)。2020年红海滩国家风景廊道晋升为国家5A级旅游景区(2021年大洼区政府工作报告,2021-02-07/2022-07-19)。

一、水环境和固废环境

2020年,大洼区3个国控断面水质均达到Ⅳ类标准,达标率为100%,同比改善40%；城市集中式饮用水水源地水质达标率为100%；近岸海域各点位年均值均超二类海水标准。2020年大洼区第三季度"千吨万人"集中式饮用水水源地水质检测，均为地下水水源，结果显示，二界沟街道集中式饮用水水源水质优良，监测结果均符合Ⅲ类标准，达标率为100%（盘锦市大洼区畜禽养殖污染防治规划（2021—2025），2022-03-31/2022-07-19；2020年大洼区第三季度"千吨万人"集中式饮用水水质状况报告，2020-09-18/2022-07-19）。

根据2021年3月25日盘锦市大洼区环境保护局检测报告（2021-03-31/2022-07-19），盘锦市大洼区区域内31个采样点位的地下水检测结果表明，水体总硬度、pH、氨氮、汞、铁、硝酸盐、挥发酚、锰测定值均符合标准。

2021年，大洼区城镇污水处理率、生活垃圾无害化处理率、供水普及率和燃气普及率均达到100%。全区森林覆盖率2.0%。全年城镇环境空气质量平均优良天数为318天，优良天数比例为87.1%。其中，环境空气优级天数为129天。2016年末，盘锦市下辖100%的乡镇生活垃圾集中处理或部分集中处理（盘锦市大洼区2021年国民经济和社会发展统计公报，2022-03-23/2022-07-19；盘锦市第三次全国农业普查主要数据公报，2019-05-02/2022-07-19）。

大洼区获全国"四好农村路建设示范县"称号（盘政办发〔2021〕19号，2021-12-23/2019-11-19）。大洼区成为国家农村人居环境整治专项项目县，其环境综合治理工程实施建设主要涵盖河流治理、生态修复和小流域水土保持等（《盘锦年鉴2020》）。2019年，盘锦市争取到省以上资金2.84亿元。重点开展辽河干流综合治理工作。着力推进大洼南河沿泵站改造、西部中小河流治理、三道沟、佟家沟、小亮沟等重点工程建设。推进生态修复工程建设，实施大洼区榆树街道拉拉村生态清洁小流域水土保持治理工程。大洼区环境质量总体改善。

二、水产资源

根据《盘锦年鉴2020》资料，2019年，盘锦市南部沿海，15 m等深线以内浅海水域约20万公顷，鱼、虾、蟹资源蕴藏量约4万～5万t，占辽东湾蕴藏总量的70%。其中3 m等深线以内沿岸浅海水域约1.9万公顷，海贝类蕴藏量约2.7万t。

2019年，盘锦市滩涂面积3.92万公顷，天然饵料丰富，适宜发展对虾、贝类。其中，可用于养殖对虾的面积1.34万公顷，可用于贝类养殖的面积1万余公顷。素有"盘锦文蛤库""渤海金滩"之誉的二界沟蛤蜊岗资源面积0.77万公顷，号称"天下第一鲜"——文蛤的产量在1.5万t以上，是辽宁省著名的文蛤出口基地。

第三节　大洼区村镇建设与资源环境耦合协调分析

从大洼区地区生产总值、居民人均可支配收入变化和从事一、二、三产业农村劳动力数量总结大洼区村镇发展定位,分析村镇建设与资源环境耦合协调性。

一、村镇发展定位

1. 旅游业主导型

盘锦大洼县"红海滩国家风景廊道"于 2013 年 8 月中旬开通,红海滩国家风景廊道项目于 2012 年 7 月开始修建,南起二界沟混江沟大桥,北至盘锦红海滩湿地旅游度假区接官厅大桥与旅游路接口,全长 18 km。基于整个 18 km 的红海滩岸线及滨海公路两侧的海洋、渔业、农业、湿地、石油设施等资源,规划了自驾车露营体系、户外游憩体系、爱情漫游体系、休闲渔业体系、休闲农业体系,形成了以滨海公路为主轴的集观光、深度体验于一体的"红海滩国家风景廊道"(盘锦大洼县红海滩国家风景廊道开通,2013-09-09/2022-07-19)。红海滩国家风景廊道二界沟大门是景区的南大门,因二界沟小镇而得名。二界沟小镇是"古渔雁"文化的发源地。二界沟是海水潮汐形成的大潮沟,沟宽水阔,渔船出入便利,是辽东湾的天然渔港之一。景区有以稻草为原料、以神话故事为主题编制的老坨子神泉、接官厅的故事、蛤蜊公主等景观,全球目前最大的草编巨龙栩栩如生,形象地演绎了"古渔雁"文化的内涵(红海滩国家风景廊道打造冬季旅游项目,2019-01-02/2022-07-19)。

(1) 大洼区地区生产总值

2016—2020 年大洼区一、二、三产业生产总值数据来自相应年份的《盘锦统计年鉴》,结果表明,除 2016 年以外,2017—2020 年大洼区第三产业生产总值均高于第一、第二产业;2020 年,大洼区第三产业生产总值占比该年第一和第二产业生产总值之和的 94.50%(图 8-5);2019 年,大洼区地区生产总值 132.17 亿元,全年共接待游客 303 万人次,旅游业综合收入 15.9 亿元,旅游业收入占大洼区地区生产总值的 12.03%。

(2) 大洼区居民人均可支配收入

如图 8-6 所示,"十三五"期间,大洼区居民人均可支配收入增长了 84.84%(其中,2016—2017 年数据为农村常住居民人均可支配收入,2018—2020 年数据为城镇常住居民人均可支配收入)(大政发〔2021〕1 号,2021-06-22/2022-07-19)。

(3) 大洼区一、二、三产业乡村从业人员数量及分布

大洼区一、二、三产业乡村从业人员数量及分布情况数据来自《盘锦统计年鉴

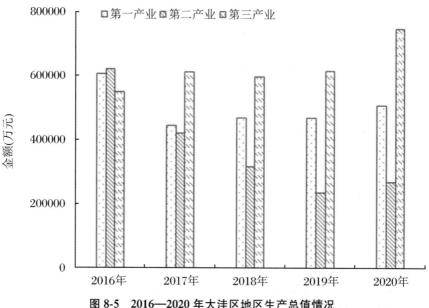

图 8-5 2016—2020 年大洼区地区生产总值情况

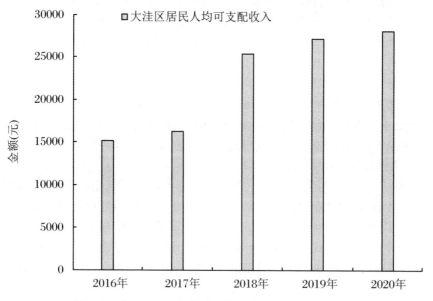

图 8-6 2016—2020 年大洼区居民人均可支配收入情况

2018》。2018 年,大洼区第三产业乡村从业人员数量占第一、二、三产业乡村从业人员数量之和的 28.44%;而大洼区第三产业的乡村从业人员分布显示,从事批发零售业和住宿餐饮业的人员合计占第三产业乡村从业人员的 43.71%,而外出乡村从业人员占比达 27.59%(图 8-7)。

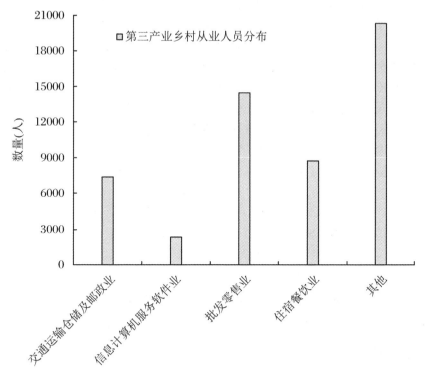

图 8-7　2018 年大洼区第三产业乡村从业人员分布情况

综上所述,大洼区基本是以旅游产业为主导的发展定位。2021 年"五一"假日期间,大洼区旅游经营业绩取得了历史性突破。据不完全统计,5 月 1 日全区旅游实现首日"开门红",当日共接待游客 15.92 万人次,实现旅游收入 5689 万元。经测算,2021 年 5 月 1 日—5 月 5 日,全区共接待游客 58.16 万人次,实现旅游收入 2.15 亿元。2021 年末,大洼区有旅行社 10 家,全年接待游客 253 万人次,旅游总收入 7.6 亿元,民宿接待床位 2000 余张(大洼区"五一"假日旅游市场火爆　呈现爆发式增长,2021-05-08/2022-07-19;盘锦市大洼区 2021 年国民经济和社会发展统计公报,2022-03-23/2022-07-19)。

2. 渔业 + 文旅业主导型

(1) 二界沟街道非遗项目

二界沟位于大洼西南部,濒临渤海,自古就有"大洼第一渔镇"的美誉,是一个真正意义上的天然渔港、鱼米之乡。在漫长的历史长河中,二界沟凭借独特的自然风光及地理区位,逐渐孕育和形成了独具地域特色的"二界沟海洋文化",并最终成为盘锦市甚至辽宁沿海地区"海洋文明"的代表。近年来,二界沟街道结合乡村振兴战略、经济转型发展战略等有利机遇,带领广大人民群众全力提炼整合二界沟地域特色文化,切实做好地域特色文化的保护和传承工作。

2016 年以来,为进一步宣传弘扬二界沟"古渔雁"文化,二界沟街道连续 4 年成功打造了集二界沟众多地域文化于一体的大型非遗项目展示活动"二界沟开海节",每年都能吸引到数万游客和媒体前来欣赏报道,其中2018年的第三届"二界沟开海节"不仅得到了辽宁春季旅游活动启动仪式的殊荣,活动画面更是登上了央视《新闻联播》栏目,可谓影响力十足。2018年10月8日,盘锦市非物质文化遗产"二界沟渔家号子"代表辽宁省赴江西赣州参加了2018年"第十一届中国民间艺术节暨第十四届中国民间文艺山花奖·优秀民间艺术表演(民歌)"初评活动,由此可以看出,二界沟的海洋文化已经站在了全省的文化顶端(大洼区政协十届三次会议提案:第37号,2020-11-27/2022-07-19)。

"排船"这项古老技艺的延续,从来也没有明确的文字记载,更无精确的图画标示,只是通过匠人在实际操作过程中的口耳相授,一代一代地传续下来。二界沟"排船"(图8-8),作为省级非物质文化遗产,其代表性传承人是张兴华,从事排船专业33年,独立排船800艘,维修保养木渔船3000艘次,在盘锦渔业安全生产、建设环保绿色海洋、传承辽船传统文化等方面发挥了巨大的现实作用(小渔村里的大国工匠——记二界沟造船师傅张兴华,2021-12-13/2022-07-19)。据调研,辽宁省是我国木渔船占比最高的沿海省份,数量占渔船总数的比例高达92%～93%,自古传承下来的、以传统工艺打造的木渔船,仍大量航行在渤海辽东湾海域。

图8-8 二界沟"排船"(王锡钢 摄)

2021年,辽宁省人民政府公布了第六批省级非物质文化遗产代表性项目评审结果,大洼区新增3项,其中二界沟街道郭氏虾油虾酱制作技艺榜上有名。近年来,大洼区高度重视非物质文化遗产保护工作,认真贯彻落实"抢救第一,保护为主,合理利用,传承发展"的工作方针(大洼区大力传承保护非物质文化遗产助力文旅产业蓬勃发展,2021-01-13/2022-07-06)。

(2)渔业+旅游服务业

2020年5月,盘锦弘海水产有限公司通过申请,依法取得位于大洼区二界沟街道47.076公顷、297.302公顷海域使用权,养殖方式为滩涂底播(水域滩涂养殖证办理公示,2020-10-09/2022-07-06)。

2021年,大洼区部分镇街工业企业总数显示,数量过百的镇有1个,拥有规模以上工业企业的镇有9个;营业面积50 m² 以上的综合商店或超市个数达178个的镇有1个,除新立镇每千人不足1个以外,其他镇街每千人拥有的营业面积50 m² 以上的综合商店或超市个数在1～5个之间(图8-9)(《中国县域统计年鉴(乡镇卷)2021》)。

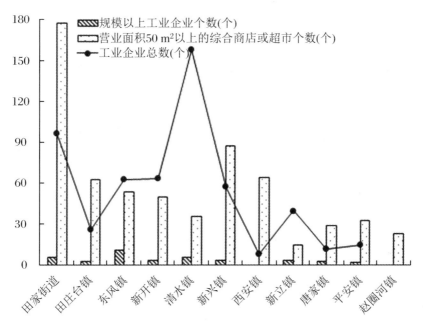

图8-9 2021年大洼区部分镇街工业企业、综合商店(超市)数量情况

截至2017年,大洼区已建成县道194 km、乡道429 km、村道490 km、专用公路70 km,农村公路网密度达到85 km/100 km²,荣获全国"四好农村路"示范县区。"镇村公交"已覆盖全部行政村和自然村,实现了"村村通公交,村村通油路"(镇村公路提档升级促进惠民便民,2019-11-27/2022-07-06)。

根据辽宁省统计局2017年乡(镇)社会经济基本情况年报,二界沟街道(以及荣滨街道和荣兴街道)区域面积277.59 km²,估算二界沟街道双向泊车承载量约为7865台。

二、耦合协调性分析

大洼区生态用地(湿地(沿海滩涂＋内陆滩涂)、林地、草地、河流水面、水库水面)占行政区面积的比值由2016年的30.07%降低至2019年的28.94%(《盘锦统计年鉴 2017》；《盘锦统计年鉴 2020》；《中国县域统计年鉴（县市卷）2017》；《中国县域统计年鉴（县市卷）2020》）。人均最少耕地面积（公顷/人），采用粮食自给率（取1，表示完全自给）和人均粮食需求量 400（kg/人）之积，再除以粮食作物（水稻、玉米、大豆等）产量（kg）和相应粮食作物播种面积之商，该值由 2016 年的 0.054 公顷/人降低到 2019 年的 0.051 公顷/人，耕地压力变小；耕地非粮化，采用 1－（粮食播种面积/农作物播种面积）获得，耕地环境压力采用化肥施用折纯量/农作物播种面积，再除以化肥施用安全标准（225 kg/公顷）（曾桂华，2011）获得，大洼区耕地非粮化值由 2016 年的 0.15 变为 2020 年的 0.09，而耕地环境压力由 2016 年的 1.43 变为 2020 年的 1.21，说明大洼区耕地仍以粮食作物生产为主，且耕地环境压力变小（数据来自相应年份《盘锦统计年鉴》）。

根据《盘锦统计年鉴 2020》与 2020 年 11 月 1 日零时标准时点盘锦市第七次全国人口普查公报（2021-06-10/2022-07-06）的人口数据，2020 年大洼区"常户人口比"（即常住人口/户籍人口）为 0.966，可见大洼区常住人口数量低于户籍人口数量。

综上所述，大洼区村镇建设与资源环境耦合协调性较好，耕地压力变小，耕地资源较好；耕地环境压力降低，环境向好。大洼区二界沟街道要主动承接辽东湾新区溢出效应，认真谋划产业发展方向（图 8-10）。围绕二界沟街道"古渔雁"文化、"排船"文化等资源，精心设计旅游线路，组织丰收节、开海节等丰富多彩的活动，加大宣传推介力度，做强旅游"大文章"，进一步提升影响力和知名度（林学玮深入赵圈河镇、二界沟镇开展工作调研，2022-02-18/2022-07-06）。

图 8-10　辽东湾新区创业孵化中心（王锡钢　摄）

第四节　协调发展对策建议

主要面向农业农村集中发展区与农业资源化利用、发展现代农业、生态禀赋和优势价值、发展乡村振兴产业4个方面提出建议,资料主要来自盘锦市大洼区畜禽养殖污染防治规划(2021—2025)(2022-03-31/2022-07-19)和大政发〔2021〕1号文件(2021-06-22/2022-07-19)。

(1)农业农村集中发展区与农业资源化利用。大洼区一直致力于加强省级农产品集聚区建设,重点打造辽东湾省级农产品加工集聚区,形成集聚区空间布局和产业布局相结合、产业优势与集聚区特色相协调、产业发展与城镇建设相融合的发展体系。建设粮食储备集散中心和精深加工产业基地,构建以辽东湾新区为核心,大洼临港经济区为拓展,榆树、平安、清水等大米加工集聚区为支撑点的发展布局。

在农业资源化利用上,2020年大洼区在东风镇、新立镇、唐家镇、赵圈河镇、田家街道、王家农场、三角洲、二界沟街道8个镇、街道及农场实施秸秆机械化灭茬还田项目,灭茬还田总面积达到122775.55亩,每亩施工作业补助40元。

(2)着力发展现代农业。依托农业基础优势,引育现代种业、现代渔业、农产品加工业、休闲观光农业等现代农业,构建集农产品供给、生活休闲和生态服务功能于一体的都市型现代农业产业体系。以国家现代农业产业园为依托,以大米、河蟹、碱地柿子等5个国家地理标志产品为引领,以光合蟹业和千鹤米业两个产业联合体为突破,不断探索农业农村现代化经营模式。规划建设蓝色渔业发展区,扩大文蛤、河蟹、对虾等国家级、省级良种场建设规模,持续推进"养大蟹"工程,建设水产良种繁殖、健康养殖、资源保护、加工和冷链物流基地,打造"蓝色粮仓"。

(3)充分释放地球"双肾"生态禀赋和优势价值,用活湿地景观、养生温泉、乡村民宿、民族风情、渔雁文化等特色旅游资源。突出生态特质与人文情怀,精心设计载体,布局精品项目,推进深度体验,以"5+8"全季节旅游活动和旅游产品(5个全季节旅游活动:卧龙湖冬捕、湿地观鸟、绿苇红滩、稻香蟹肥和冰雪娱乐四季文旅系列活动;8个全季节旅游产品:湿地观光、田园风情、温泉康养、民俗休闲、乡村采摘、研学科普、冰雪度假和特产购物)为支撑,加快建设赵圈河、二界沟、田庄台、平安、西安、新立一带特色景区和全域休闲旅游体验区,打造体现湿地之都、北国水乡、田园城市的特色休闲旅游金名片。

(4)发展乡村振兴产业。围绕乡村振兴产业园建设,打造种类齐全、务实管用的乡村振兴产业体系,以乡村振兴产业博览会为平台,抢占北方乃至全国美丽乡村建设大市场,将大洼打造成为乡村振兴产业发展的集聚区、农村创新创业的先导区、美丽乡村建设的示范区。释放国家现代农业产业园、中国好粮油等国字号项目的带动效应,培育壮大农业产业化龙头企业。加快新立镇国家级农村产业融合发展示范园建设,推动一、二、三产业融合发展。支持盘锦大米、盘锦河蟹两大产业联盟快速发展,大力推行"联盟企业+新型经营主体+农民+基地+优质品种"生产模式,实现管理集团化、土地规模化、品种优质化、生产标准化、种养生态化、经营品牌化发展。

参 考 文 献

陈浩然,2021.盘锦市大洼区村镇体系优化研究[D].沈阳:沈阳建筑大学.

城乡统筹发展网,中国网,2016.盘锦大洼:推进美丽宜居乡村建设 坚持生态优先彰显特色[EB/OL].(2016-07-25)[2022-07-19].http://www.zgcxtc.cn/news/143457.html.

大洼区人民政府,2021.小渔村里的大国工匠:记二界沟造船师傅张兴华[EB/OL].(2021-12-13)[2022-07-19].http://www.dawa.gov.cn/2021_12/13_09/content-353041.html.

大洼区人民政府,2013.盘锦大洼县红海滩国家风景廊道开通[EB/OL].(2013-09-09)[2022-07-19].http://www.dawa.gov.cn/2013_09/09_00/content-181580.html.

大洼区人民政府,2020.2020年大洼区第三季度"千吨万人"集中式饮用水水质状况报告[EB/OL].(2020-09-18)[2022-07-19].http://www.dawa.gov.cn/2020_09/18_16/content-288103.html.

大洼区人民政府,2022.大洼概况[EB/OL].(2022-01-10)[2022-07-19].http://www.dawa.gov.cn/8576/.

大洼区人民政府,2021.大洼区"五一"假日旅游市场火爆,呈现爆发式增长[EB/OL].(2021-05-08)[2022-07-19].http://www.dawa.gov.cn/2021_05/08_10/content-320681.html.

大洼区人民政府,2021.大洼区大力传承保护非物质文化遗产助力文旅产业蓬勃发展[EB/OL].(2021-01-13)[2022-07-06].http://www.dawa.gov.cn/2021_01/06_14/content-346004.html.

大洼区人民政府,2020.大洼区政协十届三次会议提案:第37号《关于进一步传承和保护二界沟海洋文化的建议》的答复[EB/OL].(2020-11-27)[2022-07-19].http://www.dawa.gov.cn/2020_11/27_16/content-298266.html.

大洼区人民政府,2021.关于印发《盘锦市大洼区国民经济和社会发展第十四个五年规划和二〇三五年远景目标纲要》的通知(大政发〔2021〕1号)[EB/OL].(2021-06-22)[2022-07-19].http://www.dawa.gov.cn/2021_06/22_14/content-328297.html?verify=1.

大洼区人民政府,2019.二界沟街道成立滨河社区、海安社区居民委员会社会稳定风险评估公示[EB/OL].(2022-06-10)[2022-07-19].http://www.dawa.gov.cn/2022_06/10_16/content-375156.html.

大洼区人民政府,2019.红海滩国家风景廊道打造冬季旅游项目[EB/OL].(2019-01-02)[2022-07-19].http://www.dawa.gov.cn/2019_01/02_13/content-179835.html.

大洼区人民政府,2022.林学玮深入赵圈河镇、二界沟镇开展工作调研[EB/OL].(2022-02-18)[2022-07-06].http://www.dawa.gov.cn/2022_02/18_14/content-362455.html.

大洼区人民政府,2022.盘锦市大洼区2021年国民经济和社会发展统计公报[EB/OL].(2022-

大洼区人民政府,2022.盘锦市大洼区人民政府关于2022年上半年国民经济和社会发展情况的报告[EB/OL].(2022-03-23)[2022-07-19].http://www.dawa.gov.cn/2022_03/23_09/content-366406.html.

大洼区人民政府,2021.盘锦市大洼区环境保护局检测报告[EB/OL].(2021-03-31)[2022-07-19].http://www.dawa.gov.cn/2021_03/31_15/content-315591.html.

大洼区人民政府,2020.水域滩涂养殖证办理公示[EB/OL].(2020-10-09)[2022-07-06].http://www.dawa.gov.cn/2020_10/09_10/content-290089.html.

大洼区人民政府,2019.镇村公路提档升级促进惠民便民[EB/OL].(2019-11-27)[2022-07-06].http://www.dawa.gov.cn/2019_11/27_13/content-179470.html.

大洼区人民政府,2022.盘锦市大洼区畜禽养殖污染防治规划(2021—2025)[EB/OL].(2022-03-31)[2022-07-19].http://www.dawa.gov.cn/2022_03/31_20/content-367251.html.

大洼区人民政府,2019.市委书记付忠伟调研辽河综合治理保护情况[EB/OL].(2019-05-29)[2022-07-19].http://www.dawa.gov.cn/2019_05/29_11/content-181971.html.

国家统计局农村社会经济调查司,2018.中国县域统计年鉴(县市卷)2017[M].北京:中国统计出版社.

国家统计局农村社会经济调查司,2021.中国县域统计年鉴(县市卷)2020[M].北京:中国统计出版社.

国家统计局农村社会经济调查司,2022.中国县域统计年鉴(乡镇卷)2021[M].北京:中国统计出版社.

辽宁省统计局,2021.辽宁省第七次全国人口普查公报[1](第二号)[EB/OL].(2021-05-30)[2022-07-19].https://tjj.ln.gov.cn/tjj/tjxx/tjgb/rkpcgb/4ABD4664458747479993A92DE2521140/index.shtml.

辽宁省统计局,2021.辽宁省第七次全国人口普查公报[1](第四号)[EB/OL].(2021-05-30)[2022-07-19].https://tjj.ln.gov.cn/tjj/tjxx/tjgb/rkpcgb/599A9740DB0E4710A5AA1B0DB9C4B3F4/index.shtml.

盘锦市档案馆(盘锦市地方志办公室),2021.盘锦年鉴2020[M].沈阳:辽海出版社.

盘锦市人民政府,2021.2021年大洼区政府工作报告[EB/OL].(2021-02-07)[2022-07-19].http://panjin.gov.cn/html/1911/2021-02-07/content-90436.html.

盘锦市人民政府,2021.盘锦市人民政府办公室关于印发盘锦市交通运输发展"十四五"规划的通知(盘政办发〔2021〕19号)[EB/OL].(2021-12-23)[2019-11-19].http://www.panjin.gov.cn/html/1875/2021-12-23/content-109560.html.

盘锦市统计局,2021.盘锦市第七次全国人口普查公报[EB/OL].(2021-06-10)[2022-07-06].http://tjj.panjin.gov.cn/2021_06/10_08/content-326970.html.

盘锦市统计局,2019.盘锦市第三次全国农业普查主要数据公报[EB/OL].(2019-05-02)[2022-07-19].http://tjj.panjin.gov.cn/2019_05/22_10/content-209948.html.

盘锦统计年鉴2016[EB/OL].(2020-10-15)[2022-07-19].https://www.panjin.gov.cn/html/1757/2020-10-15/content-84781.html.

盘锦统计年鉴2017[EB/OL].(2020-10-16)[2022-07-19].https://www.panjin.gov.cn/html/1757/2020-10-16/content-84759.html.

盘锦统计年鉴2018[EB/OL].(2020-10-16)[2022-07-19].https://www.panjin.gov.cn/html/1757/2020-10-16/content-84760.html.

盘锦统计年鉴2019[EB/OL].(2021-03-23)[2022-07-19].https://www.panjin.gov.cn/html/

1757/2021-03-23/content-92688.html.

盘锦统计年鉴 2020[EB/OL].(2022-01-13)[2022-07-19]. https://www.panjin.gov.cn/html/1757/.

曾桂华,2011. 我国农业面源污染现状与防治对策探讨[J]. 中国科技信息,2:96-97,105.

第九章　乡镇发展类型划分与优化发展

科学地分类区划,为各乡镇选择适宜的发展模式是乡镇经济发展急需解决的问题。本章根据乡镇发展主导产业与生活居住差异性特征,通过探索乡镇发展类型判定方法,以辽宁省所辖乡镇为研究对象,结合构建的乡镇发展指标体系,揭示乡镇发展得分空间格局,划分乡镇发展类型并分析其空间格局,进而提出不同乡镇发展类型的优化发展方向。

第一节　乡镇发展类型判定方法

一、乡镇发展得分

对于乡镇发展得分,其平均得分越高,意味着某乡镇在该目标层上越有优势。以 13 项指标数据为基础,采用极值法对每个指标进行标准化。

正指标:

$$X'_{rij} = \frac{X_{rj} - X_{\min j}}{X_{\max j} - X_{\min j}} \tag{1}$$

负指标:

$$X'_{rij} = \frac{X_{\max j} - X_{rj}}{X_{\max j} - X_{\min j}} \tag{2}$$

式中,X'_{rij} 是指标 X_{rj} 的标准化值,X_{rj} 是第 j 个指标的初始值,$X_{\max j}$ 和 $X_{\min j}$ 分别是所有乡镇第 j 个指标的最大值和最小值,i 是乡镇数量,r 是目标层数。

本章中各项指标性质均为正向,故而均采用式(1)进行标准化。

$$D_{ri} = \frac{\sum X'_{rij}}{m} \tag{3}$$

式中,D_{ri} 为 r 目标层 i 乡镇的指标的平均得分,m 为 r 目标层的指标数量。

二、基于头部优势的乡镇发展类型分类

参考段学军等（2022）的村镇分类方法，我们对各目标层所有乡镇指标的平均得分从大到小进行排序，将前10%的乡镇划分为基于头部优势的乡镇发展类型。

若某乡镇仅存在一种头部优势，则将该乡镇划分为"单优势"的乡镇发展类型。

若某乡镇存在2种及以上头部优势（出现先后不代表排序），则将该乡镇划分为"多优势"的乡镇发展类型。

三、基于复合优势的乡镇发展类型分类

当某乡镇不具备具有头部优势的乡镇发展类型时，采用复合优势进行乡镇发展类型划分。各乡镇6组指标得分与各组指标得分的平均值的差值大于0，则划分为复合优势的乡镇发展类型。若某一乡镇基于多种复合优势，那么将其复合优势最大值的发展类型定义为该乡镇的复合优势发展类型。具体公式为

$$C_{ri} = \text{Max}(D_{ri} - \overline{D}) \tag{4}$$

$$\overline{D} = \frac{\sum D_{ri}}{T} \tag{5}$$

式中，C_{ri}为基于复合优势的乡镇发展类型分类；$\overline{D}$为全省乡镇r目标层指标的平均得分的平均值；T为乡镇总数量，这里$T = 849$。

四、基于非优势的乡镇发展类型分类

各乡镇6组指标得分与各组指标得分的平均值的差值小于等于0，则划分为非优势的乡镇发展类型。

第二节　乡镇发展指标体系构建

根据乡镇发展现状、产业及主体经营模式的差异，参考段学军等（2022）总结的村镇发展类型，我们以辽宁省乡镇为基本单元，选取13项可量化指标，构建涵盖种植、养殖、工矿、商旅、居住、生态6个目标层的乡镇发展指标体系，如表9-1所示。乡镇发展得分与乡镇发展类型划分的分析框架见图9-1。

表 9-1　乡镇发展指标体系评价指标的选取与计算

目标层(r)	描述	指标层(X_{rj})与计算
种植	粮食种植	耕地面积(km^2)
		粮食作物播种面积(km^2)
养殖	畜禽养殖	畜禽养殖大户数(个)
工矿	工矿业为主	工业产值(万元)
		规模以上工业(万元)
商旅	第三产业为主	住宿餐饮企业营业总收入(万元)
		社会消费品零售总额(万元)
		星级饭店个数(个)
居住	人口居住和生活	常住人口占比(%) = 常住人口/户籍人口×100%
		小学在校学生数占比(%) = 小学在校学生数/常住人口×100%
		执业(助理)医师数占比(%) = 执业(助理)医师数/常住人口×100%
		公园及休闲健身广场个数(个)
生态	生态环境保护为主	生态用地(林地+草地+水体+沼泽地)占比(%) = 生态用地面积/行政区面积×100%

各指标的数据来源为：乡镇边界下载自 OpenStreetMap（https://www.openhistoricalmap.org/）；2015 年土地利用类型（包括林地、草地、水体和沼泽地）面积，数据来自相关政府部门；其他指标数据来自 2017 基准年的辽宁省（案例区）统计局统计数据。

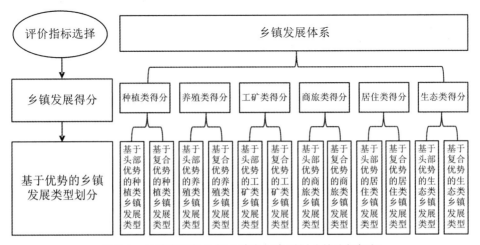

图 9-1　乡镇发展得分与乡镇发展类型划分的分析框架

第三节　辽宁省乡镇发展类型划分与优化发展

一、辽宁省概况

辽宁省(118°53′E—125°46′E,38°43′N—43°26′N)位于中国东北地区南部,辖沈阳市、大连市、鞍山市、抚顺市、本溪市、丹东市、锦州市、营口市、阜新市、辽阳市、盘锦市、铁岭市、朝阳市、葫芦岛市14个市。辽宁省地貌多样,东部山地丘陵,中部平原,西部丘陵低山。辽宁省南部濒临渤海、黄海,辽东半岛斜插于两海之间。辽宁省乡镇发展分类亦受其地形影响。

辽宁省各地级市省内可达性水平在空间分布上呈现"中心—外围"状空间分布,并且在空间上沿京哈客运专线、哈大高速铁路呈东南、西南、北部拉伸的空间分布格局。经济联系强度指数较大的市有大连市、本溪市、锦州市、营口市、盘锦市、铁岭市,较低的市为丹东市、阜新市、朝阳市、葫芦岛市,以沈阳为核心、以沈阳经济区为外围向边缘地区逐渐递减的"中心—外围"状空间分布状态逐渐强化(罗智霞, 2017)。2016年末,辽宁省粮食种植面积占农作物播种面积的79.51%,其中,玉米和水稻分别占粮食种植面积的69.90%和17.41%(《辽宁统计年鉴2017》)。以辽宁省所辖镇(乡、街道)(下文统称为"乡镇")为研究单元,最终筛选出有效乡镇849个展开以下分析。

二、乡镇发展得分的空间格局及其影响因素分析

1. 乡镇发展得分的空间格局

种植类乡镇发展得分的高值区主要位于地势平缓、有利于耕种的辽河平原上,这里土地平坦,年降水量600 mm左右;还有位于辽西朝阳市建平县内的部分乡镇,以及一少部分在辽东半岛东部沿海地区(黄海翼)的乡镇。

养殖类乡镇发展得分的中、高值区主要位于辽西地区,集中在城市消费市场周边。

工矿类乡镇发展得分的中、高值区分布在京沈(北京—沈阳)、哈大(哈尔滨—大连)、丹大(丹东—大连)交通枢纽沿线,形成明显的经济廊道。另一个高值区形成以大连为核心地域夹角的辐射状分布,沿着辽东半岛的东麓。

商旅类乡镇发展得分的若干高值区出现在辽宁省中部和东部地区、辽东半岛沿海及山区。这些区域的交通可达性和山水地貌为商旅发展提供了客观条件。

居住类乡镇发展得分的中、高值区主要分布在辽宁省中部平原地区和辽东半

岛滨海丘陵地区,大部分集中在市辖区范围内,部分集中在县级市,紧邻市区,呈现团簇状空间分布格局。居住类乡镇发展得分的低值区主要集中在辽宁东部长白山地和西部山地。

生态类乡镇发展得分大体与居住类乡镇发展得分、种植类乡镇发展得分、养殖类乡镇发展得分、工矿类乡镇发展得分的集合形成互余式分布,高值区集中在辽宁省西部山地生态脆弱区和东部长白山生态功能区。生态类乡镇发展得分的低值区主要分布在辽宁省中部。

2. 乡镇发展得分空间格局的影响因素分析

辽宁省东部是自然保护区高密度分布区,发挥着重要的水源功能(孔颖等,2021;Li et al.,2022)。受地形条件的影响,这里耕地面积较少,种植类乡镇发展得分非常低。

养殖类乡镇发展得分的空间格局明显受到市场规模以及市场位置的影响。

辽东半岛沿海及山区属于商旅类乡镇发展得分的高值区。2009年7月1日,国务院批准《辽宁沿海经济带发展规划》,标志着辽宁沿海作为整体开发区域被纳入国家战略。2014年,辽宁省人民政府印发《辽宁省主体功能区规划》(辽政发〔2014〕11号),提出了"一核、一轴、两翼"(一核:大连市,一轴:大连市—营口市—盘锦市,渤海翼:盘锦市—锦州市—葫芦岛市渤海沿岸,黄海翼:大连市—丹东市黄海沿岸以及主要岛屿)的总体布局框架。辽宁省沿海和海洋资源丰富(Wang et al.,2015),渤海翼和黄海翼为黑、吉、辽三省及内蒙古自治区提供了沿海旅游,公路交通纵深达2000多公里(从黑龙江省漠河市至辽宁省大连市)。

居住类乡镇发展得分的空间格局与《辽宁省主体功能区规划》中"一核、一轴、两翼"及"一核、五带"(以沈阳为核心,打造沈抚、沈本、沈铁、沈辽鞍营、沈阜五条城际连接带)两大空间发展格局基本吻合。以此为基础的城镇化战略格局进一步发展。

生态类乡镇发展得分的高值区集中在第一、二产业相对不发达地区,而辽宁省中部的生类态乡镇发展得分受建设用地扩展和经济发展影响较大(Li et al.,2020)。辽宁省中部的双台河口、大辽河口以及辽宁省东部的鸭绿江口为河流入海口,森林覆盖率较低。

三、优势乡镇发展类型与空间格局

1. 头部优势和复合优势、非优势乡镇发展类型与空间格局

基于头部优势和复合优势的乡镇发展类型的乡镇数量和占比,获得6种乡镇发展类型排序。头部优势的乡镇发展类型占比呈现:生态类＞种植类＞居住类＝养殖类＞工矿类＞商旅类。头部优势的乡镇发展类型的生态类占比最高为10.01%,其次是种植类9.78%,商旅类占比最低为3.53%(表9-2)。

复合优势的乡镇发展类型占比呈现：生态类＞种植类＞居住类＞养殖类＞商旅类＞工矿类。复合优势的乡镇发展类型的生态类占比最高为29.68%，其次是种植类15.08%，工矿类占比最低为0.12%（表9-2）。

从头部优势和复合优势的乡镇发展类型的乡镇总数量占比来看，6种乡镇发展类型排序呈现：生态类＞种植类＞居住类＞养殖类＞工矿类＞商旅类。头部优势和复合优势的生态类乡镇发展类型的综合占比最高达39.69%，种植类其次占比为24.85%（表9-2）。

表9-2 辽宁省头部优势和复合优势乡镇发展类型的乡镇数量和占比

类　别	优势类别	涉及乡镇数量(个)	总数量(个)	相应占比(%)	综合占比(%)
种植类	头部优势类	83	211	9.78	24.85
	复合优势类	128		15.08	
养殖类	头部优势类	57	72	6.71	8.48
	复合优势类	15		1.77	
工矿类	头部优势类	53	54	6.24	6.36
	复合优势类	1		0.12	
商旅类	头部优势类	30	35	3.53	4.12
	复合优势类	5		0.59	
居住类	头部优势类	57	91	6.71	10.72
	复合优势类	34		4.00	
生态类	头部优势类	85	337	10.01	39.69
	复合优势类	252		29.68	

辽宁省6种类型乡镇表现出明显的空间分异特征。头部优势和复合优势的乡镇发展类型的生态类主要集中分布在辽宁省东部的长白山—千山地区和辽宁省西部的努鲁尔虎山、医巫闾山地区，也是辽宁省主要的森林集中分布区。这些区域包括铁岭市东部、抚顺市、本溪市、丹东市的绝大部分乡镇、营口市、大连市北部的较少部分乡镇，以及辽宁西部的朝阳市、葫芦岛市的大部分乡镇。

商旅、工矿、居住类别乡镇主要沿沈阳—大连经济带分布，是辽中南城市群的主要组成部分。

种植、养殖类乡镇主要分布在辽河平原，包括铁岭市西部、沈阳市、阜新市、锦州市大部分乡镇以及盘锦市东部乡镇，同时在辽宁省丹东市—大连市沿黄海一侧和朝阳市西北部地区也有集中分布。

总体而言，辽中地区基于优势的商旅类、工矿类和居住类乡镇居多，主要沿沈阳—大连经济轴带分布；辽东和辽西地区则集聚了基于优势的生态类乡镇，维护区域生态安全;基于优势的种植类和养殖类乡镇主要分布在辽河平原。

除此之外,辽宁省非优势乡镇数量为49个,仅占辽宁省乡镇总数的5.77%。空间上,在辽宁省中部、西部呈零星状分布。

2. 多优势的乡镇发展类型与空间格局

多优势属于头部优势,针对辽宁省头部优势的乡镇发展类型,这里对106个具有多优势的乡镇发展类型进行分析。多优势乡镇发展类型的乡镇数量占辽宁全省乡镇有效总数的12.49%,其中,2种优势的乡镇发展类型的乡镇数量74个(占比辽宁省乡镇总数的8.72%);3种优势的乡镇发展类型的乡镇数量29个(占比辽宁省乡镇总数的3.42%);4种优势的乡镇发展类型的乡镇数量2个(占比辽宁省乡镇总数的0.24%);5种优势的乡镇发展类型的乡镇数量1个(占比辽宁省乡镇总数的0.12%)。

多优势的乡镇发展类型空间上呈现沿沈大经济带、沿海经济带(黄海翼)和辽西北地区的分布格局,具体分布情况如下:

沈大经济带,以高速公路、高铁等综合交通设施为支撑,该经济带贯穿沈阳、鞍山、辽阳、营口、大连等辽宁省主要中心城市。例如,沈阳—大连一线主要聚集了居住类+商旅类、居住类+工矿类、商旅类+工矿类等2种优势的乡镇发展类型,以及居住类+商旅类+工矿类、居住类+种植类+养殖类、居住类+种植类+工矿类等3种优势的乡镇发展类型。

从丹东至大连的黄海翼集中分布了大量具有多优势的乡镇发展类型,包括居类住+工矿类、居住类+商旅类、居住类+种植类等2种优势的乡镇发展类型,居住类+商旅类+工矿类、居住类+种植类+商旅类3种优势的乡镇发展类型。在全省乡镇发展类型中表现尤其突出的是具有4种优势乡镇发展类型的庄河市大郑镇(居住类+种植类+商旅类+工矿类)和海城市腾鳌镇(居住类+商旅类+工矿类+养殖类),以及具有5种优势乡镇发展类型的庄河市栗子房镇(居住类+种植类+养殖类+商旅类+工矿类)。

辽西北地区经济发展相对落后,在煤炭等资源型产业逐渐枯竭之后,农业作为一种接续产业发展相对较好。在阜新市周边形成了一个以种植类+养殖类、居住类+种植类+养殖类为主的多优势的乡镇发展类型集中分布区。

四、不同乡镇发展类型的优化发展方向

针对种植类、养殖类的乡镇发展类型,利用良好的农业基础和便捷的交通联系,源源不断地向城市地区提供新鲜的水果、蔬菜和乳制品;在郊区建立现代农业基地、养殖基地,形成农产品品牌效应;加快物流业的发展,延长农业产业链,增加农业附加值,形成以资源促产业、产业带乡村的良性循环。

乡村旅游业和文化产品都有不断升级的迹象(Sun et al.,2021)。商旅类的乡镇发展类型应充分挖掘乡村生态、文化、人力资源，并结合政府扶持政策，开发出地方特色，如生态农业、农业旅游、农民手工艺。通过发展农业休闲观光、农产品采摘、农事教育、生产体验和"农家乐"旅游等第三产业，打造生产、教育和休闲相结合的现代农业。

集中建设和规划农村工业园区和农村新社区，引导工矿类的乡镇发展类型集约、集聚、生态化发展，全面整治农村生态环境。扶持乡镇企业的发展，不断引导企业群体集聚，促进农村剩余劳动力就业，减轻社会压力和增加农民收入。

主体功能区规划划定的限制开发区（农产品主产区和重点生态功能区）基于长期发展规划的考量，具有较强的政策指导意义。就《辽宁省主体功能区规划》中省级重点开发区域、国家级农产品主产区和省级重点生态功能区的分布情况，省级重点开发区域刚好被本研究中养殖类、商旅类、居住类、工矿类、生态类和种植类6类乡镇发展类型分割；种植类乡镇发展类型在以县域为整体单元的国家级农产品主产区的基础上，不包括辽宁省东北部的西丰县、开原市，向盘锦市的大洼县延伸；生态类乡镇发展类型在省级重点生态功能区的基础上，既包括了从山地向平原过渡的丘陵地区的绥中县和葫芦岛市西南部，又包括了位于辽宁省东北部的西丰县、开原市和铁岭县的大部分。乡镇发展类型研究有望为主体功能区优化提供一定基础。

参 考 文 献

LI H Y, MAO D H, LI X Y, et al., 2022. Understanding the contrasting effects of policy-driven ecosystem conservation projects in northeastern China[J]. Ecological Indicators, 135: 108578.

LI Z Y, LUAN W X, ZHANG Z C, et al., 2020. Relationship between urban construction land expansion and population/economic growth in Liaoning Province, China[J]. Sustainability, 99: 105022.

SUN P, ZHOU L, GE D Z, et al., 2021. How does spatial governance drive rural development in China's farming areas?[J]. Habitat International, 109: 102320.

Wang C S, Sun G Y, Dang L J, 2015. Identifying ecological red lines: a case study of the coast in Liaoning Province[J]. Sustainability, 7: 9461-9477.

段学军，王磊，康珈瑜，等，2022.村镇建设类型划分的理论与方法研究：以江苏省为例[J].地理科学，42(2):323-332.

孔颖，王喜武，唐源泽，2021.辽宁省自然保护区与自然公园分布格局探讨[J].辽宁林业科技，6:24-28.

辽宁省统计局，2018.辽宁统计年鉴2017[M].北京:中国统计出版社.

罗智霞，2017.辽宁省高速铁路可达性与经济联系强度关系分析[D].大连:辽宁师范大学.

附表一 中国村镇建设与资源环境耦合协调评价总表

省(区、市)	市(地、州、盟)	县(市、旗)	SVTD	SRE	CCD	GCCD
内蒙古自治区	阿拉善盟	阿拉善右旗	0.114	0.220	0.398	Ⅰ
内蒙古自治区	巴彦淖尔市	乌拉特后旗	0.190	0.240	0.462	
内蒙古自治区	锡林郭勒盟	苏尼特左旗	0.150	0.376	0.487	
内蒙古自治区	阿拉善盟	阿拉善左旗	0.224	0.199	0.459	
内蒙古自治区	阿拉善盟	额济纳旗	0.179	0.148	0.403	
甘肃省	酒泉市	金塔县	0.215	0.236	0.475	
甘肃省	酒泉市	瓜州县	0.224	0.262	0.492	
甘肃省	酒泉市	肃北蒙古族自治县	0.135	0.226	0.418	
甘肃省	酒泉市	阿克塞哈萨克族自治县	0.157	0.225	0.434	
甘肃省	酒泉市	敦煌市	0.239	0.233	0.486	
新疆维吾尔自治区	吐鲁番市	鄯善县	0.242	0.249	0.495	Ⅱ
新疆维吾尔自治区	哈密市	巴里坤哈萨克自治县	0.163	0.329	0.481	
新疆维吾尔自治区	哈密市	伊吾县	0.248	0.192	0.467	
新疆维吾尔自治区	巴音郭楞蒙古自治州	尉犁县	0.156	0.273	0.454	
新疆维吾尔自治区	巴音郭楞蒙古自治州	若羌县	0.184	0.191	0.433	
新疆维吾尔自治区	巴音郭楞蒙古自治州	且末县	0.117	0.280	0.426	
新疆维吾尔自治区	喀什地区	塔什库尔干塔吉克自治县	0.153	0.389	0.494	
新疆维吾尔自治区	和田地区	墨玉县	0.218	0.284	0.499	
新疆维吾尔自治区	和田地区	皮山县	0.158	0.348	0.484	
新疆维吾尔自治区	和田地区	洛浦县	0.213	0.286	0.497	

注:SVTD:村镇建设得分(scores of village and township development);SRE:资源环境得分(scores of resources and environment);CCD:耦合协调度(coupling coordination degree);GCCD:耦合协调等级(grade of coupling coordination degree)。

续表

省(区、市)	市(地、州、盟)	县(市、旗)	SVTD	SRE	CCD	GCCD
新疆维吾尔自治区	和田地区	策勒县	0.158	0.332	0.479	
新疆维吾尔自治区	和田地区	于田县	0.178	0.348	0.499	
新疆维吾尔自治区	和田地区	民丰县	0.117	0.350	0.450	
新疆维吾尔自治区	塔城地区	和布克赛尔蒙古自治县	0.205	0.267	0.484	II
新疆维吾尔自治区	阿勒泰地区	福海县	0.169	0.306	0.477	
西藏自治区	阿里地区	噶尔县	0.129	0.410	0.480	
青海省	海西蒙古族藏族自治州	德令哈市	0.510	0.057	0.413	
黑龙江省	大兴安岭地区	呼玛县	0.117	0.525	0.498	
内蒙古自治区	包头市	达尔罕茂明安联合旗	0.232	0.423	0.559	
内蒙古自治区	赤峰市	克什克腾旗	0.203	0.633	0.599	
内蒙古自治区	鄂尔多斯市	鄂托克前旗	0.268	0.389	0.568	
内蒙古自治区	鄂尔多斯市	杭锦旗	0.234	0.404	0.554	
内蒙古自治区	呼伦贝尔市	鄂温克族自治旗	0.199	0.520	0.567	
内蒙古自治区	呼伦贝尔市	陈巴尔虎旗	0.201	0.438	0.545	
内蒙古自治区	呼伦贝尔市	新巴尔虎左旗	0.145	0.529	0.527	
内蒙古自治区	呼伦贝尔市	新巴尔虎右旗	0.180	0.394	0.516	
内蒙古自治区	巴彦淖尔市	磴口县	0.292	0.357	0.568	
内蒙古自治区	巴彦淖尔市	乌拉特中旗	0.220	0.458	0.563	III
内蒙古自治区	乌兰察布市	四子王旗	0.190	0.539	0.566	
内蒙古自治区	锡林郭勒盟	阿巴嘎旗	0.145	0.495	0.517	
内蒙古自治区	锡林郭勒盟	苏尼特右旗	0.196	0.462	0.548	
内蒙古自治区	锡林郭勒盟	东乌珠穆沁旗	0.194	0.494	0.556	
内蒙古自治区	锡林郭勒盟	西乌珠穆沁旗	0.264	0.421	0.578	
内蒙古自治区	锡林郭勒盟	镶黄旗	0.221	0.490	0.574	
内蒙古自治区	锡林郭勒盟	正镶白旗	0.202	0.550	0.577	
内蒙古自治区	锡林郭勒盟	正蓝旗	0.225	0.525	0.586	
甘肃省	武威市	民勤县	0.218	0.353	0.527	
甘肃省	张掖市	肃南裕固族自治县	0.139	0.494	0.512	

续表

省(区、市)	市(地、州、盟)	县(市、旗)	SVTD	SRE	CCD	GCCD
甘肃省	张掖市	临泽县	0.311	0.368	0.582	
甘肃省	张掖市	高台县	0.277	0.338	0.553	
甘肃省	酒泉市	玉门市	0.279	0.281	0.529	
新疆维吾尔自治区	吐鲁番市	托克逊县	0.238	0.299	0.516	
新疆维吾尔自治区	昌吉回族自治州	阜康市	0.333	0.324	0.573	
新疆维吾尔自治区	昌吉回族自治州	玛纳斯县	0.304	0.318	0.558	
新疆维吾尔自治区	昌吉回族自治州	奇台县	0.254	0.387	0.560	
新疆维吾尔自治区	昌吉回族自治州	吉木萨尔县	0.314	0.288	0.548	
新疆维吾尔自治区	昌吉回族自治州	木垒哈萨克自治县	0.185	0.448	0.537	
新疆维吾尔自治区	博尔塔拉蒙古自治州	博乐市	0.294	0.428	0.595	
新疆维吾尔自治区	博尔塔拉蒙古自治州	阿拉山口市	0.579	0.220	0.598	
新疆维吾尔自治区	博尔塔拉蒙古自治州	精河县	0.243	0.431	0.569	
新疆维吾尔自治区	博尔塔拉蒙古自治州	温泉县	0.208	0.500	0.568	
新疆维吾尔自治区	巴音郭楞蒙古自治州	轮台县	0.249	0.399	0.561	
新疆维吾尔自治区	巴音郭楞蒙古自治州	和静县	0.194	0.553	0.572	Ⅲ
新疆维吾尔自治区	巴音郭楞蒙古自治州	和硕县	0.210	0.369	0.527	
新疆维吾尔自治区	巴音郭楞蒙古自治州	博湖县	0.244	0.412	0.563	
新疆维吾尔自治区	阿克苏地区	阿克苏市	0.309	0.294	0.549	
新疆维吾尔自治区	阿克苏地区	温宿县	0.247	0.495	0.591	
新疆维吾尔自治区	阿克苏地区	沙雅县	0.209	0.305	0.502	
新疆维吾尔自治区	阿克苏地区	新和县	0.293	0.364	0.572	
新疆维吾尔自治区	阿克苏地区	拜城县	0.248	0.466	0.583	
新疆维吾尔自治区	阿克苏地区	乌什县	0.238	0.447	0.571	
新疆维吾尔自治区	阿克苏地区	阿瓦提县	0.247	0.354	0.544	
新疆维吾尔自治区	阿克苏地区	柯坪县	0.193	0.332	0.503	
新疆维吾尔自治区	克孜勒苏柯尔克孜自治州	阿图什市	0.237	0.384	0.549	
新疆维吾尔自治区	克孜勒苏柯尔克孜自治州	阿克陶县	0.182	0.443	0.533	

续表

省（区、市）	市（地、州、盟）	县（市、旗）	SVTD	SRE	CCD	GCCD
新疆维吾尔自治区	克孜勒苏柯尔克孜自治州	阿合奇县	0.153	0.497	0.525	
新疆维吾尔自治区	克孜勒苏柯尔克孜自治州	乌恰县	0.182	0.491	0.547	
新疆维吾尔自治区	喀什地区	疏附县	0.308	0.375	0.583	
新疆维吾尔自治区	喀什地区	英吉沙县	0.330	0.334	0.576	
新疆维吾尔自治区	喀什地区	叶城县	0.240	0.413	0.561	
新疆维吾尔自治区	喀什地区	麦盖提县	0.242	0.322	0.529	
新疆维吾尔自治区	喀什地区	岳普湖县	0.274	0.417	0.581	
新疆维吾尔自治区	喀什地区	伽师县	0.281	0.432	0.590	
新疆维吾尔自治区	喀什地区	巴楚县	0.242	0.337	0.534	
新疆维吾尔自治区	和田地区	和田县	0.170	0.378	0.504	
新疆维吾尔自治区	塔城地区	沙湾县	0.324	0.389	0.596	
新疆维吾尔自治区	塔城地区	托里县	0.202	0.440	0.546	
新疆维吾尔自治区	塔城地区	裕民县	0.208	0.551	0.582	Ⅲ
新疆维吾尔自治区	阿勒泰地区	阿勒泰市	0.234	0.511	0.588	
新疆维吾尔自治区	阿勒泰地区	布尔津县	0.199	0.485	0.557	
新疆维吾尔自治区	阿勒泰地区	富蕴县	0.196	0.344	0.510	
新疆维吾尔自治区	阿勒泰地区	哈巴河县	0.246	0.502	0.593	
新疆维吾尔自治区	阿勒泰地区	青河县	0.191	0.403	0.527	
新疆维吾尔自治区	阿勒泰地区	吉木乃县	0.193	0.409	0.530	
西藏自治区	日喀则市	定日县	0.303	0.422	0.598	
西藏自治区	日喀则市	昂仁县	0.262	0.451	0.586	
西藏自治区	日喀则市	定结县	0.296	0.414	0.592	
西藏自治区	日喀则市	仲巴县	0.262	0.420	0.576	
西藏自治区	日喀则市	岗巴县	0.331	0.370	0.592	
西藏自治区	昌都市	八宿县	0.331	0.388	0.599	
西藏自治区	昌都市	左贡县	0.303	0.398	0.589	
西藏自治区	昌都市	边坝县	0.297	0.396	0.586	

续表

省(区、市)	市(地、州、盟)	县(市、旗)	SVTD	SRE	CCD	GCCD
西藏自治区	林芝市	波密县	0.413	0.267	0.576	
西藏自治区	林芝市	察隅县	0.271	0.474	0.598	
西藏自治区	那曲市	嘉黎县	0.290	0.390	0.580	
西藏自治区	那曲市	申扎县	0.272	0.468	0.597	
西藏自治区	那曲市	班戈县	0.255	0.456	0.584	
西藏自治区	那曲市	尼玛县	0.242	0.459	0.577	
西藏自治区	那曲市	双湖县	0.238	0.445	0.571	
西藏自治区	阿里地区	普兰县	0.262	0.419	0.576	
西藏自治区	阿里地区	札达县	0.235	0.322	0.525	
西藏自治区	阿里地区	日土县	0.238	0.342	0.534	
西藏自治区	阿里地区	革吉县	0.237	0.418	0.561	
西藏自治区	阿里地区	改则县	0.233	0.451	0.569	
西藏自治区	阿里地区	措勤县	0.243	0.456	0.577	
青海省	果洛藏族自治州	玛多县	0.299	0.426	0.597	
青海省	玉树藏族自治州	治多县	0.274	0.331	0.549	Ⅲ
青海省	玉树藏族自治州	曲麻莱县	0.292	0.328	0.556	
青海省	海西蒙古族藏族自治州	格尔木市	0.624	0.139	0.543	
青海省	海西蒙古族藏族自治州	乌兰县	0.401	0.288	0.583	
青海省	海西蒙古族藏族自治州	都兰县	0.445	0.241	0.572	
浙江省	舟山市	嵊泗县	0.567	0.131	0.522	
湖北省	宜昌市	远安县	0.370	0.293	0.574	
湖北省	宜昌市	兴山县	0.282	0.415	0.585	
四川省	绵阳市	北川羌族自治县	0.261	0.483	0.596	
四川省	绵阳市	平武县	0.197	0.493	0.558	
四川省	广元市	青川县	0.237	0.495	0.585	
四川省	乐山市	峨边彝族自治县	0.259	0.491	0.597	

续表

省(区、市)	市(地、州、盟)	县(市、旗)	SVTD	SRE	CCD	GCCD
四川省	雅安市	石棉县	0.309	0.398	0.592	
四川省	雅安市	宝兴县	0.219	0.465	0.565	
四川省	阿坝藏族羌族自治州	汶川县	0.277	0.382	0.570	
四川省	阿坝藏族羌族自治州	理县	0.199	0.454	0.548	
四川省	阿坝藏族羌族自治州	茂县	0.238	0.449	0.572	
四川省	阿坝藏族羌族自治州	黑水县	0.194	0.450	0.543	
四川省	甘孜藏族自治州	泸定县	0.259	0.491	0.597	
四川省	甘孜藏族自治州	九龙县	0.190	0.428	0.534	
云南省	昆明市	禄劝彝族苗族自治县	0.220	0.516	0.581	
云南省	玉溪市	峨山彝族自治县	0.255	0.500	0.598	
云南省	玉溪市	新平彝族傣族自治县	0.243	0.513	0.594	
云南省	玉溪市	元江哈尼族彝族傣族自治县	0.231	0.531	0.592	
云南省	昭通市	彝良县	0.243	0.504	0.592	III
云南省	昭通市	威信县	0.239	0.531	0.597	
云南省	丽江市	玉龙纳西族自治县	0.246	0.474	0.584	
云南省	丽江市	永胜县	0.259	0.491	0.598	
云南省	丽江市	宁蒗彝族自治县	0.229	0.483	0.577	
云南省	普洱市	镇沅彝族哈尼族拉祜族自治县	0.241	0.537	0.600	
云南省	普洱市	澜沧拉祜族自治县	0.211	0.576	0.590	
云南省	楚雄彝族自治州	双柏县	0.228	0.505	0.583	
云南省	楚雄彝族自治州	永仁县	0.251	0.468	0.586	
云南省	大理白族自治州	漾濞彝族自治县	0.231	0.492	0.581	

附表一　中国村镇建设与资源环境耦合协调评价总表

续表

省(区、市)	市(地、州、盟)	县(市、旗)	SVTD	SRE	CCD	GCCD
云南省	大理白族自治州	永平县	0.252	0.498	0.595	
云南省	大理白族自治州	云龙县	0.238	0.494	0.586	
云南省	怒江傈僳族自治州	福贡县	0.210	0.516	0.574	
云南省	怒江傈僳族自治州	贡山独龙族怒族自治县	0.199	0.456	0.549	
云南省	怒江傈僳族自治州	兰坪白族普米族自治县	0.259	0.497	0.599	
云南省	迪庆藏族自治州	维西傈僳族自治县	0.235	0.452	0.571	
陕西省	安康市	镇坪县	0.249	0.483	0.589	
山西省	长治市	沁源县	0.374	0.334	0.595	
山西省	临汾市	吉县	0.246	0.506	0.594	
山西省	临汾市	大宁县	0.143	0.514	0.521	
山西省	临汾市	永和县	0.217	0.513	0.577	
山西省	吕梁市	临县	0.243	0.521	0.597	
山西省	吕梁市	石楼县	0.226	0.507	0.582	Ⅲ
内蒙古自治区	呼伦贝尔市	莫力达瓦达斡尔族自治旗	0.241	0.523	0.596	
内蒙古自治区	呼伦贝尔市	鄂伦春自治旗	0.162	0.507	0.536	
内蒙古自治区	呼伦贝尔市	牙克石市	0.218	0.472	0.566	
内蒙古自治区	呼伦贝尔市	扎兰屯市	0.266	0.470	0.595	
内蒙古自治区	呼伦贝尔市	额尔古纳市	0.200	0.468	0.553	
内蒙古自治区	呼伦贝尔市	根河市	0.150	0.502	0.524	
内蒙古自治区	兴安盟	阿尔山市	0.164	0.465	0.525	
吉林省	白城市	大安市	0.317	0.399	0.596	
吉林省	延边朝鲜族自治州	和龙市	0.226	0.516	0.584	
吉林省	延边朝鲜族自治州	汪清县	0.239	0.527	0.596	
吉林省	延边朝鲜族自治州	安图县	0.244	0.505	0.592	
黑龙江省	黑河市	逊克县	0.199	0.539	0.572	
黑龙江省	黑河市	孙吴县	0.220	0.528	0.584	

续表

省(区、市)	市(地、州、盟)	县(市、旗)	SVTD	SRE	CCD	GCCD
黑龙江省	大兴安岭地区	漠河县	0.174	0.479	0.537	
黑龙江省	大兴安岭地区	塔河县	0.145	0.516	0.523	
陕西省	延安市	宜川县	0.250	0.506	0.597	
陕西省	延安市	黄龙县	0.223	0.489	0.574	Ⅲ
陕西省	榆林市	吴堡县	0.209	0.516	0.573	
甘肃省	陇南市	文县	0.198	0.574	0.581	
甘肃省	陇南市	两当县	0.220	0.562	0.593	
河北省	张家口市	康保县	0.303	0.713	0.682	
河北省	张家口市	沽源县	0.318	0.747	0.698	
河北省	张家口市	尚义县	0.287	0.718	0.674	
河北省	承德市	隆化县	0.315	0.735	0.694	
河北省	承德市	丰宁满族自治县	0.288	0.742	0.680	
河北省	承德市	围场满族蒙古族自治县	0.287	0.734	0.678	
内蒙古自治区	呼和浩特市	清水河县	0.319	0.645	0.673	
内蒙古自治区	呼和浩特市	武川县	0.306	0.624	0.661	
内蒙古自治区	包头市	固阳县	0.311	0.588	0.654	
内蒙古自治区	赤峰市	阿鲁科尔沁旗	0.261	0.632	0.637	
内蒙古自治区	赤峰市	巴林左旗	0.319	0.642	0.673	Ⅳ
内蒙古自治区	赤峰市	巴林右旗	0.281	0.566	0.632	
内蒙古自治区	赤峰市	林西县	0.317	0.640	0.671	
内蒙古自治区	赤峰市	翁牛特旗	0.284	0.594	0.641	
内蒙古自治区	赤峰市	敖汉旗	0.336	0.677	0.690	
内蒙古自治区	通辽市	科尔沁左翼中旗	0.301	0.677	0.672	
内蒙古自治区	通辽市	开鲁县	0.366	0.652	0.699	
内蒙古自治区	通辽市	库伦旗	0.302	0.663	0.669	
内蒙古自治区	通辽市	奈曼旗	0.289	0.609	0.648	
内蒙古自治区	通辽市	扎鲁特旗	0.267	0.646	0.644	
内蒙古自治区	鄂尔多斯市	达拉特旗	0.395	0.393	0.628	

续表

省(区、市)	市(地、州、盟)	县(市、旗)	SVTD	SRE	CCD	GCCD
内蒙古自治区	鄂尔多斯市	准格尔旗	0.474	0.471	0.687	
内蒙古自治区	鄂尔多斯市	鄂托克旗	0.358	0.380	0.608	
内蒙古自治区	鄂尔多斯市	乌审旗	0.351	0.374	0.602	
内蒙古自治区	鄂尔多斯市	伊金霍洛旗	0.447	0.435	0.664	
内蒙古自治区	巴彦淖尔市	五原县	0.423	0.519	0.685	
内蒙古自治区	巴彦淖尔市	乌拉特前旗	0.320	0.540	0.645	
内蒙古自治区	巴彦淖尔市	杭锦后旗	0.441	0.516	0.691	
内蒙古自治区	乌兰察布市	卓资县	0.299	0.684	0.672	
内蒙古自治区	乌兰察布市	化德县	0.317	0.645	0.672	
内蒙古自治区	乌兰察布市	商都县	0.306	0.647	0.667	
内蒙古自治区	乌兰察布市	兴和县	0.325	0.703	0.691	
内蒙古自治区	乌兰察布市	凉城县	0.333	0.685	0.691	
内蒙古自治区	乌兰察布市	察哈尔右翼前旗	0.334	0.658	0.685	
内蒙古自治区	乌兰察布市	察哈尔右翼中旗	0.276	0.654	0.652	
内蒙古自治区	乌兰察布市	察哈尔右翼后旗	0.283	0.640	0.652	Ⅳ
内蒙古自治区	兴安盟	科尔沁右翼前旗	0.238	0.680	0.634	
内蒙古自治区	兴安盟	科尔沁右翼中旗	0.258	0.656	0.641	
内蒙古自治区	兴安盟	突泉县	0.306	0.695	0.679	
内蒙古自治区	锡林郭勒盟	二连浩特市	0.677	0.323	0.684	
内蒙古自治区	锡林郭勒盟	锡林浩特市	0.345	0.421	0.617	
内蒙古自治区	锡林郭勒盟	太仆寺旗	0.286	0.697	0.668	
内蒙古自治区	锡林郭勒盟	多伦县	0.299	0.655	0.666	
陕西省	榆林市	定边县	0.347	0.595	0.674	
陕西省	榆林市	神木市	0.504	0.461	0.694	
甘肃省	兰州市	永登县	0.329	0.622	0.673	
甘肃省	兰州市	皋兰县	0.324	0.596	0.663	
甘肃省	兰州市	榆中县	0.365	0.631	0.693	
甘肃省	金昌市	永昌县	0.308	0.512	0.630	
甘肃省	白银市	靖远县	0.320	0.587	0.659	

续表

省(区、市)	市(地、州、盟)	县(市、旗)	SVTD	SRE	CCD	GCCD
甘肃省	白银市	景泰县	0.253	0.567	0.616	
甘肃省	武威市	古浪县	0.284	0.575	0.636	
甘肃省	武威市	天祝藏族自治县	0.247	0.636	0.630	
甘肃省	张掖市	民乐县	0.377	0.606	0.691	
甘肃省	张掖市	山丹县	0.289	0.581	0.640	
甘肃省	临夏回族自治州	永靖县	0.323	0.638	0.674	
宁夏回族自治区	银川市	灵武市	0.497	0.363	0.651	
宁夏回族自治区	吴忠市	盐池县	0.314	0.559	0.648	
宁夏回族自治区	吴忠市	同心县	0.340	0.613	0.675	
宁夏回族自治区	吴忠市	青铜峡市	0.455	0.523	0.699	
宁夏回族自治区	中卫市	中宁县	0.414	0.525	0.683	
宁夏回族自治区	中卫市	海原县	0.317	0.630	0.668	
新疆维吾尔自治区	乌鲁木齐市	乌鲁木齐县	0.254	0.606	0.626	
新疆维吾尔自治区	昌吉回族自治州	昌吉市	0.399	0.386	0.627	
新疆维吾尔自治区	昌吉回族自治州	呼图壁县	0.295	0.453	0.605	Ⅳ
新疆维吾尔自治区	巴音郭楞蒙古自治州	库尔勒市	0.444	0.299	0.604	
新疆维吾尔自治区	巴音郭楞蒙古自治州	焉耆回族自治县	0.336	0.474	0.632	
新疆维吾尔自治区	阿克苏地区	库车县	0.333	0.439	0.618	
新疆维吾尔自治区	喀什地区	疏勒县	0.385	0.489	0.659	
新疆维吾尔自治区	喀什地区	泽普县	0.436	0.488	0.679	
新疆维吾尔自治区	喀什地区	莎车县	0.328	0.416	0.608	
新疆维吾尔自治区	伊犁哈萨克自治州	霍尔果斯市	0.310	0.484	0.622	
新疆维吾尔自治区	伊犁哈萨克自治州	察布查尔锡伯自治县	0.326	0.687	0.688	
新疆维吾尔自治区	伊犁哈萨克自治州	霍城县	0.358	0.621	0.687	
新疆维吾尔自治区	伊犁哈萨克自治州	巩留县	0.318	0.679	0.681	
新疆维吾尔自治区	伊犁哈萨克自治州	新源县	0.320	0.618	0.667	
新疆维吾尔自治区	伊犁哈萨克自治州	昭苏县	0.250	0.611	0.625	
新疆维吾尔自治区	伊犁哈萨克自治州	特克斯县	0.241	0.641	0.627	
新疆维吾尔自治区	伊犁哈萨克自治州	尼勒克县	0.257	0.631	0.634	

附表一　中国村镇建设与资源环境耦合协调评价总表

续表

省(区、市)	市(地、州、盟)	县(市、旗)	SVTD	SRE	CCD	GCCD
新疆维吾尔自治区	塔城地区	塔城市	0.343	0.663	0.691	
新疆维吾尔自治区	塔城地区	乌苏市	0.296	0.446	0.603	
新疆维吾尔自治区	塔城地区	额敏县	0.277	0.534	0.620	
新疆维吾尔自治区	阿拉尔市	阿拉尔市	0.434	0.367	0.632	
新疆维吾尔自治区	图木舒克市	图木舒克市	0.412	0.493	0.671	
四川省	阿坝藏族羌族自治州	阿坝县	0.406	0.577	0.696	
四川省	甘孜藏族自治州	康定市	0.541	0.441	0.699	
四川省	甘孜藏族自治州	丹巴县	0.386	0.614	0.698	
四川省	甘孜藏族自治州	炉霍县	0.342	0.623	0.679	
四川省	甘孜藏族自治州	新龙县	0.369	0.587	0.682	
四川省	甘孜藏族自治州	德格县	0.356	0.537	0.661	
四川省	甘孜藏族自治州	白玉县	0.381	0.558	0.679	
四川省	甘孜藏族自治州	石渠县	0.318	0.497	0.631	
四川省	甘孜藏族自治州	色达县	0.339	0.586	0.667	
四川省	甘孜藏族自治州	理塘县	0.392	0.554	0.683	Ⅳ
四川省	甘孜藏族自治州	巴塘县	0.429	0.500	0.680	
四川省	甘孜藏族自治州	乡城县	0.417	0.497	0.675	
四川省	甘孜藏族自治州	稻城县	0.390	0.543	0.679	
四川省	甘孜藏族自治州	得荣县	0.439	0.489	0.681	
云南省	迪庆藏族自治州	德钦县	0.451	0.495	0.688	
西藏自治区	拉萨市	林周县	0.472	0.451	0.679	
西藏自治区	拉萨市	当雄县	0.425	0.387	0.637	
西藏自治区	拉萨市	尼木县	0.416	0.442	0.655	
西藏自治区	拉萨市	曲水县	0.564	0.405	0.691	
西藏自治区	拉萨市	墨竹工卡县	0.510	0.404	0.674	
西藏自治区	日喀则市	南木林县	0.366	0.451	0.637	
西藏自治区	日喀则市	萨迦县	0.343	0.454	0.628	
西藏自治区	日喀则市	拉孜县	0.435	0.470	0.673	
西藏自治区	日喀则市	谢通门县	0.362	0.451	0.636	

续表

省(区、市)	市(地、州、盟)	县(市、旗)	SVTD	SRE	CCD	GCCD
西藏自治区	日喀则市	白朗县	0.456	0.486	0.686	
西藏自治区	日喀则市	仁布县	0.360	0.473	0.643	
西藏自治区	日喀则市	康马县	0.360	0.472	0.642	
西藏自治区	日喀则市	亚东县	0.407	0.389	0.631	
西藏自治区	日喀则市	吉隆县	0.328	0.431	0.613	
西藏自治区	日喀则市	聂拉木县	0.395	0.416	0.637	
西藏自治区	日喀则市	萨嘎县	0.333	0.471	0.629	
西藏自治区	昌都市	江达县	0.374	0.520	0.664	
西藏自治区	昌都市	贡觉县	0.350	0.507	0.649	
西藏自治区	昌都市	类乌齐县	0.334	0.464	0.627	
西藏自治区	昌都市	丁青县	0.357	0.420	0.622	
西藏自治区	昌都市	察雅县	0.363	0.505	0.654	
西藏自治区	昌都市	芒康县	0.331	0.499	0.638	
西藏自治区	昌都市	洛隆县	0.382	0.402	0.626	
西藏自治区	林芝市	工布江达县	0.380	0.362	0.609	Ⅳ
西藏自治区	林芝市	米林县	0.424	0.323	0.608	
西藏自治区	林芝市	墨脱县	0.334	0.508	0.642	
西藏自治区	林芝市	朗县	0.355	0.369	0.602	
西藏自治区	山南市	扎囊县	0.503	0.420	0.678	
西藏自治区	山南市	桑日县	0.504	0.359	0.652	
西藏自治区	山南市	琼结县	0.461	0.490	0.690	
西藏自治区	山南市	曲松县	0.359	0.436	0.629	
西藏自治区	山南市	措美县	0.319	0.427	0.608	
西藏自治区	山南市	洛扎县	0.310	0.433	0.605	
西藏自治区	山南市	加查县	0.470	0.353	0.638	
西藏自治区	山南市	隆子县	0.377	0.442	0.639	
西藏自治区	山南市	错那县	0.242	0.597	0.616	
西藏自治区	山南市	浪卡子县	0.305	0.475	0.617	
西藏自治区	那曲市	比如县	0.305	0.437	0.604	

续表

省(区、市)	市(地、州、盟)	县(市、旗)	SVTD	SRE	CCD	GCCD
西藏自治区	那曲市	聂荣县	0.342	0.455	0.628	
西藏自治区	那曲市	安多县	0.285	0.470	0.605	
西藏自治区	那曲市	索县	0.335	0.476	0.632	
西藏自治区	那曲市	巴青县	0.308	0.439	0.606	
甘肃省	甘南藏族自治州	玛曲县	0.445	0.476	0.678	
青海省	海北藏族自治州	祁连县	0.405	0.415	0.640	
青海省	海北藏族自治州	海晏县	0.526	0.424	0.687	
青海省	海北藏族自治州	刚察县	0.461	0.456	0.677	
青海省	黄南藏族自治州	泽库县	0.436	0.495	0.681	
青海省	黄南藏族自治州	河南蒙古族自治县	0.444	0.494	0.684	
青海省	海南藏族自治州	共和县	0.537	0.386	0.675	
青海省	海南藏族自治州	兴海县	0.436	0.437	0.661	
青海省	海南藏族自治州	贵南县	0.456	0.460	0.677	
青海省	果洛藏族自治州	玛沁县	0.430	0.440	0.660	
青海省	果洛藏族自治州	班玛县	0.338	0.585	0.667	Ⅳ
青海省	果洛藏族自治州	甘德县	0.324	0.551	0.650	
青海省	果洛藏族自治州	达日县	0.293	0.544	0.632	
青海省	果洛藏族自治州	久治县	0.335	0.577	0.663	
青海省	玉树藏族自治州	玉树市	0.456	0.500	0.691	
青海省	玉树藏族自治州	杂多县	0.332	0.484	0.633	
青海省	玉树藏族自治州	称多县	0.361	0.462	0.639	
青海省	玉树藏族自治州	囊谦县	0.357	0.499	0.650	
青海省	海西蒙古族藏族自治州	天峻县	0.420	0.319	0.605	
江苏省	无锡市	宜兴市	0.590	0.358	0.678	
江苏省	常州市	溧阳市	0.551	0.355	0.665	
江苏省	苏州市	常熟市	0.709	0.330	0.696	
江苏省	苏州市	太仓市	0.694	0.339	0.697	
江苏省	南通市	如东县	0.477	0.490	0.695	

续表

省(区、市)	市(地、州、盟)	县(市、旗)	SVTD	SRE	CCD	GCCD
江苏省	南通市	启东市	0.525	0.350	0.655	
江苏省	南通市	海门市	0.589	0.365	0.681	
江苏省	南通市	海安县	0.555	0.372	0.674	
江苏省	淮安市	盱眙县	0.525	0.297	0.628	
江苏省	淮安市	金湖县	0.411	0.534	0.685	
江苏省	盐城市	东台市	0.467	0.486	0.690	
江苏省	扬州市	宝应县	0.511	0.430	0.685	
江苏省	扬州市	仪征市	0.578	0.321	0.656	
江苏省	扬州市	高邮市	0.479	0.451	0.682	
江苏省	镇江市	丹阳市	0.654	0.326	0.680	
江苏省	镇江市	扬中市	0.677	0.325	0.685	
江苏省	镇江市	句容市	0.522	0.337	0.647	
江苏省	泰州市	靖江市	0.639	0.355	0.690	
浙江省	杭州市	桐庐县	0.451	0.440	0.667	
浙江省	杭州市	淳安县	0.315	0.644	0.671	IV
浙江省	杭州市	建德市	0.400	0.564	0.689	
浙江省	宁波市	象山县	0.524	0.299	0.629	
浙江省	宁波市	宁海县	0.506	0.449	0.690	
浙江省	宁波市	余姚市	0.593	0.338	0.669	
浙江省	宁波市	慈溪市	0.657	0.299	0.666	
浙江省	温州市	永嘉县	0.420	0.561	0.697	
浙江省	温州市	文成县	0.328	0.638	0.676	
浙江省	温州市	泰顺县	0.324	0.637	0.674	
浙江省	嘉兴市	嘉善县	0.664	0.330	0.684	
浙江省	嘉兴市	海盐县	0.537	0.247	0.603	
浙江省	嘉兴市	海宁市	0.642	0.329	0.678	
浙江省	嘉兴市	平湖市	0.609	0.279	0.642	
浙江省	嘉兴市	桐乡市	0.664	0.336	0.687	
浙江省	湖州市	德清县	0.547	0.390	0.680	

续表

省(区、市)	市(地、州、盟)	县(市、旗)	SVTD	SRE	CCD	GCCD
浙江省	湖州市	长兴县	0.510	0.385	0.666	
浙江省	湖州市	安吉县	0.451	0.506	0.691	
浙江省	绍兴市	新昌县	0.490	0.391	0.661	
浙江省	绍兴市	诸暨市	0.548	0.425	0.695	
浙江省	金华市	武义县	0.442	0.543	0.700	
浙江省	金华市	磐安县	0.374	0.593	0.686	
浙江省	金华市	永康市	0.571	0.416	0.698	
浙江省	衢州市	开化县	0.325	0.671	0.683	
浙江省	舟山市	岱山县	0.574	0.235	0.606	
浙江省	台州市	三门县	0.460	0.512	0.697	
浙江省	台州市	仙居县	0.410	0.578	0.698	
浙江省	台州市	玉环市	0.652	0.284	0.656	
浙江省	丽水市	青田县	0.364	0.600	0.684	
浙江省	丽水市	遂昌县	0.317	0.625	0.667	
浙江省	丽水市	松阳县	0.369	0.613	0.690	Ⅳ
浙江省	丽水市	云和县	0.388	0.604	0.696	
浙江省	丽水市	庆元县	0.321	0.625	0.669	
浙江省	丽水市	景宁畲族自治县	0.291	0.616	0.651	
浙江省	丽水市	龙泉市	0.333	0.614	0.672	
安徽省	合肥市	长丰县	0.513	0.398	0.672	
安徽省	合肥市	肥西县	0.534	0.425	0.690	
安徽省	合肥市	巢湖市	0.457	0.515	0.696	
安徽省	芜湖市	繁昌县	0.503	0.380	0.661	
安徽省	淮南市	寿县	0.413	0.514	0.679	
安徽省	马鞍山市	当涂县	0.495	0.465	0.692	
安徽省	马鞍山市	含山县	0.458	0.510	0.695	
安徽省	马鞍山市	和县	0.440	0.516	0.690	
安徽省	安庆市	太湖县	0.356	0.610	0.683	
安徽省	安庆市	岳西县	0.302	0.598	0.652	

续表

省(区、市)	市(地、州、盟)	县(市、旗)	SVTD	SRE	CCD	GCCD
安徽省	安庆市	潜山县	0.385	0.607	0.695	
安徽省	黄山市	歙县	0.352	0.643	0.690	
安徽省	黄山市	休宁县	0.309	0.669	0.675	
安徽省	黄山市	黟县	0.289	0.654	0.659	
安徽省	黄山市	祁门县	0.280	0.659	0.655	
安徽省	滁州市	来安县	0.416	0.506	0.677	
安徽省	滁州市	全椒县	0.397	0.514	0.672	
安徽省	滁州市	定远县	0.407	0.519	0.678	
安徽省	滁州市	凤阳县	0.419	0.513	0.681	
安徽省	滁州市	天长市	0.457	0.438	0.669	
安徽省	滁州市	明光市	0.391	0.523	0.672	
安徽省	六安市	霍邱县	0.422	0.515	0.683	
安徽省	六安市	舒城县	0.385	0.573	0.685	
安徽省	六安市	金寨县	0.296	0.572	0.642	
安徽省	六安市	霍山县	0.353	0.543	0.662	Ⅳ
安徽省	池州市	东至县	0.340	0.667	0.690	
安徽省	池州市	石台县	0.256	0.673	0.644	
安徽省	池州市	青阳县	0.386	0.598	0.693	
安徽省	宣城市	郎溪县	0.423	0.553	0.695	
安徽省	宣城市	泾县	0.319	0.628	0.669	
安徽省	宣城市	绩溪县	0.337	0.619	0.676	
安徽省	宣城市	旌德县	0.302	0.650	0.666	
安徽省	宣城市	宁国市	0.385	0.515	0.667	
安徽省	宣城市	广德县	0.389	0.569	0.686	
福建省	福州市	闽侯县	0.464	0.502	0.694	
福建省	福州市	连江县	0.510	0.468	0.699	
福建省	福州市	罗源县	0.443	0.504	0.687	
福建省	福州市	闽清县	0.377	0.595	0.688	
福建省	福州市	永泰县	0.336	0.569	0.661	

附表一　中国村镇建设与资源环境耦合协调评价总表

续表

省(区、市)	市(地、州、盟)	县(市、旗)	SVTD	SRE	CCD	GCCD
福建省	三明市	明溪县	0.313	0.585	0.654	
福建省	三明市	清流县	0.343	0.578	0.667	
福建省	三明市	宁化县	0.336	0.667	0.688	
福建省	三明市	大田县	0.380	0.607	0.693	
福建省	三明市	尤溪县	0.339	0.607	0.674	
福建省	三明市	沙县	0.424	0.448	0.660	
福建省	三明市	将乐县	0.344	0.589	0.671	
福建省	三明市	泰宁县	0.336	0.606	0.672	
福建省	三明市	建宁县	0.328	0.622	0.672	
福建省	三明市	永安市	0.430	0.444	0.661	
福建省	泉州市	惠安县	0.671	0.267	0.650	
福建省	泉州市	永春县	0.464	0.498	0.693	
福建省	泉州市	德化县	0.387	0.513	0.668	
福建省	泉州市	石狮市	0.892	0.202	0.652	
福建省	泉州市	晋江市	0.826	0.207	0.643	Ⅳ
福建省	漳州市	漳浦县	0.485	0.484	0.696	
福建省	漳州市	长泰县	0.495	0.367	0.653	
福建省	漳州市	东山县	0.644	0.229	0.620	
福建省	漳州市	南靖县	0.410	0.522	0.680	
福建省	漳州市	平和县	0.407	0.567	0.693	
福建省	漳州市	华安县	0.381	0.523	0.668	
福建省	漳州市	龙海市	0.597	0.306	0.654	
福建省	南平市	顺昌县	0.342	0.644	0.685	
福建省	南平市	浦城县	0.315	0.636	0.669	
福建省	南平市	光泽县	0.318	0.672	0.680	
福建省	南平市	松溪县	0.342	0.635	0.683	
福建省	南平市	政和县	0.320	0.678	0.683	
福建省	南平市	邵武市	0.373	0.595	0.686	
福建省	南平市	武夷山市	0.344	0.581	0.669	

续表

省(区、市)	市(地、州、盟)	县(市、旗)	SVTD	SRE	CCD	GCCD
福建省	南平市	建瓯市	0.338	0.642	0.682	
福建省	龙岩市	长汀县	0.364	0.625	0.691	
福建省	龙岩市	上杭县	0.392	0.548	0.681	
福建省	龙岩市	武平县	0.360	0.603	0.683	
福建省	龙岩市	连城县	0.368	0.629	0.694	
福建省	龙岩市	漳平市	0.380	0.539	0.673	
福建省	宁德市	霞浦县	0.402	0.542	0.683	
福建省	宁德市	古田县	0.348	0.620	0.681	
福建省	宁德市	屏南县	0.324	0.645	0.676	
福建省	宁德市	寿宁县	0.328	0.624	0.672	
福建省	宁德市	周宁县	0.317	0.669	0.678	
福建省	宁德市	柘荣县	0.366	0.591	0.682	
福建省	宁德市	福安市	0.450	0.528	0.698	
福建省	宁德市	福鼎市	0.453	0.471	0.680	
江西省	景德镇市	浮梁县	0.335	0.664	0.687	Ⅳ
江西省	九江市	武宁县	0.316	0.591	0.657	
江西省	九江市	修水县	0.334	0.641	0.681	
江西省	九江市	永修县	0.380	0.607	0.693	
江西省	九江市	德安县	0.428	0.519	0.686	
江西省	九江市	共青城市	0.540	0.419	0.690	
江西省	赣州市	信丰县	0.374	0.610	0.691	
江西省	赣州市	大余县	0.402	0.578	0.694	
江西省	赣州市	上犹县	0.346	0.620	0.681	
江西省	赣州市	崇义县	0.319	0.583	0.656	
江西省	赣州市	安远县	0.319	0.614	0.665	
江西省	赣州市	龙南县	0.400	0.588	0.697	
江西省	赣州市	定南县	0.353	0.580	0.672	
江西省	赣州市	全南县	0.351	0.594	0.676	
江西省	赣州市	兴国县	0.355	0.658	0.695	

续表

省(区、市)	市(地、州、盟)	县(市、旗)	SVTD	SRE	CCD	GCCD
江西省	赣州市	会昌县	0.341	0.628	0.681	
江西省	赣州市	寻乌县	0.317	0.621	0.666	
江西省	赣州市	石城县	0.330	0.700	0.693	
江西省	吉安市	峡江县	0.355	0.635	0.689	
江西省	吉安市	遂川县	0.345	0.629	0.682	
江西省	吉安市	万安县	0.320	0.637	0.672	
江西省	吉安市	安福县	0.363	0.604	0.684	
江西省	吉安市	永新县	0.367	0.630	0.693	
江西省	吉安市	井冈山市	0.359	0.594	0.680	
江西省	宜春市	宜丰县	0.379	0.617	0.696	
江西省	宜春市	靖安县	0.313	0.607	0.660	
江西省	宜春市	铜鼓县	0.305	0.612	0.658	
江西省	抚州市	黎川县	0.326	0.720	0.696	
江西省	抚州市	乐安县	0.314	0.701	0.685	
江西省	抚州市	宜黄县	0.322	0.681	0.684	Ⅳ
江西省	抚州市	资溪县	0.309	0.672	0.675	
江西省	抚州市	广昌县	0.329	0.729	0.700	
江西省	上饶市	婺源县	0.329	0.716	0.697	
河南省	南阳市	淅川县	0.413	0.448	0.656	
河南省	南阳市	邓州市	0.512	0.457	0.696	
河南省	信阳市	罗山县	0.430	0.512	0.685	
河南省	信阳市	光山县	0.448	0.524	0.696	
河南省	信阳市	新县	0.378	0.516	0.665	
河南省	信阳市	商城县	0.380	0.558	0.679	
河南省	信阳市	淮滨县	0.479	0.497	0.698	
河南省	信阳市	息县	0.468	0.486	0.690	
河南省	驻马店市	正阳县	0.449	0.487	0.684	
河南省	驻马店市	新蔡县	0.481	0.470	0.690	
湖北省	十堰市	竹山县	0.286	0.501	0.615	

续表

省(区、市)	市(地、州、盟)	县(市、旗)	SVTD	SRE	CCD	GCCD
湖北省	十堰市	竹溪县	0.288	0.510	0.619	
湖北省	十堰市	房县	0.263	0.495	0.601	
湖北省	十堰市	丹江口市	0.365	0.454	0.638	
湖北省	宜昌市	秭归县	0.309	0.500	0.627	
湖北省	宜昌市	长阳土家族自治县	0.287	0.506	0.617	
湖北省	宜昌市	五峰土家族自治县	0.265	0.517	0.608	
湖北省	宜昌市	宜都市	0.482	0.322	0.627	
湖北省	宜昌市	当阳市	0.446	0.300	0.605	
湖北省	宜昌市	枝江市	0.497	0.303	0.623	
湖北省	襄阳市	南漳县	0.342	0.455	0.628	
湖北省	襄阳市	谷城县	0.391	0.404	0.630	
湖北省	襄阳市	保康县	0.299	0.459	0.609	
湖北省	襄阳市	老河口市	0.516	0.387	0.669	
湖北省	襄阳市	枣阳市	0.442	0.450	0.668	
湖北省	襄阳市	宜城市	0.416	0.390	0.635	Ⅳ
湖北省	荆门市	京山县	0.372	0.426	0.631	
湖北省	孝感市	孝昌县	0.394	0.550	0.682	
湖北省	孝感市	大悟县	0.364	0.538	0.665	
湖北省	孝感市	应城市	0.474	0.506	0.700	
湖北省	孝感市	安陆市	0.423	0.498	0.678	
湖北省	荆州市	公安县	0.404	0.559	0.689	
湖北省	荆州市	监利县	0.409	0.586	0.700	
湖北省	荆州市	江陵县	0.403	0.553	0.687	
湖北省	荆州市	石首市	0.412	0.573	0.697	
湖北省	荆州市	洪湖市	0.408	0.585	0.699	
湖北省	荆州市	松滋市	0.398	0.512	0.672	
湖北省	黄冈市	团风县	0.406	0.578	0.696	
湖北省	黄冈市	红安县	0.390	0.553	0.681	
湖北省	黄冈市	罗田县	0.345	0.584	0.670	

附表一 中国村镇建设与资源环境耦合协调评价总表

续表

省(区、市)	市(地、州、盟)	县(市、旗)	SVTD	SRE	CCD	GCCD
湖北省	黄冈市	英山县	0.342	0.592	0.671	
湖北省	黄冈市	蕲春县	0.397	0.599	0.698	
湖北省	黄冈市	麻城市	0.394	0.562	0.686	
湖北省	咸宁市	嘉鱼县	0.451	0.487	0.684	
湖北省	咸宁市	崇阳县	0.361	0.619	0.687	
湖北省	咸宁市	通山县	0.346	0.614	0.679	
湖北省	咸宁市	赤壁市	0.450	0.501	0.689	
湖北省	随州市	随县	0.304	0.499	0.624	
湖北省	随州市	广水市	0.389	0.485	0.659	
湖北省	恩施土家族苗族自治州	恩施市	0.341	0.551	0.658	
湖北省	恩施土家族苗族自治州	利川市	0.302	0.537	0.635	
湖北省	恩施土家族苗族自治州	建始县	0.303	0.553	0.640	Ⅳ
湖北省	恩施土家族苗族自治州	巴东县	0.292	0.545	0.632	
湖北省	恩施土家族苗族自治州	宣恩县	0.280	0.560	0.629	
湖北省	恩施土家族苗族自治州	咸丰县	0.298	0.541	0.634	
湖北省	恩施土家族苗族自治州	来凤县	0.329	0.550	0.652	
湖北省	恩施土家族苗族自治州	鹤峰县	0.243	0.569	0.610	
湖北省	潜江市	潜江市	0.519	0.431	0.688	
湖北省	天门市	天门市	0.481	0.498	0.700	
湖南省	长沙市	长沙县	0.599	0.385	0.693	
湖南省	长沙市	浏阳市	0.465	0.408	0.660	

续表

省(区、市)	市(地、州、盟)	县(市、旗)	SVTD	SRE	CCD	GCCD
湖南省	长沙市	宁乡市	0.490	0.482	0.697	
湖南省	株洲市	攸县	0.413	0.579	0.699	
湖南省	株洲市	茶陵县	0.369	0.620	0.692	
湖南省	株洲市	炎陵县	0.306	0.592	0.652	
湖南省	株洲市	醴陵市	0.465	0.505	0.696	
湖南省	湘潭市	湘乡市	0.424	0.555	0.697	
湖南省	湘潭市	韶山市	0.484	0.479	0.694	
湖南省	衡阳市	衡阳县	0.401	0.593	0.698	
湖南省	衡阳市	衡南县	0.401	0.566	0.690	
湖南省	衡阳市	衡山县	0.426	0.561	0.699	
湖南省	衡阳市	衡东县	0.423	0.566	0.699	
湖南省	邵阳市	新邵县	0.383	0.581	0.687	
湖南省	邵阳市	邵阳县	0.377	0.583	0.685	
湖南省	邵阳市	隆回县	0.375	0.580	0.683	
湖南省	邵阳市	洞口县	0.382	0.581	0.686	Ⅳ
湖南省	邵阳市	绥宁县	0.294	0.592	0.646	
湖南省	邵阳市	新宁县	0.327	0.602	0.666	
湖南省	邵阳市	城步苗族自治县	0.271	0.619	0.640	
湖南省	邵阳市	武冈市	0.406	0.589	0.699	
湖南省	岳阳市	岳阳县	0.378	0.570	0.682	
湖南省	岳阳市	华容县	0.424	0.555	0.697	
湖南省	岳阳市	平江县	0.357	0.624	0.687	
湖南省	常德市	安乡县	0.422	0.540	0.691	
湖南省	常德市	汉寿县	0.418	0.545	0.691	
湖南省	常德市	澧县	0.421	0.525	0.686	
湖南省	常德市	临澧县	0.416	0.529	0.685	
湖南省	常德市	桃源县	0.356	0.537	0.661	
湖南省	常德市	石门县	0.331	0.524	0.646	
湖南省	常德市	津市市	0.448	0.459	0.673	

续表

省(区、市)	市(地、州、盟)	县(市、旗)	SVTD	SRE	CCD	GCCD
湖南省	张家界市	慈利县	0.326	0.568	0.656	
湖南省	张家界市	桑植县	0.290	0.573	0.638	
湖南省	益阳市	南县	0.424	0.555	0.696	
湖南省	益阳市	桃江县	0.400	0.583	0.695	
湖南省	益阳市	安化县	0.321	0.579	0.657	
湖南省	益阳市	沅江市	0.389	0.558	0.683	
湖南省	郴州市	桂阳县	0.411	0.579	0.699	
湖南省	郴州市	汝城县	0.327	0.620	0.671	
湖南省	郴州市	桂东县	0.300	0.626	0.658	
湖南省	郴州市	安仁县	0.372	0.612	0.691	
湖南省	郴州市	资兴市	0.397	0.403	0.632	
湖南省	永州市	东安县	0.372	0.601	0.688	
湖南省	永州市	双牌县	0.306	0.598	0.654	
湖南省	永州市	江永县	0.339	0.706	0.699	
湖南省	永州市	宁远县	0.368	0.644	0.698	Ⅳ
湖南省	永州市	蓝山县	0.363	0.661	0.700	
湖南省	永州市	江华瑶族自治县	0.329	0.688	0.690	
湖南省	怀化市	中方县	0.358	0.534	0.661	
湖南省	怀化市	沅陵县	0.296	0.572	0.641	
湖南省	怀化市	辰溪县	0.343	0.573	0.666	
湖南省	怀化市	溆浦县	0.338	0.576	0.664	
湖南省	怀化市	会同县	0.300	0.579	0.646	
湖南省	怀化市	麻阳苗族自治县	0.341	0.572	0.665	
湖南省	怀化市	新晃侗族自治县	0.297	0.567	0.641	
湖南省	怀化市	芷江侗族自治县	0.315	0.572	0.651	
湖南省	怀化市	靖州苗族侗族自治县	0.310	0.554	0.644	
湖南省	怀化市	通道侗族自治县	0.277	0.618	0.643	
湖南省	怀化市	洪江市	0.324	0.576	0.658	
湖南省	娄底市	新化县	0.374	0.579	0.682	

续表

省(区、市)	市(地、州、盟)	县(市、旗)	SVTD	SRE	CCD	GCCD
湖南省	湘西土家族苗族自治州	泸溪县	0.323	0.572	0.655	
湖南省	湘西土家族苗族自治州	凤凰县	0.350	0.568	0.668	
湖南省	湘西土家族苗族自治州	花垣县	0.370	0.560	0.675	
湖南省	湘西土家族苗族自治州	保靖县	0.294	0.563	0.638	
湖南省	湘西土家族苗族自治州	古丈县	0.257	0.570	0.619	
湖南省	湘西土家族苗族自治州	永顺县	0.279	0.569	0.631	
湖南省	湘西土家族苗族自治州	龙山县	0.303	0.559	0.641	
广东省	韶关市	始兴县	0.326	0.606	0.667	Ⅳ
广东省	韶关市	仁化县	0.345	0.598	0.674	
广东省	韶关市	翁源县	0.342	0.666	0.691	
广东省	韶关市	乳源瑶族自治县	0.329	0.638	0.677	
广东省	韶关市	新丰县	0.319	0.680	0.683	
广东省	韶关市	乐昌市	0.351	0.636	0.687	
广东省	韶关市	南雄市	0.347	0.620	0.681	
广东省	汕头市	南澳县	0.452	0.458	0.675	
广东省	江门市	台山市	0.425	0.529	0.689	
广东省	湛江市	徐闻县	0.413	0.495	0.672	
广东省	湛江市	雷州市	0.418	0.518	0.682	
广东省	肇庆市	广宁县	0.348	0.664	0.693	
广东省	肇庆市	封开县	0.356	0.592	0.677	
广东省	肇庆市	德庆县	0.381	0.592	0.689	
广东省	惠州市	惠东县	0.468	0.493	0.693	

附表一 中国村镇建设与资源环境耦合协调评价总表

续表

省(区、市)	市(地、州、盟)	县(市、旗)	SVTD	SRE	CCD	GCCD
广东省	梅州市	大埔县	0.299	0.639	0.661	
广东省	梅州市	丰顺县	0.313	0.617	0.663	
广东省	梅州市	平远县	0.354	0.590	0.676	
广东省	梅州市	蕉岭县	0.327	0.601	0.666	
广东省	汕尾市	陆河县	0.351	0.600	0.678	
广东省	河源市	紫金县	0.318	0.657	0.676	
广东省	河源市	龙川县	0.329	0.618	0.671	
广东省	河源市	连平县	0.332	0.652	0.682	
广东省	河源市	和平县	0.334	0.625	0.676	
广东省	河源市	东源县	0.297	0.661	0.666	
广东省	阳江市	阳春市	0.389	0.598	0.695	
广东省	清远市	阳山县	0.283	0.696	0.666	
广东省	清远市	连山壮族瑶族自治县	0.297	0.685	0.671	
广东省	清远市	连南瑶族自治县	0.304	0.690	0.677	
广东省	清远市	连州市	0.335	0.680	0.691	Ⅳ
广东省	云浮市	郁南县	0.351	0.607	0.679	
广西壮族自治区	南宁市	隆安县	0.349	0.585	0.672	
广西壮族自治区	南宁市	马山县	0.312	0.638	0.668	
广西壮族自治区	南宁市	上林县	0.342	0.639	0.684	
广西壮族自治区	柳州市	融安县	0.295	0.687	0.671	
广西壮族自治区	柳州市	融水苗族自治县	0.285	0.659	0.659	
广西壮族自治区	柳州市	三江侗族自治县	0.292	0.655	0.661	
广西壮族自治区	桂林市	全州县	0.339	0.656	0.687	
广西壮族自治区	桂林市	兴安县	0.344	0.674	0.694	
广西壮族自治区	桂林市	永福县	0.331	0.672	0.687	
广西壮族自治区	桂林市	灌阳县	0.331	0.704	0.695	
广西壮族自治区	桂林市	龙胜各族自治县	0.284	0.632	0.651	
广西壮族自治区	桂林市	资源县	0.309	0.612	0.659	
广西壮族自治区	梧州市	苍梧县	0.283	0.636	0.651	

续表

省(区、市)	市(地、州、盟)	县(市、旗)	SVTD	SRE	CCD	GCCD
广西壮族自治区	梧州市	藤县	0.378	0.631	0.699	
广西壮族自治区	梧州市	蒙山县	0.371	0.636	0.697	
广西壮族自治区	防城港市	上思县	0.320	0.566	0.652	
广西壮族自治区	百色市	田东县	0.359	0.582	0.676	
广西壮族自治区	百色市	德保县	0.312	0.598	0.657	
广西壮族自治区	百色市	那坡县	0.242	0.582	0.612	
广西壮族自治区	百色市	凌云县	0.270	0.625	0.641	
广西壮族自治区	百色市	乐业县	0.255	0.609	0.628	
广西壮族自治区	百色市	田林县	0.249	0.595	0.620	
广西壮族自治区	百色市	西林县	0.257	0.570	0.619	
广西壮族自治区	百色市	隆林各族自治县	0.275	0.578	0.632	
广西壮族自治区	百色市	靖西市	0.341	0.551	0.659	
广西壮族自治区	百色市	平果县	0.391	0.584	0.691	
广西壮族自治区	贺州市	昭平县	0.293	0.665	0.664	
广西壮族自治区	河池市	南丹县	0.309	0.586	0.652	Ⅳ
广西壮族自治区	河池市	天峨县	0.294	0.578	0.642	
广西壮族自治区	河池市	凤山县	0.206	0.636	0.602	
广西壮族自治区	河池市	东兰县	0.247	0.649	0.632	
广西壮族自治区	河池市	罗城仫佬族自治县	0.281	0.662	0.657	
广西壮族自治区	河池市	环江毛南族自治县	0.244	0.640	0.629	
广西壮族自治区	河池市	巴马瑶族自治县	0.292	0.648	0.659	
广西壮族自治区	河池市	都安瑶族自治县	0.276	0.657	0.653	
广西壮族自治区	河池市	大化瑶族自治县	0.299	0.649	0.664	
广西壮族自治区	来宾市	忻城县	0.292	0.668	0.664	
广西壮族自治区	来宾市	象州县	0.368	0.630	0.694	
广西壮族自治区	来宾市	金秀瑶族自治县	0.252	0.675	0.643	
广西壮族自治区	崇左市	扶绥县	0.391	0.531	0.675	
广西壮族自治区	崇左市	宁明县	0.338	0.553	0.658	
广西壮族自治区	崇左市	龙州县	0.356	0.528	0.659	

附表一 中国村镇建设与资源环境耦合协调评价总表

续表

省(区、市)	市(地、州、盟)	县(市、旗)	SVTD	SRE	CCD	GCCD
广西壮族自治区	崇左市	大新县	0.350	0.529	0.656	
广西壮族自治区	崇左市	天等县	0.321	0.581	0.657	
广西壮族自治区	崇左市	凭祥市	0.427	0.466	0.668	
海南省	儋州市	儋州市	0.327	0.566	0.656	
海南省	五指山市	五指山市	0.420	0.560	0.696	
海南省	文昌市	文昌市	0.420	0.485	0.672	
海南省	万宁市	万宁市	0.415	0.545	0.690	
海南省	东方市	东方市	0.366	0.526	0.662	
海南省	定安县	定安县	0.393	0.580	0.691	
海南省	屯昌县	屯昌县	0.403	0.583	0.696	
海南省	澄迈县	澄迈县	0.433	0.528	0.691	
海南省	临高县	临高县	0.397	0.529	0.677	
海南省	白沙黎族自治县	白沙黎族自治县	0.313	0.565	0.648	IV
海南省	昌江黎族自治县	昌江黎族自治县	0.427	0.529	0.689	
海南省	乐东黎族自治县	乐东黎族自治县	0.341	0.550	0.658	
海南省	陵水黎族自治县	陵水黎族自治县	0.406	0.522	0.679	
海南省	保亭黎族苗族自治县	保亭黎族苗族自治县	0.330	0.556	0.655	
重庆市	重庆市	城口县	0.247	0.534	0.603	
重庆市	重庆市	忠县	0.390	0.549	0.680	
重庆市	重庆市	云阳县	0.341	0.537	0.654	
重庆市	重庆市	奉节县	0.335	0.540	0.652	
重庆市	重庆市	巫山县	0.316	0.541	0.643	
重庆市	重庆市	巫溪县	0.277	0.531	0.619	
重庆市	重庆市	石柱土家族自治县	0.344	0.506	0.646	
重庆市	重庆市	秀山土家族苗族自治县	0.356	0.545	0.664	
重庆市	重庆市	酉阳土家族苗族自治县	0.295	0.536	0.630	

续表

省(区、市)	市(地、州、盟)	县(市、旗)	SVTD	SRE	CCD	GCCD
重庆市	重庆市	彭水苗族土家族自治县	0.306	0.530	0.635	
四川省	成都市	金堂县	0.505	0.456	0.693	
四川省	成都市	大邑县	0.452	0.443	0.669	
四川省	成都市	蒲江县	0.464	0.460	0.680	
四川省	成都市	新津县	0.622	0.234	0.618	
四川省	成都市	都江堰市	0.491	0.434	0.679	
四川省	成都市	彭州市	0.469	0.440	0.674	
四川省	成都市	邛崃市	0.458	0.447	0.673	
四川省	成都市	崇州市	0.495	0.432	0.680	
四川省	成都市	简阳市	0.449	0.515	0.693	
四川省	自贡市	荣县	0.382	0.496	0.660	
四川省	自贡市	富顺县	0.436	0.540	0.696	
四川省	攀枝花市	米易县	0.369	0.417	0.626	
四川省	攀枝花市	盐边县	0.323	0.408	0.603	Ⅳ
四川省	泸州市	合江县	0.373	0.541	0.670	
四川省	泸州市	叙永县	0.320	0.538	0.645	
四川省	泸州市	古蔺县	0.325	0.531	0.645	
四川省	德阳市	中江县	0.406	0.505	0.673	
四川省	德阳市	广汉市	0.575	0.358	0.673	
四川省	德阳市	什邡市	0.478	0.369	0.648	
四川省	德阳市	绵竹市	0.431	0.459	0.667	
四川省	绵阳市	三台县	0.369	0.502	0.656	
四川省	绵阳市	盐亭县	0.324	0.512	0.638	
四川省	绵阳市	梓潼县	0.331	0.503	0.639	
四川省	绵阳市	江油市	0.394	0.459	0.652	
四川省	广元市	旺苍县	0.311	0.530	0.637	
四川省	广元市	剑阁县	0.294	0.517	0.624	
四川省	广元市	苍溪县	0.323	0.533	0.644	

附表一　中国村镇建设与资源环境耦合协调评价总表

续表

省(区、市)	市(地、州、盟)	县(市、旗)	SVTD	SRE	CCD	GCCD
四川省	遂宁市	蓬溪县	0.370	0.523	0.663	
四川省	遂宁市	大英县	0.502	0.404	0.671	
四川省	遂宁市	射洪县	0.393	0.509	0.669	
四川省	内江市	威远县	0.438	0.495	0.682	
四川省	内江市	资中县	0.409	0.531	0.683	
四川省	内江市	隆昌市	0.473	0.504	0.699	
四川省	乐山市	犍为县	0.376	0.532	0.669	
四川省	乐山市	井研县	0.359	0.534	0.662	
四川省	乐山市	夹江县	0.434	0.472	0.673	
四川省	乐山市	沐川县	0.313	0.529	0.638	
四川省	乐山市	马边彝族自治县	0.274	0.526	0.616	
四川省	乐山市	峨眉山市	0.447	0.407	0.653	
四川省	南充市	南部县	0.396	0.519	0.673	
四川省	南充市	营山县	0.377	0.533	0.669	
四川省	南充市	蓬安县	0.387	0.531	0.673	Ⅳ
四川省	南充市	仪陇县	0.373	0.529	0.666	
四川省	南充市	西充县	0.378	0.518	0.665	
四川省	南充市	阆中市	0.390	0.523	0.672	
四川省	眉山市	仁寿县	0.407	0.521	0.679	
四川省	眉山市	洪雅县	0.317	0.484	0.626	
四川省	眉山市	丹棱县	0.393	0.477	0.658	
四川省	眉山市	青神县	0.431	0.479	0.674	
四川省	宜宾市	江安县	0.406	0.542	0.685	
四川省	宜宾市	长宁县	0.407	0.536	0.683	
四川省	宜宾市	高县	0.373	0.529	0.667	
四川省	宜宾市	珙县	0.390	0.492	0.662	
四川省	宜宾市	筠连县	0.369	0.487	0.651	
四川省	宜宾市	兴文县	0.374	0.535	0.669	
四川省	宜宾市	屏山县	0.308	0.523	0.633	

续表

省(区、市)	市(地、州、盟)	县(市、旗)	SVTD	SRE	CCD	GCCD
四川省	广安市	岳池县	0.404	0.537	0.682	
四川省	广安市	武胜县	0.435	0.536	0.695	
四川省	广安市	邻水县	0.387	0.547	0.678	
四川省	达州市	宣汉县	0.344	0.540	0.657	
四川省	达州市	开江县	0.380	0.543	0.674	
四川省	达州市	大竹县	0.398	0.546	0.682	
四川省	达州市	渠县	0.384	0.533	0.672	
四川省	达州市	万源市	0.299	0.542	0.634	
四川省	雅安市	荥经县	0.312	0.475	0.620	
四川省	雅安市	汉源县	0.291	0.516	0.623	
四川省	雅安市	天全县	0.281	0.468	0.602	
四川省	雅安市	芦山县	0.310	0.466	0.617	
四川省	巴中市	通江县	0.288	0.540	0.628	
四川省	巴中市	南江县	0.305	0.533	0.635	
四川省	巴中市	平昌县	0.359	0.532	0.661	Ⅳ
四川省	资阳市	安岳县	0.384	0.536	0.674	
四川省	资阳市	乐至县	0.391	0.521	0.672	
四川省	凉山彝族自治州	西昌市	0.466	0.413	0.662	
四川省	凉山彝族自治州	盐源县	0.272	0.496	0.606	
四川省	凉山彝族自治州	德昌县	0.321	0.493	0.630	
四川省	凉山彝族自治州	会理县	0.325	0.484	0.630	
四川省	凉山彝族自治州	会东县	0.325	0.484	0.630	
四川省	凉山彝族自治州	宁南县	0.328	0.491	0.634	
四川省	凉山彝族自治州	普格县	0.262	0.535	0.612	
四川省	凉山彝族自治州	布拖县	0.297	0.531	0.630	
四川省	凉山彝族自治州	金阳县	0.289	0.524	0.624	
四川省	凉山彝族自治州	昭觉县	0.265	0.530	0.612	
四川省	凉山彝族自治州	喜德县	0.248	0.528	0.602	
四川省	凉山彝族自治州	冕宁县	0.314	0.473	0.621	

附表一 中国村镇建设与资源环境耦合协调评价总表

续表

省(区、市)	市(地、州、盟)	县(市、旗)	SVTD	SRE	CCD	GCCD
四川省	凉山彝族自治州	越西县	0.288	0.526	0.624	
四川省	凉山彝族自治州	甘洛县	0.264	0.524	0.610	
四川省	凉山彝族自治州	美姑县	0.249	0.525	0.601	
四川省	凉山彝族自治州	雷波县	0.296	0.515	0.625	
贵州省	贵阳市	开阳县	0.368	0.524	0.663	
贵州省	贵阳市	息烽县	0.428	0.430	0.655	
贵州省	贵阳市	修文县	0.432	0.441	0.660	
贵州省	贵阳市	清镇市	0.459	0.451	0.674	
贵州省	六盘水市	水城县	0.360	0.520	0.658	
贵州省	六盘水市	盘州市	0.402	0.515	0.674	
贵州省	遵义市	桐梓县	0.326	0.518	0.641	
贵州省	遵义市	绥阳县	0.327	0.513	0.640	
贵州省	遵义市	正安县	0.306	0.517	0.631	
贵州省	遵义市	道真仡佬族苗族自治县	0.296	0.528	0.629	Ⅳ
贵州省	遵义市	务川仡佬族苗族自治县	0.293	0.519	0.625	
贵州省	遵义市	凤冈县	0.312	0.524	0.636	
贵州省	遵义市	湄潭县	0.340	0.528	0.651	
贵州省	遵义市	余庆县	0.342	0.550	0.659	
贵州省	遵义市	习水县	0.344	0.527	0.652	
贵州省	遵义市	赤水市	0.332	0.500	0.638	
贵州省	遵义市	仁怀市	0.477	0.300	0.615	
贵州省	安顺市	普定县	0.392	0.566	0.687	
贵州省	安顺市	镇宁布依族苗族自治县	0.345	0.580	0.669	
贵州省	安顺市	关岭布依族苗族自治县	0.340	0.576	0.665	

续表

省(区、市)	市(地、州、盟)	县(市、旗)	SVTD	SRE	CCD	GCCD
贵州省	安顺市	紫云苗族布依族自治县	0.314	0.591	0.656	
贵州省	毕节市	大方县	0.362	0.522	0.659	
贵州省	毕节市	黔西县	0.357	0.537	0.662	
贵州省	毕节市	金沙县	0.380	0.483	0.654	
贵州省	毕节市	织金县	0.373	0.553	0.674	
贵州省	毕节市	纳雍县	0.387	0.520	0.670	
贵州省	毕节市	威宁彝族回族苗族自治县	0.345	0.494	0.642	
贵州省	毕节市	赫章县	0.338	0.497	0.640	
贵州省	铜仁市	江口县	0.289	0.550	0.631	
贵州省	铜仁市	玉屏侗族自治县	0.439	0.521	0.692	
贵州省	铜仁市	石阡县	0.319	0.546	0.646	
贵州省	铜仁市	思南县	0.353	0.533	0.659	
贵州省	铜仁市	印江土家族苗族自治县	0.348	0.540	0.658	Ⅳ
贵州省	铜仁市	德江县	0.347	0.521	0.652	
贵州省	铜仁市	沿河土家族自治县	0.341	0.525	0.650	
贵州省	铜仁市	松桃苗族自治县	0.329	0.556	0.654	
贵州省	黔西南布依族苗族自治州	兴仁县	0.386	0.578	0.687	
贵州省	黔西南布依族苗族自治州	普安县	0.348	0.562	0.665	
贵州省	黔西南布依族苗族自治州	晴隆县	0.341	0.563	0.662	
贵州省	黔西南布依族苗族自治州	贞丰县	0.381	0.550	0.677	
贵州省	黔西南布依族苗族自治州	望谟县	0.287	0.594	0.642	

附表一　中国村镇建设与资源环境耦合协调评价总表

续表

省(区、市)	市(地、州、盟)	县(市、旗)	SVTD	SRE	CCD	GCCD
贵州省	黔西南布依族苗族自治州	册亨县	0.271	0.588	0.632	
贵州省	黔西南布依族苗族自治州	安龙县	0.352	0.581	0.673	
贵州省	黔东南苗族侗族自治州	黄平县	0.332	0.573	0.661	
贵州省	黔东南苗族侗族自治州	施秉县	0.296	0.566	0.640	
贵州省	黔东南苗族侗族自治州	三穗县	0.324	0.569	0.655	
贵州省	黔东南苗族侗族自治州	镇远县	0.298	0.562	0.640	
贵州省	黔东南苗族侗族自治州	岑巩县	0.313	0.557	0.646	Ⅳ
贵州省	黔东南苗族侗族自治州	天柱县	0.306	0.573	0.647	
贵州省	黔东南苗族侗族自治州	锦屏县	0.302	0.585	0.648	
贵州省	黔东南苗族侗族自治州	剑河县	0.266	0.578	0.626	
贵州省	黔东南苗族侗族自治州	台江县	0.313	0.578	0.652	
贵州省	黔东南苗族侗族自治州	黎平县	0.274	0.610	0.640	
贵州省	黔东南苗族侗族自治州	榕江县	0.271	0.599	0.635	
贵州省	黔东南苗族侗族自治州	从江县	0.273	0.627	0.643	

续表

省(区、市)	市(地、州、盟)	县(市、旗)	SVTD	SRE	CCD	GCCD
贵州省	黔东南苗族侗族自治州	雷山县	0.284	0.589	0.640	
贵州省	黔东南苗族侗族自治州	麻江县	0.312	0.592	0.656	
贵州省	黔东南苗族侗族自治州	丹寨县	0.335	0.592	0.668	
贵州省	黔南布依族苗族自治州	都匀市	0.383	0.555	0.679	
贵州省	黔南布依族苗族自治州	福泉市	0.381	0.544	0.674	
贵州省	黔南布依族苗族自治州	荔波县	0.294	0.586	0.644	
贵州省	黔南布依族苗族自治州	贵定县	0.343	0.552	0.660	Ⅳ
贵州省	黔南布依族苗族自治州	瓮安县	0.364	0.565	0.674	
贵州省	黔南布依族苗族自治州	独山县	0.309	0.607	0.658	
贵州省	黔南布依族苗族自治州	平塘县	0.284	0.595	0.641	
贵州省	黔南布依族苗族自治州	罗甸县	0.294	0.594	0.647	
贵州省	黔南布依族苗族自治州	长顺县	0.324	0.589	0.661	
贵州省	黔南布依族苗族自治州	龙里县	0.364	0.546	0.668	
贵州省	黔南布依族苗族自治州	惠水县	0.333	0.588	0.665	

附表一　中国村镇建设与资源环境耦合协调评价总表

续表

省(区、市)	市(地、州、盟)	县(市、旗)	SVTD	SRE	CCD	GCCD
贵州省	黔南布依族苗族自治州	三都水族自治县	0.305	0.602	0.655	
云南省	昆明市	富民县	0.355	0.485	0.644	
云南省	昆明市	宜良县	0.404	0.489	0.667	
云南省	昆明市	石林彝族自治县	0.361	0.498	0.651	
云南省	昆明市	嵩明县	0.370	0.520	0.662	
云南省	昆明市	寻甸回族彝族自治县	0.262	0.524	0.609	
云南省	昆明市	安宁市	0.426	0.467	0.668	
云南省	曲靖市	陆良县	0.352	0.545	0.662	
云南省	曲靖市	师宗县	0.301	0.561	0.641	
云南省	曲靖市	罗平县	0.314	0.572	0.651	
云南省	曲靖市	富源县	0.292	0.562	0.637	
云南省	曲靖市	会泽县	0.276	0.508	0.612	
云南省	曲靖市	宣威市	0.292	0.508	0.621	
云南省	玉溪市	通海县	0.373	0.501	0.657	Ⅳ
云南省	玉溪市	华宁县	0.301	0.517	0.628	
云南省	玉溪市	易门县	0.327	0.463	0.624	
云南省	玉溪市	澄江县	0.343	0.516	0.649	
云南省	保山市	施甸县	0.308	0.522	0.633	
云南省	保山市	龙陵县	0.321	0.534	0.643	
云南省	保山市	昌宁县	0.286	0.480	0.609	
云南省	保山市	腾冲市	0.328	0.532	0.646	
云南省	昭通市	鲁甸县	0.338	0.514	0.646	
云南省	昭通市	巧家县	0.281	0.518	0.618	
云南省	昭通市	盐津县	0.284	0.511	0.617	
云南省	昭通市	大关县	0.268	0.510	0.608	
云南省	昭通市	永善县	0.305	0.515	0.630	
云南省	昭通市	绥江县	0.317	0.517	0.636	
云南省	昭通市	镇雄县	0.279	0.514	0.616	

续表

省(区、市)	市(地、州、盟)	县(市、旗)	SVTD	SRE	CCD	GCCD
云南省	昭通市	水富县	0.283	0.511	0.617	
云南省	丽江市	华坪县	0.269	0.513	0.609	
云南省	普洱市	宁洱哈尼族彝族自治县	0.245	0.572	0.612	
云南省	普洱市	墨江哈尼族自治县	0.233	0.556	0.600	
云南省	普洱市	景东彝族自治县	0.251	0.525	0.602	
云南省	普洱市	景谷傣族彝族自治县	0.257	0.532	0.608	
云南省	普洱市	江城哈尼族彝族自治县	0.228	0.594	0.607	
云南省	普洱市	孟连傣族拉祜族佤族自治县	0.272	0.585	0.631	
云南省	普洱市	西盟佤族自治县	0.250	0.598	0.622	
云南省	临沧市	凤庆县	0.294	0.527	0.627	
云南省	临沧市	云县	0.286	0.535	0.626	Ⅳ
云南省	临沧市	永德县	0.268	0.542	0.617	
云南省	临沧市	镇康县	0.278	0.551	0.626	
云南省	临沧市	双江拉祜族佤族布朗族傣族自治县	0.279	0.572	0.632	
云南省	临沧市	耿马傣族佤族自治县	0.295	0.526	0.628	
云南省	临沧市	沧源佤族自治县	0.266	0.596	0.631	
云南省	楚雄彝族自治州	楚雄市	0.384	0.400	0.626	
云南省	楚雄彝族自治州	牟定县	0.300	0.502	0.623	
云南省	楚雄彝族自治州	南华县	0.274	0.503	0.609	
云南省	楚雄彝族自治州	姚安县	0.298	0.490	0.618	
云南省	楚雄彝族自治州	大姚县	0.262	0.498	0.601	
云南省	楚雄彝族自治州	元谋县	0.302	0.501	0.624	
云南省	楚雄彝族自治州	武定县	0.291	0.510	0.621	
云南省	楚雄彝族自治州	禄丰县	0.327	0.476	0.628	

附表一　中国村镇建设与资源环境耦合协调评价总表

续表

省(区、市)	市(地、州、盟)	县(市、旗)	SVTD	SRE	CCD	GCCD
云南省	红河哈尼族彝族自治州	个旧市	0.429	0.446	0.662	
云南省	红河哈尼族彝族自治州	开远市	0.397	0.422	0.640	
云南省	红河哈尼族彝族自治州	蒙自市	0.411	0.511	0.677	
云南省	红河哈尼族彝族自治州	弥勒市	0.373	0.488	0.653	
云南省	红河哈尼族彝族自治州	屏边苗族自治县	0.264	0.560	0.620	
云南省	红河哈尼族彝族自治州	建水县	0.348	0.526	0.654	
云南省	红河哈尼族彝族自治州	石屏县	0.303	0.518	0.630	Ⅳ
云南省	红河哈尼族彝族自治州	泸西县	0.387	0.542	0.677	
云南省	红河哈尼族彝族自治州	元阳县	0.287	0.570	0.636	
云南省	红河哈尼族彝族自治州	红河县	0.298	0.550	0.636	
云南省	红河哈尼族彝族自治州	金平苗族瑶族傣族自治县	0.261	0.599	0.629	
云南省	红河哈尼族彝族自治州	绿春县	0.245	0.578	0.613	
云南省	红河哈尼族彝族自治州	河口瑶族自治县	0.318	0.547	0.646	
云南省	文山壮族苗族自治州	文山市	0.387	0.512	0.667	

续表

省(区、市)	市(地、州、盟)	县(市、旗)	SVTD	SRE	CCD	GCCD
云南省	文山壮族苗族自治州	砚山县	0.315	0.548	0.644	
云南省	文山壮族苗族自治州	西畴县	0.288	0.561	0.634	
云南省	文山壮族苗族自治州	麻栗坡县	0.283	0.566	0.633	
云南省	文山壮族苗族自治州	马关县	0.304	0.572	0.646	
云南省	文山壮族苗族自治州	丘北县	0.270	0.544	0.619	
云南省	文山壮族苗族自治州	广南县	0.276	0.564	0.628	
云南省	文山壮族苗族自治州	富宁县	0.270	0.585	0.630	
云南省	西双版纳傣族自治州	景洪市	0.330	0.527	0.645	
云南省	西双版纳傣族自治州	勐海县	0.282	0.515	0.617	
云南省	西双版纳傣族自治州	勐腊县	0.279	0.539	0.622	
云南省	大理白族自治州	大理市	0.477	0.370	0.648	
云南省	大理白族自治州	祥云县	0.358	0.453	0.635	
云南省	大理白族自治州	宾川县	0.331	0.484	0.633	
云南省	大理白族自治州	弥渡县	0.315	0.498	0.629	
云南省	大理白族自治州	南涧彝族自治县	0.289	0.510	0.620	Ⅳ
云南省	大理白族自治州	巍山彝族回族自治县	0.304	0.499	0.624	
云南省	大理白族自治州	洱源县	0.318	0.482	0.625	
云南省	大理白族自治州	剑川县	0.273	0.483	0.603	
云南省	大理白族自治州	鹤庆县	0.325	0.480	0.628	
云南省	德宏傣族景颇族自治州	瑞丽市	0.440	0.493	0.682	
云南省	德宏傣族景颇族自治州	芒市	0.333	0.553	0.655	
云南省	德宏傣族景颇族自治州	梁河县	0.289	0.548	0.631	
云南省	德宏傣族景颇族自治州	盈江县	0.298	0.571	0.642	
云南省	德宏傣族景颇族自治州	陇川县	0.306	0.582	0.650	
陕西省	汉中市	西乡县	0.289	0.516	0.621	
陕西省	汉中市	宁强县	0.290	0.504	0.618	
陕西省	汉中市	镇巴县	0.270	0.531	0.615	
陕西省	安康市	汉阴县	0.348	0.472	0.636	

附表一　中国村镇建设与资源环境耦合协调评价总表　　203

续表

省(区、市)	市(地、州、盟)	县(市、旗)	SVTD	SRE	CCD	GCCD
陕西省	安康市	石泉县	0.318	0.469	0.621	
陕西省	安康市	紫阳县	0.304	0.525	0.632	
陕西省	安康市	岚皋县	0.280	0.484	0.607	
陕西省	安康市	平利县	0.293	0.474	0.610	
陕西省	安康市	白河县	0.310	0.451	0.612	
河北省	石家庄市	灵寿县	0.444	0.494	0.684	
河北省	石家庄市	赞皇县	0.460	0.495	0.691	
河北省	石家庄市	平山县	0.426	0.488	0.675	
河北省	唐山市	滦南县	0.561	0.413	0.694	
河北省	唐山市	乐亭县	0.563	0.375	0.678	
河北省	唐山市	迁西县	0.537	0.366	0.666	
河北省	唐山市	迁安市	0.666	0.326	0.683	
河北省	秦皇岛市	青龙满族自治县	0.334	0.534	0.650	
河北省	秦皇岛市	昌黎县	0.528	0.446	0.697	
河北省	邯郸市	涉县	0.488	0.486	0.698	Ⅳ
河北省	邢台市	邢台县	0.417	0.490	0.672	
河北省	邢台市	临城县	0.464	0.492	0.691	
河北省	邢台市	新河县	0.440	0.537	0.697	
河北省	保定市	涞水县	0.382	0.534	0.672	
河北省	保定市	阜平县	0.329	0.518	0.643	
河北省	保定市	唐县	0.436	0.522	0.691	
河北省	保定市	涞源县	0.370	0.529	0.665	
河北省	保定市	易县	0.395	0.534	0.678	
河北省	保定市	顺平县	0.447	0.518	0.694	
河北省	张家口市	蔚县	0.354	0.537	0.660	
河北省	张家口市	阳原县	0.336	0.525	0.648	
河北省	张家口市	怀安县	0.350	0.521	0.654	
河北省	张家口市	怀来县	0.434	0.513	0.687	
河北省	张家口市	涿鹿县	0.334	0.541	0.652	

续表

省(区、市)	市(地、州、盟)	县(市、旗)	SVTD	SRE	CCD	GCCD
河北省	张家口市	赤城县	0.271	0.542	0.619	
河北省	承德市	承德县	0.337	0.504	0.642	
河北省	承德市	兴隆县	0.332	0.515	0.643	
河北省	承德市	滦平县	0.360	0.509	0.654	
河北省	承德市	宽城满族自治县	0.406	0.461	0.658	
河北省	承德市	平泉市	0.384	0.498	0.661	
河北省	沧州市	海兴县	0.476	0.488	0.694	
山西省	太原市	阳曲县	0.334	0.512	0.643	
山西省	太原市	娄烦县	0.289	0.516	0.622	
山西省	太原市	古交市	0.313	0.515	0.634	
山西省	大同市	阳高县	0.309	0.515	0.632	
山西省	大同市	天镇县	0.307	0.516	0.630	
山西省	大同市	广灵县	0.332	0.524	0.646	
山西省	大同市	灵丘县	0.298	0.528	0.630	
山西省	大同市	浑源县	0.292	0.523	0.625	Ⅳ
山西省	大同市	左云县	0.351	0.485	0.642	
山西省	阳泉市	平定县	0.421	0.484	0.672	
山西省	阳泉市	盂县	0.372	0.486	0.652	
山西省	长治市	襄垣县	0.472	0.440	0.675	
山西省	长治市	平顺县	0.267	0.531	0.613	
山西省	长治市	黎城县	0.339	0.520	0.648	
山西省	长治市	壶关县	0.386	0.532	0.673	
山西省	长治市	长子县	0.460	0.492	0.690	
山西省	长治市	武乡县	0.342	0.520	0.649	
山西省	长治市	沁县	0.297	0.517	0.626	
山西省	晋城市	沁水县	0.387	0.361	0.611	
山西省	晋城市	阳城县	0.412	0.514	0.678	
山西省	晋城市	陵川县	0.319	0.542	0.645	
山西省	晋城市	泽州县	0.428	0.514	0.685	

附表一 中国村镇建设与资源环境耦合协调评价总表

续表

省(区、市)	市(地、州、盟)	县(市、旗)	SVTD	SRE	CCD	GCCD
山西省	朔州市	山阴县	0.434	0.437	0.660	
山西省	朔州市	应县	0.375	0.516	0.663	
山西省	朔州市	右玉县	0.356	0.430	0.626	
山西省	晋中市	榆社县	0.299	0.513	0.626	
山西省	晋中市	左权县	0.331	0.486	0.633	
山西省	晋中市	和顺县	0.322	0.490	0.630	
山西省	晋中市	昔阳县	0.348	0.492	0.643	
山西省	晋中市	寿阳县	0.373	0.486	0.652	
山西省	晋中市	祁县	0.448	0.470	0.678	
山西省	晋中市	平遥县	0.451	0.503	0.690	
山西省	晋中市	灵石县	0.493	0.375	0.656	
山西省	运城市	万荣县	0.402	0.531	0.680	
山西省	运城市	闻喜县	0.431	0.536	0.693	
山西省	运城市	稷山县	0.467	0.512	0.699	
山西省	运城市	绛县	0.374	0.537	0.669	Ⅳ
山西省	运城市	垣曲县	0.337	0.553	0.657	
山西省	运城市	夏县	0.352	0.549	0.663	
山西省	运城市	平陆县	0.365	0.554	0.671	
山西省	运城市	芮城县	0.409	0.558	0.691	
山西省	运城市	永济市	0.434	0.518	0.689	
山西省	忻州市	定襄县	0.405	0.512	0.675	
山西省	忻州市	五台县	0.308	0.517	0.632	
山西省	忻州市	代县	0.365	0.482	0.648	
山西省	忻州市	繁峙县	0.344	0.522	0.651	
山西省	忻州市	宁武县	0.349	0.489	0.642	
山西省	忻州市	静乐县	0.274	0.521	0.615	
山西省	忻州市	神池县	0.268	0.520	0.611	
山西省	忻州市	五寨县	0.298	0.520	0.627	
山西省	忻州市	岢岚县	0.279	0.487	0.607	

续表

省(区、市)	市(地、州、盟)	县(市、旗)	SVTD	SRE	CCD	GCCD
山西省	忻州市	河曲县	0.395	0.434	0.643	
山西省	忻州市	保德县	0.385	0.485	0.657	
山西省	忻州市	偏关县	0.270	0.510	0.609	
山西省	忻州市	原平市	0.392	0.484	0.660	
山西省	临汾市	翼城县	0.415	0.527	0.684	
山西省	临汾市	襄汾县	0.462	0.514	0.698	
山西省	临汾市	洪洞县	0.466	0.497	0.694	
山西省	临汾市	古县	0.330	0.484	0.632	
山西省	临汾市	安泽县	0.310	0.489	0.624	
山西省	临汾市	浮山县	0.356	0.494	0.648	
山西省	临汾市	乡宁县	0.365	0.484	0.648	
山西省	临汾市	隰县	0.268	0.503	0.606	
山西省	临汾市	蒲县	0.352	0.424	0.621	
山西省	临汾市	汾西县	0.325	0.515	0.639	
山西省	临汾市	霍州市	0.437	0.501	0.684	Ⅳ
山西省	吕梁市	文水县	0.422	0.503	0.679	
山西省	吕梁市	交城县	0.374	0.478	0.650	
山西省	吕梁市	兴县	0.297	0.493	0.618	
山西省	吕梁市	柳林县	0.454	0.479	0.683	
山西省	吕梁市	岚县	0.327	0.521	0.642	
山西省	吕梁市	方山县	0.295	0.515	0.624	
山西省	吕梁市	中阳县	0.368	0.478	0.648	
山西省	吕梁市	交口县	0.388	0.469	0.653	
山西省	吕梁市	孝义市	0.603	0.314	0.660	
山西省	吕梁市	汾阳市	0.466	0.470	0.684	
内蒙古自治区	通辽市	科尔沁左翼后旗	0.278	0.471	0.601	
内蒙古自治区	呼伦贝尔市	阿荣旗	0.270	0.504	0.607	
内蒙古自治区	兴安盟	扎赉特旗	0.269	0.515	0.610	
辽宁省	沈阳市	康平县	0.414	0.485	0.669	

附表一　中国村镇建设与资源环境耦合协调评价总表

续表

省(区、市)	市(地、州、盟)	县(市、旗)	SVTD	SRE	CCD	GCCD
辽宁省	沈阳市	法库县	0.412	0.497	0.673	
辽宁省	沈阳市	新民市	0.411	0.492	0.670	
辽宁省	大连市	长海县	0.621	0.291	0.652	
辽宁省	大连市	瓦房店市	0.515	0.302	0.628	
辽宁省	大连市	庄河市	0.460	0.408	0.658	
辽宁省	鞍山市	台安县	0.433	0.488	0.678	
辽宁省	鞍山市	岫岩满族自治县	0.309	0.537	0.638	
辽宁省	抚顺市	抚顺县	0.260	0.565	0.619	
辽宁省	抚顺市	新宾满族自治县	0.255	0.572	0.618	
辽宁省	抚顺市	清原满族自治县	0.261	0.557	0.618	
辽宁省	本溪市	本溪满族自治县	0.344	0.542	0.657	
辽宁省	本溪市	桓仁满族自治县	0.299	0.556	0.639	
辽宁省	丹东市	宽甸满族自治县	0.264	0.587	0.627	
辽宁省	丹东市	东港市	0.446	0.496	0.686	
辽宁省	丹东市	凤城市	0.321	0.536	0.644	Ⅳ
辽宁省	锦州市	黑山县	0.375	0.512	0.662	
辽宁省	锦州市	义县	0.375	0.504	0.659	
辽宁省	锦州市	凌海市	0.385	0.488	0.658	
辽宁省	锦州市	北镇市	0.414	0.500	0.675	
辽宁省	营口市	盖州市	0.374	0.500	0.658	
辽宁省	营口市	大石桥市	0.489	0.484	0.698	
辽宁省	阜新市	彰武县	0.360	0.509	0.654	
辽宁省	辽阳市	辽阳县	0.358	0.550	0.666	
辽宁省	辽阳市	灯塔市	0.438	0.517	0.690	
辽宁省	盘锦市	盘山县	0.430	0.479	0.674	
辽宁省	铁岭市	铁岭县	0.338	0.548	0.656	
辽宁省	铁岭市	西丰县	0.281	0.537	0.623	
辽宁省	铁岭市	昌图县	0.363	0.521	0.660	
辽宁省	铁岭市	开原市	0.332	0.542	0.651	

续表

省(区、市)	市(地、州、盟)	县(市、旗)	SVTD	SRE	CCD	GCCD
辽宁省	朝阳市	朝阳县	0.330	0.504	0.638	
辽宁省	朝阳市	喀喇沁左翼蒙古族自治县	0.369	0.515	0.660	
辽宁省	朝阳市	凌源市	0.367	0.526	0.663	
辽宁省	葫芦岛市	绥中县	0.402	0.500	0.670	
辽宁省	葫芦岛市	建昌县	0.328	0.516	0.641	
辽宁省	葫芦岛市	兴城市	0.396	0.497	0.666	
吉林省	长春市	农安县	0.439	0.479	0.677	
吉林省	长春市	榆树市	0.433	0.523	0.690	
吉林省	长春市	德惠市	0.500	0.451	0.689	
吉林省	吉林市	永吉县	0.363	0.542	0.666	
吉林省	吉林市	蛟河市	0.331	0.521	0.644	
吉林省	吉林市	桦甸市	0.343	0.515	0.649	
吉林省	吉林市	舒兰市	0.371	0.519	0.662	
吉林省	吉林市	磐石市	0.391	0.520	0.671	Ⅳ
吉林省	四平市	梨树县	0.414	0.490	0.671	
吉林省	四平市	伊通满族自治县	0.416	0.502	0.676	
吉林省	四平市	公主岭市	0.478	0.484	0.693	
吉林省	四平市	双辽市	0.372	0.496	0.655	
吉林省	辽源市	东丰县	0.405	0.523	0.679	
吉林省	辽源市	东辽县	0.397	0.509	0.670	
吉林省	通化市	通化县	0.324	0.552	0.651	
吉林省	通化市	辉南县	0.342	0.563	0.662	
吉林省	通化市	柳河县	0.300	0.569	0.643	
吉林省	通化市	梅河口市	0.472	0.472	0.687	
吉林省	通化市	集安市	0.279	0.563	0.629	
吉林省	白山市	抚松县	0.352	0.472	0.639	
吉林省	白山市	靖宇县	0.321	0.529	0.642	
吉林省	白山市	长白朝鲜族自治县	0.303	0.545	0.638	

附表一 中国村镇建设与资源环境耦合协调评价总表

续表

省(区、市)	市(地、州、盟)	县(市、旗)	SVTD	SRE	CCD	GCCD
吉林省	白山市	临江市	0.321	0.499	0.633	
吉林省	松原市	前郭尔罗斯蒙古族自治县	0.405	0.470	0.660	
吉林省	松原市	长岭县	0.393	0.437	0.644	
吉林省	松原市	乾安县	0.395	0.410	0.635	
吉林省	松原市	扶余市	0.399	0.491	0.665	
吉林省	白城市	镇赉县	0.346	0.445	0.627	
吉林省	白城市	通榆县	0.336	0.407	0.608	
吉林省	白城市	洮南市	0.344	0.452	0.628	
吉林省	延边朝鲜族自治州	延吉市	0.497	0.462	0.692	
吉林省	延边朝鲜族自治州	图们市	0.312	0.518	0.634	
吉林省	延边朝鲜族自治州	敦化市	0.295	0.507	0.622	
吉林省	延边朝鲜族自治州	珲春市	0.339	0.465	0.630	
吉林省	延边朝鲜族自治州	龙井市	0.263	0.547	0.616	
黑龙江省	哈尔滨市	依兰县	0.338	0.512	0.645	Ⅳ
黑龙江省	哈尔滨市	方正县	0.307	0.542	0.639	
黑龙江省	哈尔滨市	宾县	0.415	0.524	0.683	
黑龙江省	哈尔滨市	巴彦县	0.370	0.533	0.666	
黑龙江省	哈尔滨市	木兰县	0.319	0.526	0.640	
黑龙江省	哈尔滨市	通河县	0.297	0.516	0.626	
黑龙江省	哈尔滨市	延寿县	0.303	0.546	0.638	
黑龙江省	哈尔滨市	尚志市	0.323	0.511	0.637	
黑龙江省	哈尔滨市	五常市	0.369	0.515	0.660	
黑龙江省	齐齐哈尔市	龙江县	0.349	0.534	0.657	
黑龙江省	齐齐哈尔市	依安县	0.307	0.558	0.643	
黑龙江省	齐齐哈尔市	泰来县	0.300	0.527	0.630	
黑龙江省	齐齐哈尔市	甘南县	0.314	0.554	0.646	
黑龙江省	齐齐哈尔市	富裕县	0.317	0.552	0.647	
黑龙江省	齐齐哈尔市	克山县	0.304	0.551	0.640	

续表

省(区、市)	市(地、州、盟)	县(市、旗)	SVTD	SRE	CCD	GCCD
黑龙江省	齐齐哈尔市	克东县	0.315	0.557	0.647	
黑龙江省	齐齐哈尔市	拜泉县	0.327	0.562	0.655	
黑龙江省	齐齐哈尔市	讷河市	0.310	0.544	0.641	
黑龙江省	鸡西市	鸡东县	0.391	0.524	0.673	
黑龙江省	鸡西市	虎林市	0.324	0.542	0.647	
黑龙江省	鸡西市	密山市	0.300	0.532	0.632	
黑龙江省	鹤岗市	萝北县	0.346	0.524	0.652	
黑龙江省	鹤岗市	绥滨县	0.301	0.512	0.627	
黑龙江省	双鸭山市	集贤县	0.364	0.534	0.664	
黑龙江省	双鸭山市	友谊县	0.353	0.508	0.651	
黑龙江省	双鸭山市	宝清县	0.315	0.518	0.635	
黑龙江省	双鸭山市	饶河县	0.271	0.531	0.616	
黑龙江省	大庆市	肇州县	0.455	0.466	0.679	
黑龙江省	大庆市	肇源县	0.325	0.497	0.634	
黑龙江省	大庆市	林甸县	0.299	0.539	0.634	Ⅳ
黑龙江省	大庆市	杜尔伯特蒙古族自治县	0.323	0.472	0.625	
黑龙江省	伊春市	嘉荫县	0.358	0.512	0.655	
黑龙江省	伊春市	铁力市	0.296	0.559	0.638	
黑龙江省	佳木斯市	桦南县	0.378	0.506	0.661	
黑龙江省	佳木斯市	桦川县	0.344	0.512	0.648	
黑龙江省	佳木斯市	汤原县	0.311	0.520	0.634	
黑龙江省	佳木斯市	同江市	0.295	0.472	0.611	
黑龙江省	佳木斯市	富锦市	0.320	0.515	0.637	
黑龙江省	佳木斯市	抚远市	0.277	0.489	0.607	
黑龙江省	七台河市	勃利县	0.314	0.546	0.643	
黑龙江省	牡丹江市	林口县	0.285	0.522	0.621	
黑龙江省	牡丹江市	绥芬河市	0.593	0.384	0.691	
黑龙江省	牡丹江市	海林市	0.283	0.518	0.619	

附表一 中国村镇建设与资源环境耦合协调评价总表

续表

省(区、市)	市(地、州、盟)	县(市、旗)	SVTD	SRE	CCD	GCCD
黑龙江省	牡丹江市	宁安市	0.319	0.524	0.639	
黑龙江省	牡丹江市	穆棱市	0.329	0.483	0.631	
黑龙江省	牡丹江市	东宁市	0.325	0.477	0.627	
黑龙江省	黑河市	北安市	0.265	0.556	0.620	
黑龙江省	黑河市	五大连池市	0.263	0.534	0.612	
黑龙江省	黑河市	嫩江县	0.300	0.489	0.619	
黑龙江省	绥化市	望奎县	0.339	0.558	0.659	
黑龙江省	绥化市	兰西县	0.331	0.544	0.651	
黑龙江省	绥化市	青冈县	0.327	0.555	0.653	
黑龙江省	绥化市	庆安县	0.289	0.565	0.635	
黑龙江省	绥化市	明水县	0.329	0.558	0.654	
黑龙江省	绥化市	绥棱县	0.275	0.568	0.629	
黑龙江省	绥化市	安达市	0.391	0.447	0.647	
黑龙江省	绥化市	肇东市	0.406	0.495	0.669	
黑龙江省	绥化市	海伦市	0.328	0.564	0.656	Ⅳ
山东省	青岛市	胶州市	0.692	0.324	0.688	
山东省	青岛市	平度市	0.538	0.433	0.695	
山东省	东营市	利津县	0.529	0.330	0.647	
山东省	东营市	广饶县	0.665	0.350	0.695	
山东省	烟台市	长岛县	0.683	0.225	0.626	
山东省	烟台市	龙口市	0.723	0.318	0.693	
山东省	烟台市	莱阳市	0.509	0.466	0.698	
山东省	烟台市	莱州市	0.587	0.309	0.653	
山东省	烟台市	蓬莱市	0.558	0.347	0.663	
山东省	烟台市	招远市	0.588	0.322	0.660	
山东省	烟台市	栖霞市	0.429	0.463	0.668	
山东省	烟台市	海阳市	0.487	0.470	0.691	
山东省	威海市	荣成市	0.652	0.349	0.690	
山东省	威海市	乳山市	0.526	0.340	0.650	

续表

省(区、市)	市(地、州、盟)	县(市、旗)	SVTD	SRE	CCD	GCCD
山东省	滨州市	无棣县	0.538	0.430	0.694	
山东省	滨州市	邹平县	0.666	0.357	0.698	
河南省	郑州市	巩义市	0.633	0.376	0.698	
河南省	洛阳市	新安县	0.563	0.398	0.688	
河南省	洛阳市	栾川县	0.404	0.557	0.689	
河南省	洛阳市	嵩县	0.396	0.586	0.694	
河南省	洛阳市	洛宁县	0.418	0.559	0.695	
河南省	三门峡市	卢氏县	0.295	0.584	0.644	
河南省	三门峡市	灵宝市	0.476	0.489	0.694	
河南省	南阳市	南召县	0.384	0.590	0.690	
河南省	南阳市	西峡县	0.432	0.553	0.699	
湖北省	十堰市	郧西县	0.276	0.596	0.637	
陕西省	西安市	蓝田县	0.396	0.573	0.690	
陕西省	西安市	周至县	0.374	0.580	0.682	
陕西省	铜川市	宜君县	0.297	0.510	0.624	Ⅳ
陕西省	宝鸡市	陇县	0.355	0.519	0.655	
陕西省	宝鸡市	千阳县	0.362	0.529	0.661	
陕西省	宝鸡市	麟游县	0.377	0.392	0.620	
陕西省	宝鸡市	凤县	0.389	0.393	0.625	
陕西省	宝鸡市	太白县	0.246	0.550	0.606	
陕西省	咸阳市	泾阳县	0.408	0.552	0.689	
陕西省	咸阳市	永寿县	0.430	0.528	0.690	
陕西省	咸阳市	旬邑县	0.390	0.519	0.671	
陕西省	咸阳市	淳化县	0.396	0.529	0.676	
陕西省	咸阳市	彬县	0.457	0.479	0.684	
陕西省	渭南市	潼关县	0.414	0.536	0.687	
陕西省	渭南市	大荔县	0.396	0.546	0.682	
陕西省	渭南市	合阳县	0.414	0.535	0.686	
陕西省	渭南市	澄城县	0.426	0.530	0.689	

续表

省(区、市)	市(地、州、盟)	县(市、旗)	SVTD	SRE	CCD	GCCD
陕西省	渭南市	白水县	0.413	0.532	0.685	
陕西省	渭南市	韩城市	0.508	0.342	0.645	
陕西省	渭南市	华阴市	0.450	0.523	0.697	
陕西省	延安市	延长县	0.269	0.494	0.604	
陕西省	延安市	延川县	0.327	0.478	0.629	
陕西省	延安市	志丹县	0.356	0.432	0.626	
陕西省	延安市	吴起县	0.362	0.377	0.608	
陕西省	延安市	甘泉县	0.280	0.511	0.615	
陕西省	延安市	富县	0.296	0.487	0.616	
陕西省	延安市	洛川县	0.438	0.438	0.662	
陕西省	延安市	黄陵县	0.385	0.355	0.608	
陕西省	延安市	子长县	0.330	0.484	0.632	
陕西省	汉中市	洋县	0.346	0.608	0.677	
陕西省	汉中市	勉县	0.364	0.576	0.677	
陕西省	汉中市	略阳县	0.312	0.562	0.647	Ⅳ
陕西省	汉中市	留坝县	0.250	0.559	0.612	
陕西省	汉中市	佛坪县	0.235	0.564	0.603	
陕西省	榆林市	府谷县	0.456	0.326	0.621	
陕西省	榆林市	靖边县	0.461	0.301	0.610	
陕西省	榆林市	绥德县	0.322	0.515	0.638	
陕西省	榆林市	米脂县	0.292	0.521	0.625	
陕西省	榆林市	佳县	0.264	0.524	0.610	
陕西省	榆林市	清涧县	0.318	0.428	0.607	
陕西省	榆林市	子洲县	0.276	0.490	0.606	
陕西省	安康市	宁陕县	0.253	0.565	0.615	
陕西省	安康市	旬阳县	0.532	0.404	0.681	
陕西省	商洛市	洛南县	0.343	0.550	0.659	
陕西省	商洛市	丹凤县	0.327	0.556	0.653	
陕西省	商洛市	商南县	0.328	0.558	0.654	

续表

省(区、市)	市(地、州、盟)	县(市、旗)	SVTD	SRE	CCD	GCCD
陕西省	商洛市	山阳县	0.336	0.564	0.660	
陕西省	商洛市	镇安县	0.322	0.566	0.653	
陕西省	商洛市	柞水县	0.317	0.567	0.651	
甘肃省	白银市	会宁县	0.286	0.491	0.612	
甘肃省	天水市	清水县	0.327	0.542	0.649	
甘肃省	天水市	秦安县	0.363	0.522	0.660	
甘肃省	天水市	甘谷县	0.386	0.517	0.668	
甘肃省	天水市	武山县	0.363	0.514	0.657	
甘肃省	天水市	张家川回族自治县	0.339	0.538	0.653	
甘肃省	平凉市	泾川县	0.362	0.538	0.664	
甘肃省	平凉市	灵台县	0.287	0.558	0.632	
甘肃省	平凉市	崇信县	0.346	0.549	0.660	
甘肃省	平凉市	庄浪县	0.355	0.527	0.658	
甘肃省	平凉市	静宁县	0.348	0.508	0.648	
甘肃省	平凉市	华亭县	0.385	0.542	0.676	Ⅳ
甘肃省	庆阳市	庆城县	0.298	0.527	0.629	
甘肃省	庆阳市	环县	0.264	0.496	0.601	
甘肃省	庆阳市	华池县	0.301	0.484	0.618	
甘肃省	庆阳市	合水县	0.290	0.524	0.624	
甘肃省	庆阳市	正宁县	0.314	0.548	0.644	
甘肃省	庆阳市	宁县	0.338	0.535	0.652	
甘肃省	庆阳市	镇原县	0.314	0.531	0.639	
甘肃省	定西市	通渭县	0.285	0.511	0.618	
甘肃省	定西市	陇西县	0.344	0.502	0.645	
甘肃省	定西市	渭源县	0.313	0.503	0.630	
甘肃省	定西市	临洮县	0.330	0.497	0.636	
甘肃省	定西市	漳县	0.283	0.518	0.619	
甘肃省	定西市	岷县	0.284	0.524	0.621	
甘肃省	陇南市	成县	0.341	0.551	0.658	

附表一 中国村镇建设与资源环境耦合协调评价总表

续表

省(区、市)	市(地、州、盟)	县(市、旗)	SVTD	SRE	CCD	GCCD
甘肃省	陇南市	康县	0.255	0.587	0.622	
甘肃省	陇南市	西和县	0.329	0.538	0.649	
甘肃省	陇南市	礼县	0.264	0.531	0.612	
甘肃省	陇南市	徽县	0.304	0.553	0.640	
甘肃省	临夏回族自治州	临夏县	0.357	0.502	0.651	
甘肃省	临夏回族自治州	康乐县	0.358	0.493	0.648	
甘肃省	临夏回族自治州	广河县	0.393	0.498	0.665	
甘肃省	临夏回族自治州	和政县	0.319	0.497	0.631	Ⅳ
甘肃省	临夏回族自治州	东乡族自治县	0.301	0.485	0.618	
甘肃省	临夏回族自治州	积石山保安族东乡族撒拉族自治县	0.330	0.496	0.636	
宁夏回族自治区	固原市	西吉县	0.333	0.505	0.640	
宁夏回族自治区	固原市	隆德县	0.340	0.517	0.648	
宁夏回族自治区	固原市	泾源县	0.322	0.521	0.640	
宁夏回族自治区	固原市	彭阳县	0.300	0.510	0.626	
河北省	张家口市	张北县	0.355	0.747	0.718	
内蒙古自治区	呼和浩特市	土默特左旗	0.418	0.624	0.715	
内蒙古自治区	呼和浩特市	托克托县	0.484	0.586	0.730	
内蒙古自治区	呼和浩特市	和林格尔县	0.394	0.635	0.707	
内蒙古自治区	包头市	土默特右旗	0.434	0.607	0.716	
内蒙古自治区	赤峰市	喀喇沁旗	0.340	0.722	0.704	
内蒙古自治区	赤峰市	宁城县	0.377	0.736	0.726	Ⅴ
内蒙古自治区	通辽市	霍林郭勒市	0.611	0.472	0.733	
内蒙古自治区	呼伦贝尔市	满洲里市	0.599	0.416	0.707	
内蒙古自治区	乌兰察布市	丰镇市	0.378	0.674	0.710	
辽宁省	阜新市	阜新蒙古族自治县	0.349	0.719	0.708	
辽宁省	朝阳市	建平县	0.353	0.722	0.711	
辽宁省	朝阳市	北票市	0.354	0.690	0.703	
宁夏回族自治区	银川市	永宁县	0.522	0.554	0.734	

续表

省(区、市)	市(地、州、盟)	县(市、旗)	SVTD	SRE	CCD	GCCD
宁夏回族自治区	银川市	贺兰县	0.490	0.565	0.725	
宁夏回族自治区	石嘴山市	平罗县	0.454	0.559	0.709	
新疆维吾尔自治区	喀什地区	喀什市	0.613	0.475	0.735	
新疆维吾尔自治区	和田地区	和田市	0.560	0.475	0.718	
新疆维吾尔自治区	伊犁哈萨克自治州	伊宁市	0.651	0.618	0.796	
新疆维吾尔自治区	伊犁哈萨克自治州	奎屯市	0.521	0.567	0.737	
新疆维吾尔自治区	伊犁哈萨克自治州	伊宁县	0.357	0.675	0.701	
新疆维吾尔自治区	石河子市	石河子市	0.690	0.565	0.790	
四川省	阿坝藏族羌族自治州	马尔康市	0.477	0.577	0.724	
四川省	阿坝藏族羌族自治州	松潘县	0.432	0.625	0.721	
四川省	阿坝藏族羌族自治州	九寨沟县	0.475	0.542	0.712	
四川省	阿坝藏族羌族自治州	金川县	0.402	0.635	0.711	
四川省	阿坝藏族羌族自治州	小金县	0.410	0.658	0.721	
四川省	阿坝藏族羌族自治州	壤塘县	0.400	0.623	0.707	
四川省	阿坝藏族羌族自治州	若尔盖县	0.457	0.542	0.706	V
四川省	阿坝藏族羌族自治州	红原县	0.451	0.600	0.721	
四川省	甘孜藏族自治州	雅江县	0.416	0.593	0.705	
四川省	甘孜藏族自治州	道孚县	0.406	0.599	0.702	
四川省	甘孜藏族自治州	甘孜县	0.438	0.565	0.705	
四川省	凉山彝族自治州	木里藏族自治县	0.415	0.587	0.702	
云南省	迪庆藏族自治州	香格里拉市	0.588	0.411	0.701	
西藏自治区	日喀则市	江孜县	0.534	0.511	0.723	
西藏自治区	山南市	贡嘎县	0.526	0.476	0.707	
甘肃省	陇南市	宕昌县	0.552	0.602	0.759	
甘肃省	甘南藏族自治州	合作市	0.702	0.517	0.776	
甘肃省	甘南藏族自治州	临潭县	0.639	0.585	0.782	
甘肃省	甘南藏族自治州	卓尼县	0.493	0.553	0.722	
甘肃省	甘南藏族自治州	舟曲县	0.519	0.574	0.739	
甘肃省	甘南藏族自治州	迭部县	0.453	0.534	0.701	

续表

省(区、市)	市(地、州、盟)	县(市、旗)	SVTD	SRE	CCD	GCCD
甘肃省	甘南藏族自治州	碌曲县	0.478	0.540	0.713	
甘肃省	甘南藏族自治州	夏河县	0.487	0.548	0.719	
青海省	西宁市	大通回族土族自治县	0.736	0.533	0.791	
青海省	西宁市	湟源县	0.684	0.523	0.773	
青海省	海东市	化隆回族自治县	0.648	0.541	0.770	
青海省	海东市	循化撒拉族自治县	0.640	0.540	0.766	
青海省	海北藏族自治州	门源回族自治县	0.546	0.465	0.710	
青海省	黄南藏族自治州	同仁县	0.566	0.491	0.726	
青海省	黄南藏族自治州	尖扎县	0.603	0.432	0.715	
青海省	海南藏族自治州	同德县	0.467	0.514	0.700	
青海省	海南藏族自治州	贵德县	0.557	0.460	0.711	
江苏省	无锡市	江阴市	0.792	0.313	0.706	
江苏省	苏州市	张家港市	0.760	0.323	0.704	
江苏省	苏州市	昆山市	0.836	0.315	0.716	
江苏省	南通市	如皋市	0.554	0.482	0.719	V
江苏省	泰州市	兴化市	0.497	0.534	0.718	
江苏省	泰州市	泰兴市	0.602	0.450	0.722	
浙江省	温州市	平阳县	0.526	0.548	0.733	
浙江省	温州市	苍南县	0.539	0.516	0.726	
浙江省	温州市	瑞安市	0.577	0.473	0.723	
浙江省	温州市	乐清市	0.596	0.432	0.712	
浙江省	绍兴市	嵊州市	0.472	0.515	0.702	
浙江省	金华市	浦江县	0.489	0.615	0.740	
浙江省	金华市	兰溪市	0.471	0.630	0.738	
浙江省	金华市	义乌市	0.660	0.412	0.722	
浙江省	金华市	东阳市	0.526	0.517	0.722	
浙江省	衢州市	常山县	0.403	0.655	0.717	
浙江省	衢州市	龙游县	0.447	0.630	0.728	
浙江省	衢州市	江山市	0.401	0.640	0.712	

续表

省(区、市)	市(地、州、盟)	县(市、旗)	SVTD	SRE	CCD	GCCD
浙江省	台州市	天台县	0.439	0.562	0.705	
浙江省	台州市	温岭市	0.620	0.406	0.708	
浙江省	台州市	临海市	0.493	0.529	0.714	
浙江省	丽水市	缙云县	0.431	0.600	0.713	
安徽省	合肥市	肥东县	0.515	0.489	0.708	
安徽省	合肥市	庐江县	0.430	0.575	0.705	
安徽省	芜湖市	芜湖县	0.506	0.482	0.703	
安徽省	芜湖市	南陵县	0.436	0.574	0.707	
安徽省	芜湖市	无为县	0.456	0.546	0.707	
安徽省	铜陵市	枞阳县	0.422	0.607	0.711	
安徽省	安庆市	怀宁县	0.451	0.576	0.714	
安徽省	安庆市	宿松县	0.393	0.630	0.706	
安徽省	安庆市	望江县	0.417	0.630	0.716	
安徽省	安庆市	桐城市	0.444	0.559	0.706	
福建省	福州市	平潭县	0.548	0.448	0.704	V
福建省	福州市	福清市	0.577	0.423	0.703	
福建省	莆田市	仙游县	0.465	0.538	0.707	
福建省	泉州市	安溪县	0.455	0.570	0.714	
福建省	泉州市	南安市	0.568	0.424	0.701	
福建省	漳州市	云霄县	0.473	0.514	0.702	
福建省	漳州市	诏安县	0.458	0.526	0.701	
江西省	南昌市	南昌县	0.549	0.552	0.742	
江西省	南昌市	安义县	0.446	0.611	0.723	
江西省	南昌市	进贤县	0.451	0.648	0.735	
江西省	景德镇市	乐平市	0.460	0.662	0.743	
江西省	萍乡市	莲花县	0.386	0.625	0.701	
江西省	萍乡市	上栗县	0.492	0.587	0.733	
江西省	萍乡市	芦溪县	0.437	0.596	0.715	
江西省	九江市	都昌县	0.381	0.659	0.708	

附表一 中国村镇建设与资源环境耦合协调评价总表

续表

省(区、市)	市(地、州、盟)	县(市、旗)	SVTD	SRE	CCD	GCCD
江西省	九江市	湖口县	0.473	0.610	0.733	
江西省	九江市	彭泽县	0.394	0.621	0.703	
江西省	九江市	瑞昌市	0.444	0.574	0.710	
江西省	九江市	庐山市	0.450	0.604	0.722	
江西省	新余市	分宜县	0.453	0.541	0.704	
江西省	鹰潭市	贵溪市	0.434	0.592	0.712	
江西省	赣州市	宁都县	0.353	0.700	0.705	
江西省	赣州市	于都县	0.389	0.627	0.703	
江西省	赣州市	瑞金市	0.379	0.653	0.706	
江西省	吉安市	吉安县	0.408	0.610	0.707	
江西省	吉安市	吉水县	0.373	0.672	0.707	
江西省	吉安市	新干县	0.429	0.640	0.724	
江西省	吉安市	永丰县	0.368	0.652	0.700	
江西省	吉安市	泰和县	0.378	0.648	0.703	
江西省	宜春市	奉新县	0.404	0.613	0.705	V
江西省	宜春市	万载县	0.415	0.645	0.719	
江西省	宜春市	上高县	0.442	0.616	0.722	
江西省	宜春市	丰城市	0.451	0.643	0.734	
江西省	宜春市	樟树市	0.502	0.559	0.728	
江西省	宜春市	高安市	0.424	0.660	0.727	
江西省	抚州市	南城县	0.382	0.680	0.714	
江西省	抚州市	南丰县	0.365	0.694	0.709	
江西省	抚州市	崇仁县	0.383	0.665	0.711	
江西省	抚州市	金溪县	0.376	0.708	0.718	
江西省	上饶市	玉山县	0.412	0.698	0.732	
江西省	上饶市	铅山县	0.362	0.693	0.708	
江西省	上饶市	横峰县	0.411	0.662	0.722	
江西省	上饶市	弋阳县	0.385	0.698	0.720	
江西省	上饶市	余干县	0.384	0.687	0.717	

续表

省(区、市)	市(地、州、盟)	县(市、旗)	SVTD	SRE	CCD	GCCD
江西省	上饶市	鄱阳县	0.374	0.683	0.711	
江西省	上饶市	万年县	0.440	0.660	0.734	
江西省	上饶市	德兴市	0.391	0.669	0.715	
河南省	信阳市	固始县	0.459	0.525	0.701	
河南省	信阳市	潢川县	0.468	0.517	0.701	
湖北省	黄石市	阳新县	0.404	0.601	0.702	
湖北省	黄石市	大冶市	0.531	0.467	0.706	
湖北省	孝感市	云梦县	0.519	0.505	0.716	
湖北省	孝感市	汉川市	0.507	0.517	0.715	
湖北省	黄冈市	浠水县	0.427	0.582	0.706	
湖北省	黄冈市	黄梅县	0.441	0.611	0.720	
湖北省	黄冈市	武穴市	0.498	0.558	0.726	
湖北省	咸宁市	通城县	0.393	0.624	0.704	
湖北省	仙桃市	仙桃市	0.506	0.525	0.718	
湖南省	湘潭市	湘潭县	0.433	0.563	0.702	V
湖南省	衡阳市	祁东县	0.425	0.591	0.708	
湖南省	衡阳市	耒阳市	0.442	0.569	0.708	
湖南省	衡阳市	常宁市	0.429	0.565	0.701	
湖南省	邵阳市	邵东县	0.464	0.586	0.722	
湖南省	岳阳市	湘阴县	0.444	0.561	0.706	
湖南省	岳阳市	汨罗市	0.464	0.568	0.716	
湖南省	岳阳市	临湘市	0.422	0.570	0.700	
湖南省	郴州市	宜章县	0.417	0.609	0.710	
湖南省	郴州市	永兴县	0.434	0.572	0.706	
湖南省	郴州市	嘉禾县	0.461	0.592	0.723	
湖南省	郴州市	临武县	0.427	0.610	0.715	
湖南省	永州市	祁阳县	0.405	0.599	0.702	
湖南省	永州市	道县	0.379	0.674	0.711	
湖南省	永州市	新田县	0.395	0.620	0.704	

续表

省(区、市)	市(地、州、盟)	县(市、旗)	SVTD	SRE	CCD	GCCD
湖南省	娄底市	双峰县	0.415	0.590	0.703	
湖南省	娄底市	冷水江市	0.579	0.456	0.717	
湖南省	娄底市	涟源市	0.423	0.580	0.704	
湖南省	湘西土家族苗族自治州	吉首市	0.472	0.518	0.703	
广东省	江门市	开平市	0.486	0.572	0.726	
广东省	江门市	鹤山市	0.504	0.524	0.717	
广东省	江门市	恩平市	0.421	0.582	0.704	
广东省	湛江市	遂溪县	0.458	0.546	0.707	
广东省	湛江市	廉江市	0.475	0.584	0.725	
广东省	湛江市	吴川市	0.544	0.531	0.733	
广东省	茂名市	高州市	0.452	0.625	0.729	
广东省	茂名市	化州市	0.487	0.601	0.735	
广东省	茂名市	信宜市	0.440	0.604	0.718	
广东省	肇庆市	怀集县	0.382	0.661	0.709	V
广东省	肇庆市	四会市	0.558	0.442	0.705	
广东省	惠州市	博罗县	0.506	0.548	0.726	
广东省	惠州市	龙门县	0.376	0.647	0.703	
广东省	梅州市	五华县	0.469	0.517	0.702	
广东省	梅州市	兴宁市	0.403	0.612	0.705	
广东省	汕尾市	海丰县	0.452	0.535	0.701	
广东省	汕尾市	陆丰市	0.461	0.536	0.705	
广东省	阳江市	阳西县	0.447	0.550	0.704	
广东省	清远市	佛冈县	0.421	0.648	0.723	
广东省	清远市	英德市	0.363	0.689	0.707	
广东省	潮州市	饶平县	0.427	0.579	0.705	
广东省	揭阳市	揭西县	0.425	0.592	0.708	
广东省	揭阳市	惠来县	0.494	0.514	0.710	
广东省	揭阳市	普宁市	0.555	0.555	0.745	

续表

省(区、市)	市(地、州、盟)	县(市、旗)	SVTD	SRE	CCD	GCCD
广东省	云浮市	新兴县	0.450	0.595	0.720	
广东省	云浮市	罗定市	0.420	0.608	0.711	
广西壮族自治区	南宁市	宾阳县	0.419	0.636	0.718	
广西壮族自治区	南宁市	横县	0.405	0.640	0.714	
广西壮族自治区	柳州市	柳城县	0.395	0.640	0.709	
广西壮族自治区	柳州市	鹿寨县	0.374	0.655	0.703	
广西壮族自治区	桂林市	阳朔县	0.377	0.684	0.713	
广西壮族自治区	桂林市	灵川县	0.369	0.682	0.708	
广西壮族自治区	桂林市	平乐县	0.370	0.698	0.713	
广西壮族自治区	桂林市	恭城瑶族自治县	0.337	0.718	0.701	
广西壮族自治区	桂林市	荔浦县	0.391	0.660	0.713	
广西壮族自治区	梧州市	岑溪市	0.418	0.576	0.701	
广西壮族自治区	北海市	合浦县	0.441	0.614	0.721	
广西壮族自治区	防城港市	东兴市	0.509	0.528	0.720	
广西壮族自治区	钦州市	灵山县	0.410	0.635	0.714	V
广西壮族自治区	钦州市	浦北县	0.390	0.643	0.708	
广西壮族自治区	贵港市	平南县	0.422	0.640	0.721	
广西壮族自治区	贵港市	桂平市	0.426	0.648	0.725	
广西壮族自治区	玉林市	容县	0.403	0.640	0.713	
广西壮族自治区	玉林市	陆川县	0.453	0.640	0.734	
广西壮族自治区	玉林市	博白县	0.387	0.633	0.703	
广西壮族自治区	玉林市	兴业县	0.421	0.657	0.725	
广西壮族自治区	玉林市	北流市	0.458	0.645	0.737	
广西壮族自治区	贺州市	钟山县	0.390	0.687	0.719	
广西壮族自治区	贺州市	富川瑶族自治县	0.356	0.703	0.707	
广西壮族自治区	来宾市	武宣县	0.402	0.649	0.715	
广西壮族自治区	来宾市	合山市	0.389	0.660	0.712	
海南省	琼海市	琼海市	0.454	0.544	0.705	
重庆市	重庆市	垫江县	0.436	0.552	0.700	

附表一　中国村镇建设与资源环境耦合协调评价总表

续表

省(区、市)	市(地、州、盟)	县(市、旗)	SVTD	SRE	CCD	GCCD
四川省	泸州市	泸县	0.442	0.546	0.701	
四川省	广安市	华蓥市	0.481	0.499	0.700	
贵州省	黔西南布依族苗族自治州	兴义市	0.453	0.539	0.703	
贵州省	黔东南苗族侗族自治州	凯里市	0.457	0.544	0.706	
河北省	石家庄市	井陉县	0.501	0.485	0.702	
河北省	石家庄市	正定县	0.636	0.428	0.722	
河北省	石家庄市	行唐县	0.489	0.527	0.712	
河北省	石家庄市	高邑县	0.594	0.486	0.733	
河北省	石家庄市	深泽县	0.568	0.496	0.729	
河北省	石家庄市	无极县	0.589	0.490	0.733	
河北省	石家庄市	元氏县	0.547	0.489	0.719	
河北省	石家庄市	赵县	0.564	0.494	0.726	
河北省	石家庄市	辛集市	0.605	0.449	0.722	V
河北省	石家庄市	晋州市	0.618	0.477	0.737	
河北省	石家庄市	新乐市	0.616	0.478	0.736	
河北省	唐山市	玉田县	0.588	0.476	0.727	
河北省	唐山市	遵化市	0.573	0.450	0.713	
河北省	唐山市	滦县	0.599	0.412	0.705	
河北省	秦皇岛市	卢龙县	0.467	0.525	0.704	
河北省	邯郸市	临漳县	0.553	0.504	0.727	
河北省	邯郸市	成安县	0.594	0.491	0.735	
河北省	邯郸市	大名县	0.514	0.528	0.722	
河北省	邯郸市	磁县	0.496	0.519	0.712	
河北省	邯郸市	邱县	0.549	0.499	0.724	
河北省	邯郸市	鸡泽县	0.574	0.521	0.740	
河北省	邯郸市	广平县	0.580	0.509	0.737	
河北省	邯郸市	馆陶县	0.547	0.528	0.733	

续表

省(区、市)	市(地、州、盟)	县(市、旗)	SVTD	SRE	CCD	GCCD
河北省	邯郸市	魏县	0.545	0.524	0.731	
河北省	邯郸市	曲周县	0.554	0.526	0.735	
河北省	邯郸市	武安市	0.572	0.437	0.707	
河北省	邢台市	内丘县	0.464	0.523	0.702	
河北省	邢台市	柏乡县	0.511	0.519	0.718	
河北省	邢台市	隆尧县	0.492	0.520	0.711	
河北省	邢台市	任县	0.488	0.522	0.711	
河北省	邢台市	南和县	0.514	0.520	0.719	
河北省	邢台市	宁晋县	0.542	0.498	0.721	
河北省	邢台市	巨鹿县	0.499	0.519	0.713	
河北省	邢台市	广宗县	0.463	0.540	0.707	
河北省	邢台市	平乡县	0.526	0.517	0.722	
河北省	邢台市	威县	0.471	0.530	0.707	
河北省	邢台市	清河县	0.585	0.499	0.735	
河北省	邢台市	临西县	0.511	0.536	0.723	V
河北省	邢台市	南宫市	0.497	0.529	0.716	
河北省	邢台市	沙河市	0.552	0.487	0.720	
河北省	保定市	定兴县	0.546	0.508	0.726	
河北省	保定市	高阳县	0.545	0.532	0.734	
河北省	保定市	容城县	0.536	0.517	0.725	
河北省	保定市	望都县	0.524	0.505	0.717	
河北省	保定市	安新县	0.455	0.538	0.704	
河北省	保定市	曲阳县	0.475	0.524	0.706	
河北省	保定市	蠡县	0.533	0.523	0.727	
河北省	保定市	博野县	0.516	0.528	0.722	
河北省	保定市	雄县	0.514	0.539	0.726	
河北省	保定市	涿州市	0.604	0.485	0.736	
河北省	保定市	定州市	0.564	0.519	0.736	
河北省	保定市	安国市	0.559	0.507	0.730	

附表一　中国村镇建设与资源环境耦合协调评价总表

续表

省(区、市)	市(地、州、盟)	县(市、旗)	SVTD	SRE	CCD	GCCD
河北省	保定市	高碑店市	0.564	0.509	0.732	
河北省	沧州市	沧县	0.530	0.491	0.714	
河北省	沧州市	青县	0.512	0.517	0.717	
河北省	沧州市	东光县	0.525	0.512	0.720	
河北省	沧州市	盐山县	0.530	0.523	0.725	
河北省	沧州市	肃宁县	0.574	0.495	0.730	
河北省	沧州市	南皮县	0.511	0.529	0.721	
河北省	沧州市	吴桥县	0.487	0.536	0.715	
河北省	沧州市	献县	0.548	0.505	0.725	
河北省	沧州市	孟村回族自治县	0.551	0.500	0.725	
河北省	沧州市	泊头市	0.556	0.495	0.724	
河北省	沧州市	任丘市	0.640	0.453	0.734	
河北省	沧州市	黄骅市	0.523	0.465	0.702	
河北省	沧州市	河间市	0.535	0.508	0.722	
河北省	廊坊市	固安县	0.591	0.499	0.737	V
河北省	廊坊市	永清县	0.537	0.502	0.721	
河北省	廊坊市	香河县	0.655	0.421	0.725	
河北省	廊坊市	大城县	0.503	0.550	0.725	
河北省	廊坊市	文安县	0.515	0.518	0.719	
河北省	廊坊市	大厂回族自治县	0.675	0.408	0.724	
河北省	廊坊市	霸州市	0.646	0.449	0.734	
河北省	廊坊市	三河市	0.714	0.406	0.734	
河北省	衡水市	枣强县	0.497	0.535	0.718	
河北省	衡水市	武邑县	0.489	0.539	0.717	
河北省	衡水市	武强县	0.491	0.513	0.709	
河北省	衡水市	饶阳县	0.474	0.533	0.709	
河北省	衡水市	安平县	0.571	0.479	0.723	
河北省	衡水市	故城县	0.503	0.535	0.720	
河北省	衡水市	景县	0.512	0.502	0.712	

续表

省(区、市)	市(地、州、盟)	县(市、旗)	SVTD	SRE	CCD	GCCD
河北省	衡水市	阜城县	0.501	0.528	0.717	
河北省	衡水市	深州市	0.487	0.497	0.701	
山西省	太原市	清徐县	0.533	0.472	0.708	
山西省	晋城市	高平市	0.512	0.494	0.709	
山西省	朔州市	怀仁县	0.575	0.430	0.705	
山西省	晋中市	介休市	0.537	0.466	0.707	
山西省	运城市	临猗县	0.450	0.538	0.701	
山西省	运城市	新绛县	0.485	0.520	0.709	
山西省	运城市	河津市	0.580	0.471	0.723	
山西省	临汾市	曲沃县	0.514	0.490	0.709	
山西省	临汾市	侯马市	0.609	0.456	0.726	
内蒙古自治区	兴安盟	乌兰浩特市	0.532	0.464	0.705	
辽宁省	鞍山市	海城市	0.502	0.494	0.706	
辽宁省	铁岭市	调兵山市	0.543	0.487	0.717	
江苏省	徐州市	丰县	0.580	0.523	0.742	V
江苏省	徐州市	沛县	0.646	0.474	0.744	
江苏省	徐州市	睢宁县	0.590	0.529	0.748	
江苏省	徐州市	新沂市	0.624	0.532	0.759	
江苏省	徐州市	邳州市	0.631	0.536	0.763	
江苏省	连云港市	东海县	0.561	0.564	0.750	
江苏省	连云港市	灌云县	0.570	0.535	0.743	
江苏省	连云港市	灌南县	0.597	0.566	0.762	
江苏省	淮安市	涟水县	0.586	0.592	0.768	
江苏省	盐城市	响水县	0.586	0.548	0.753	
江苏省	盐城市	滨海县	0.543	0.617	0.761	
江苏省	盐城市	阜宁县	0.562	0.644	0.776	
江苏省	盐城市	射阳县	0.510	0.665	0.763	
江苏省	盐城市	建湖县	0.563	0.624	0.770	
江苏省	宿迁市	沭阳县	0.604	0.541	0.756	

续表

省(区、市)	市(地、州、盟)	县(市、旗)	SVTD	SRE	CCD	GCCD
江苏省	宿迁市	泗阳县	0.607	0.560	0.764	
江苏省	宿迁市	泗洪县	0.527	0.599	0.750	
安徽省	蚌埠市	怀远县	0.500	0.635	0.751	
安徽省	蚌埠市	五河县	0.494	0.614	0.742	
安徽省	蚌埠市	固镇县	0.511	0.587	0.740	
安徽省	淮南市	凤台县	0.553	0.600	0.759	
安徽省	淮北市	濉溪县	0.513	0.594	0.743	
安徽省	阜阳市	临泉县	0.496	0.596	0.737	
安徽省	阜阳市	太和县	0.519	0.585	0.742	
安徽省	阜阳市	阜南县	0.482	0.624	0.741	
安徽省	阜阳市	颍上县	0.499	0.642	0.752	
安徽省	阜阳市	界首市	0.564	0.581	0.757	
安徽省	宿州市	砀山县	0.515	0.566	0.734	
安徽省	宿州市	萧县	0.502	0.581	0.735	
安徽省	宿州市	灵璧县	0.482	0.599	0.733	V
安徽省	宿州市	泗县	0.498	0.604	0.740	
安徽省	亳州市	涡阳县	0.448	0.596	0.719	
安徽省	亳州市	蒙城县	0.462	0.610	0.729	
安徽省	亳州市	利辛县	0.458	0.610	0.727	
山东省	济南市	平阴县	0.571	0.465	0.718	
山东省	济南市	商河县	0.516	0.495	0.711	
山东省	青岛市	莱西市	0.577	0.419	0.701	
山东省	淄博市	桓台县	0.706	0.345	0.703	
山东省	淄博市	高青县	0.553	0.455	0.708	
山东省	淄博市	沂源县	0.475	0.536	0.710	
山东省	枣庄市	滕州市	0.660	0.468	0.745	
山东省	潍坊市	临朐县	0.486	0.520	0.709	
山东省	潍坊市	昌乐县	0.556	0.513	0.731	
山东省	潍坊市	青州市	0.582	0.458	0.719	

续表

省(区、市)	市(地、州、盟)	县(市、旗)	SVTD	SRE	CCD	GCCD
山东省	潍坊市	诸城市	0.575	0.462	0.718	
山东省	潍坊市	寿光市	0.610	0.420	0.711	
山东省	潍坊市	安丘市	0.512	0.511	0.715	
山东省	潍坊市	高密市	0.600	0.438	0.716	
山东省	潍坊市	昌邑市	0.579	0.416	0.701	
山东省	济宁市	微山县	0.510	0.490	0.707	
山东省	济宁市	鱼台县	0.552	0.535	0.737	
山东省	济宁市	金乡县	0.549	0.525	0.733	
山东省	济宁市	嘉祥县	0.593	0.513	0.743	
山东省	济宁市	汶上县	0.566	0.512	0.734	
山东省	济宁市	泗水县	0.504	0.557	0.728	
山东省	济宁市	梁山县	0.589	0.501	0.737	
山东省	济宁市	曲阜市	0.615	0.470	0.733	
山东省	济宁市	邹城市	0.612	0.476	0.735	
山东省	泰安市	宁阳县	0.582	0.517	0.741	V
山东省	泰安市	东平县	0.556	0.504	0.727	
山东省	泰安市	新泰市	0.590	0.474	0.727	
山东省	泰安市	肥城市	0.629	0.463	0.735	
山东省	日照市	五莲县	0.481	0.526	0.709	
山东省	日照市	莒县	0.520	0.528	0.724	
山东省	临沂市	沂南县	0.499	0.559	0.727	
山东省	临沂市	郯城县	0.553	0.556	0.744	
山东省	临沂市	沂水县	0.481	0.533	0.711	
山东省	临沂市	兰陵县	0.553	0.577	0.751	
山东省	临沂市	费县	0.515	0.535	0.724	
山东省	临沂市	平邑县	0.493	0.563	0.726	
山东省	临沂市	莒南县	0.504	0.538	0.722	
山东省	临沂市	蒙阴县	0.463	0.539	0.707	
山东省	临沂市	临沭县	0.547	0.550	0.741	

附表一　中国村镇建设与资源环境耦合协调评价总表

续表

省(区、市)	市(地、州、盟)	县(市、旗)	SVTD	SRE	CCD	GCCD
山东省	德州市	宁津县	0.559	0.484	0.721	
山东省	德州市	庆云县	0.582	0.490	0.731	
山东省	德州市	临邑县	0.561	0.485	0.722	
山东省	德州市	齐河县	0.557	0.461	0.712	
山东省	德州市	平原县	0.537	0.500	0.720	
山东省	德州市	夏津县	0.556	0.502	0.727	
山东省	德州市	武城县	0.551	0.503	0.725	
山东省	德州市	乐陵市	0.532	0.488	0.714	
山东省	德州市	禹城市	0.564	0.501	0.729	
山东省	聊城市	阳谷县	0.583	0.496	0.734	
山东省	聊城市	莘县	0.575	0.489	0.728	
山东省	聊城市	东阿县	0.546	0.496	0.721	
山东省	聊城市	冠县	0.564	0.490	0.725	
山东省	聊城市	高唐县	0.606	0.453	0.724	
山东省	聊城市	临清市	0.626	0.494	0.745	V
山东省	滨州市	惠民县	0.497	0.492	0.703	
山东省	滨州市	阳信县	0.540	0.475	0.712	
山东省	滨州市	博兴县	0.586	0.452	0.717	
山东省	菏泽市	曹县	0.551	0.545	0.741	
山东省	菏泽市	单县	0.551	0.545	0.740	
山东省	菏泽市	成武县	0.556	0.553	0.745	
山东省	菏泽市	巨野县	0.567	0.544	0.745	
山东省	菏泽市	郓城县	0.569	0.534	0.743	
山东省	菏泽市	鄄城县	0.554	0.525	0.734	
山东省	菏泽市	东明县	0.568	0.511	0.734	
河南省	郑州市	中牟县	0.631	0.386	0.703	
河南省	郑州市	荥阳市	0.635	0.381	0.701	
河南省	郑州市	新密市	0.646	0.475	0.744	
河南省	郑州市	新郑市	0.743	0.366	0.722	

续表

省(区、市)	市(地、州、盟)	县(市、旗)	SVTD	SRE	CCD	GCCD
河南省	郑州市	登封市	0.642	0.396	0.710	
河南省	开封市	杞县	0.551	0.552	0.742	
河南省	开封市	通许县	0.586	0.512	0.740	
河南省	开封市	尉氏县	0.569	0.526	0.740	
河南省	开封市	兰考县	0.560	0.515	0.733	
河南省	洛阳市	孟津县	0.595	0.463	0.725	
河南省	洛阳市	汝阳县	0.467	0.559	0.715	
河南省	洛阳市	宜阳县	0.493	0.553	0.723	
河南省	洛阳市	伊川县	0.581	0.544	0.750	
河南省	洛阳市	偃师市	0.648	0.467	0.742	
河南省	平顶山市	宝丰县	0.608	0.540	0.757	
河南省	平顶山市	叶县	0.514	0.571	0.736	
河南省	平顶山市	鲁山县	0.439	0.584	0.712	
河南省	平顶山市	郏县	0.562	0.555	0.747	
河南省	平顶山市	舞钢市	0.536	0.541	0.734	V
河南省	平顶山市	汝州市	0.559	0.548	0.744	
河南省	安阳市	安阳县	0.549	0.481	0.717	
河南省	安阳市	汤阴县	0.601	0.489	0.736	
河南省	安阳市	滑县	0.528	0.532	0.728	
河南省	安阳市	内黄县	0.535	0.534	0.731	
河南省	安阳市	林州市	0.549	0.490	0.720	
河南省	鹤壁市	浚县	0.546	0.530	0.733	
河南省	鹤壁市	淇县	0.603	0.445	0.720	
河南省	新乡市	新乡县	0.618	0.505	0.747	
河南省	新乡市	获嘉县	0.554	0.538	0.739	
河南省	新乡市	原阳县	0.514	0.530	0.722	
河南省	新乡市	延津县	0.535	0.538	0.732	
河南省	新乡市	封丘县	0.507	0.543	0.724	
河南省	新乡市	卫辉市	0.528	0.521	0.724	

续表

省(区、市)	市(地、州、盟)	县(市、旗)	SVTD	SRE	CCD	GCCD
河南省	新乡市	辉县市	0.545	0.498	0.722	
河南省	新乡市	长垣县	0.605	0.498	0.741	
河南省	焦作市	修武县	0.527	0.504	0.718	
河南省	焦作市	博爱县	0.625	0.451	0.729	
河南省	焦作市	武陟县	0.605	0.506	0.744	
河南省	焦作市	温县	0.633	0.456	0.733	
河南省	焦作市	沁阳市	0.649	0.448	0.734	
河南省	焦作市	孟州市	0.614	0.468	0.732	
河南省	濮阳市	清丰县	0.570	0.495	0.729	
河南省	濮阳市	南乐县	0.571	0.500	0.731	
河南省	濮阳市	范县	0.590	0.489	0.733	
河南省	濮阳市	台前县	0.580	0.519	0.740	
河南省	濮阳市	濮阳县	0.569	0.501	0.731	
河南省	许昌市	鄢陵县	0.584	0.525	0.744	
河南省	许昌市	襄城县	0.595	0.532	0.750	V
河南省	许昌市	禹州市	0.605	0.529	0.752	
河南省	许昌市	长葛市	0.700	0.461	0.754	
河南省	漯河市	舞阳县	0.551	0.529	0.735	
河南省	漯河市	临颍县	0.593	0.526	0.747	
河南省	三门峡市	渑池县	0.514	0.488	0.708	
河南省	三门峡市	义马市	0.724	0.351	0.710	
河南省	南阳市	方城县	0.459	0.589	0.721	
河南省	南阳市	镇平县	0.527	0.574	0.742	
河南省	南阳市	内乡县	0.455	0.580	0.717	
河南省	南阳市	社旗县	0.504	0.586	0.737	
河南省	南阳市	唐河县	0.490	0.588	0.733	
河南省	南阳市	新野县	0.565	0.544	0.745	
河南省	南阳市	桐柏县	0.434	0.573	0.706	
河南省	商丘市	民权县	0.544	0.540	0.736	

续表

省(区、市)	市(地、州、盟)	县(市、旗)	SVTD	SRE	CCD	GCCD
河南省	商丘市	睢县	0.543	0.554	0.740	
河南省	商丘市	宁陵县	0.529	0.545	0.733	
河南省	商丘市	柘城县	0.553	0.546	0.741	
河南省	商丘市	虞城县	0.546	0.564	0.745	
河南省	商丘市	夏邑县	0.514	0.575	0.737	
河南省	商丘市	永城市	0.579	0.548	0.751	
河南省	周口市	扶沟县	0.510	0.571	0.735	
河南省	周口市	西华县	0.530	0.567	0.740	
河南省	周口市	商水县	0.544	0.568	0.746	
河南省	周口市	沈丘县	0.567	0.564	0.752	
河南省	周口市	郸城县	0.533	0.584	0.747	
河南省	周口市	太康县	0.520	0.562	0.735	
河南省	周口市	鹿邑县	0.566	0.563	0.752	
河南省	周口市	项城市	0.581	0.575	0.760	
河南省	驻马店市	西平县	0.530	0.569	0.741	V
河南省	驻马店市	上蔡县	0.511	0.581	0.738	
河南省	驻马店市	平舆县	0.519	0.587	0.743	
河南省	驻马店市	确山县	0.479	0.565	0.721	
河南省	驻马店市	泌阳县	0.462	0.597	0.725	
河南省	驻马店市	汝南县	0.482	0.590	0.730	
河南省	驻马店市	遂平县	0.525	0.551	0.733	
四川省	阿坝藏族羌族自治州	九寨沟县	0.475	0.542	0.712	
陕西省	宝鸡市	凤翔县	0.467	0.523	0.703	
陕西省	宝鸡市	岐山县	0.489	0.532	0.714	
陕西省	宝鸡市	扶风县	0.485	0.556	0.721	
陕西省	宝鸡市	眉县	0.468	0.538	0.708	
陕西省	咸阳市	三原县	0.587	0.518	0.742	
陕西省	咸阳市	乾县	0.489	0.535	0.715	
陕西省	咸阳市	礼泉县	0.488	0.528	0.712	

续表

省(区、市)	市(地、州、盟)	县(市、旗)	SVTD	SRE	CCD	GCCD
陕西省	咸阳市	长武县	0.469	0.522	0.704	
陕西省	咸阳市	武功县	0.577	0.522	0.741	
陕西省	咸阳市	兴平市	0.606	0.514	0.747	
陕西省	渭南市	蒲城县	0.449	0.547	0.704	V
陕西省	渭南市	富平县	0.453	0.545	0.705	
陕西省	汉中市	城固县	0.428	0.581	0.706	
甘肃省	临夏回族自治州	临夏市	0.725	0.421	0.744	
青海省	海东市	民和回族土族自治县	0.768	0.594	0.822	VI
青海省	海东市	互助土族自治县	0.751	0.550	0.802	

附表二　吉林省典型村镇村集体访谈表

1. 村庄名称：_____县(市)_____镇(乡)_____村
2. 村庄距离镇(乡)政府所在地：□<15分钟　□15~30分钟　□30~60分钟　□>60分钟
3. 农户的数量：_____户(常住户_____户)；农村人口：_____人(常住_____人);6岁以下人口：_____;60岁以上人口：_____;外出务工人口：_____人；农业耕种投入劳动力_____人;年人均收入_____元,其中农业种植收入_____万元,外出务工收入_____万元,其他收入_____万元
4. 村庄粮食总产量：_____公斤；其中玉米_____公斤,水稻_____公斤,大豆_____公斤,其他_____公斤
5. 村庄耕地面积：_____亩;其中旱地_____亩,水田_____亩,其他_____亩
6. 村里使用化肥：氮肥_____公斤/公顷,磷肥_____公斤/公顷,钾肥_____公斤/公顷,复合肥_____公斤/公顷,其他肥料_____公斤/公顷
7. 村庄建设用地面积：_____亩,五年前用地：_____亩,十年前用地：_____亩
8. 主要经营产业类型：□纯种植型　□养殖+种植型　□旅游观光型　□其他_____
9. 农村基础设施情况:通电_____户,通路_____户,通自来水_____户,通排水_____户,供热_____户,燃气_____户
10. 村里年生活用水_____吨;工业用水_____吨;农业用水_____吨,主要来源：□水库　□深井　□自来水;生活废水排放_____吨;工业用水排放_____吨
11. 村里使用的能源：□煤气_____立方米　□天然气_____立方米　□煤炭_____吨　□电_____度　□秸秆_____吨　□木柴_____方
12. 村庄中小学情况:中学_____座,在校生_____人,教师_____人;小学_____座,在校生_____人,教师_____人;幼儿园_____所,学生_____人,教师_____人
13. 村庄医疗卫生条件:医院_____家,医生_____人;诊所_____个,医生_____人
14. 村庄道路建设情况:柏油路_____公里,平整土路_____公里
15. 村庄垃圾处理情况:集中收集转运_____吨,垃圾集中收集箱_____个
16. 村庄厕所改造情况:水厕占比_____%

附表三　吉林省典型村镇农户访谈表

1. 农户性别：□男　□女；是否为户主：□是　□否
2. 年龄_____岁；您家有_____口人；您家年龄低于16岁_____人，高于60岁_____人，有_____人在外打工，有_____人在家务农；您家有_____亩地，旱地_____亩，水田_____亩，水浇地_____亩，一年收_____斤粮食
3. 主要收入来源：□务农为主　□家庭副业　□务农兼务工　□务工为主　□自家企业　□养殖业　□其他_____
4. 家庭年收入大概是_____元；其中农业收入_____元，务工收入_____元，其他收入_____元
5. 用地基本情况：
(1) 家里有_____处宅基地，面积共_____平方米，目前状态为：□闲置　□自住　□出租　□其他
(2) 现有家庭住宅建造_____年，当时成本是_____元。建房是否占用生态用地：□是（类型：□耕地　□林地　□草地　□水域）　□否
(3) 您觉得建房占用耕地/林地/草地/水域等生态用地是否会影响村镇的生态环境：_____
(4) 可以选择的话，建房时，是否愿意不去占用耕地/林地/草地/水域等生态用地：_____

6. 生活用水情况：
(1) 家庭总的月用水量_____升；家庭废水处理方式：□直接排放　□污水处理系统
(2) 家庭废水排放占总用水的比例_____；洗涤剂月使用量：

项　　目	洗衣粉/洗衣液	香皂/肥皂	洗洁精	其他
数量（袋/块/瓶）	瓶/年	块/年	瓶/年	
品牌				

(3) 您家是否有（可多选）：□化粪池　□纳管处理　□沼气池　□无
(4) 您家浴室污水去向是：□直接排放　□收集进入污水处理厂　□进入化粪池
(5) 您家厨房污水去向是：□直接排放　□收集进入污水处理厂　□进入化粪池
(6) 您家的厕所类型是：□旱厕　□水冲式厕所　□两者均有

(7) 您家厕所粪污去向是：□直接排放入河　□直接回田(A. 大田　B. 自家小菜园)　□经化粪池处理后回田(A. 大田　B. 自家小菜园)　□经化粪池处理后直接排放入河　□经化粪池处理后进入污水处理厂进行深度处理

(8) 您家有无下水管道或沟渠：□有下水管道　□无下水管道,有沟渠　□两者均无,直接排放到室外

7. 生活垃圾情况：

(1) 您的家庭月生活垃圾产生量、处理方式及处理比率：

垃圾种类	数量(公斤)	处理方式	是否分类处理	处理比率(%)
无机垃圾				
有机垃圾				
有害垃圾				
其他垃圾				

注：无机垃圾主要包括废纸、塑料、玻璃、金属和布料等；有机垃圾主要包括厨余垃圾与动物粪便；有害垃圾主要包括废电池、废日光灯管、废油漆桶、过期药品/农药等；其他垃圾包括砖瓦陶瓷、渣土、卫生间废纸等难以回收的废弃物。

(2) 您家是否有垃圾收集点：□有　□无

附表四　辽宁省典型村镇村集体访谈表

1. 村庄名称：_____县(市)_____镇(乡)_____村
2. 村庄距离镇(乡)政府所在地：□＜3公里　□3～5公里　□5～10公里　□＞10公里
3. 农户的数量：_____户；农村人口：_____人；外出务工人口：_____人；农业耕种投入劳动力_____人
4. 村庄粮食总产量：_____公斤；其中玉米_____公斤,水稻_____公斤,大豆_____公斤,其他_____公斤
5. 村庄耕地面积：_____亩；其中旱地_____亩,水田_____亩,其他_____亩
6. 村里使用化肥：氮肥_____公斤/公顷,磷肥_____公斤/公顷,钾肥_____公斤/公顷,复合肥_____公斤/公顷,其他肥料_____公斤/公顷
7. 村庄基本农田规模：_____亩;参与基本农田农业生产的劳动力人数：_____人
8. 村庄养殖的种类：_____,养殖年产量：_____吨,养殖业收入：_____万元
9. 村庄建设用地面积：_____亩,五年前用地：_____亩,十年前用地：_____亩
10. 主要经营产业类型：□纯种植型　□养殖＋种植型　□旅游观光型　□其他_____
11. 目前农村耕地种植中遇到的主要困难有：□气候条件不适宜　□缺乏农业生产技术　□种植成本太高(农药、化肥、人工)　□农产品价格过低　□家里人手不足
12. 农村基础设施情况:通电_____户,通路_____户,通自来水_____户,通排水_____户,供热_____户,燃气_____户
13. 村里年生活用水_____吨;工业用水_____吨;农业用水_____吨,主要来源：□水库　□深井　□自来水;生活废水排放_____吨;工业用水排放_____吨
14. 村里使用的能源：□煤气_____立方米　□天然气_____立方米　□煤炭_____吨　□电_____度　□秸秆_____吨　□木柴_____方
15. 村庄中小学情况:中学_____座,在校生_____人,教师_____人;小学_____座,在校生_____人,教师_____人;幼儿园_____所,学生_____人,教师_____人

16. 村庄医疗卫生条件：医院_____家，医生_____人；诊所_____个，医生____人
17. 村庄道路建设情况：水泥路_____公里，平整土路_____公里
18. 村庄垃圾处理情况：集中收集转运_____吨，垃圾集中收集箱_____个
19. 村庄厕所改造情况：水厕占比_____%
20. 人口空心化程度：实际常住人口数/户籍人口数为_____%

附表五　辽宁省典型村镇居民生活与环境访谈表

1. 村名：_____，家庭人口：_____人
2. 耕地经营产业结构类型：□纯种植型　□养殖+种植型　□旅游观光型　□其他_____
3. 您家有_____亩地，其中旱地_____亩，水田_____亩，基本农田_____亩，复垦耕地_____亩
4. 您家一亩地的年均用水量：旱田_____吨/亩，水田_____吨/亩。灌溉水主要来自：□河流　□水库　□沟渠　□地下水　□降雨
5. 家庭年纯收入：□低于2万元　□2万~5万元　□5万~10万元　□高于10万元。其中农业收入_____万元，务工收入_____万元，其他收入_____万元
6. 您家有_____处宅基地，面积共_____平方米，目前状态为：□闲置　□自住　□出租　□其他。现有家庭住宅建造于_____年，当时成本是_____元。住宅是否建造在这些土地类型上：□耕地　□林地　□草地　□水域，□其他_____
7. 您所在村有无生产性污染排放：□没有（A.环境良好；B.环境一般）　□有
8. 您家附近是否有垃圾收集点：□没有　□有。村屯面积变化：□增加　□减少　□不变
9. 当前村里河流、饮用水有无污染：□水质良好，无污染　□轻微污染　□中等程度污染　□污染严重
10. 您所在村镇有无诊所：□有　□没有。生病最常去哪里看病：□村　□乡　□县　□市　□省
11. 如果您不想种地，可能的原因是：□种地收入低　□缺乏劳动力和技术　□补贴低　□没补贴。如果不种地，您未来想做哪些方面的经营：□外出打工　□转租或流转，租金_____元/亩　□经营"农家乐"等休闲农业
12. 家庭月用水量：□2吨以下　□2~5吨　□5~8吨　□8吨以上
13. 请问您家厕所粪污去向是：□直接排放入河　□直接回田（A.大田　B.自家小菜园）　□经化粪池处理后直接排放入河　□经化粪池处理后回田（A.大田　B.自家小菜园）　□经化粪池处理后进入污水处理厂进行深度处理

14. 与 10 年前比,下列问题的变化情况:

	变好很多	变好一点	没有变化	变差一点	变差很多
饮用水质					
生活垃圾清运问题					
空气质量					
农药化肥污染问题					
住房条件变化					